"互联网与社会发展" 系列丛书　李欣／主编
浙江省传播与文化产业研究中心成果
传播学国家一流专业建设成果

浙江省数字乡村调研报告

曾海芳　主编

中国广播影视出版社

图书在版编目（CIP）数据

浙江省数字乡村调研报告／曾海芳主编. -- 北京：中国广播影视出版社，2024. 11. --（"互联网与社会发展"系列丛书／李欣主编). -- ISBN 978-7-5043-9315-9

Ⅰ. F327. 55-39

中国国家版本馆 CIP 数据核字第 20258Y17S9 号

浙江省数字乡村调研报告
曾海芳　主编

责任编辑	许珊珊
封面设计	吴　睿
责任校对	马延郡

出版发行	中国广播影视出版社
电　话	010-86093580　010-86093583
社　址	北京市西城区真武庙二条 9 号
邮　编	100045
网　址	www. crtp. com. cn
电子信箱	crtp8@ sina. com

经　销	全国各地新华书店
印　刷	华睿林（天津）印刷有限公司

开　本	710 毫米×1000 毫米　1/16
字　数	315（千）字
印　张	21
版　次	2024 年 11 月第 1 版　2024 年 11 月第 1 次印刷

书　号	ISBN 978-7-5043-9315-9
定　价	98.00 元

目　录

安吉县溪龙村：
数字游民公社嵌入数字乡村建设的实践探索

邵一凡、颜何一、夏雨尔、王玉玲、邵明宇、林大业

数字乡村建设对于我国乡村振兴战略具有重要的意义和价值，为乡村振兴提供了一个全新的发展路径。2023 年上半年，中央网信办等五部门联合印发的《2023 年数字乡村发展工作要点》提出"以数字化赋能乡村产业发展、乡村建设和乡村治理，整体带动农业农村现代化发展、促进农村农民共同富裕"的号召，于是，乡村发展迎来数字化的业态新模式。在这一背景下，湖州市安吉县溪龙村正尝试打造以数字游民公社带动乡村数字化发展的新模式。本课题以安吉县溪龙村为研究对象，采用实地走访及深度访谈的研究方法，了解并厘清数字游民公社的运营模式、创新方式，及其与数字游民、数字乡村建设间形成的动能机制，探索公社组织对数字乡村发展的多维作用力（包括但不局限于技术创新、人才培养、促进就业、创业孵化、带动税收、文旅发展等方面），为我国数字乡村发展实践提供经验与参考。

安吉县溪龙村位于长三角核心区域，白茶产业兴盛。DNA 数字游民公社的驻扎为溪龙村吸引了江浙沪乃至全国的互联网从业人员，其新颖的组织形态也引起了社会的关注。但是游民是游动的，公社是集结的，将游民聚集到一起究竟是商业噱头还是一种新的形态？游民是否能够赋能乡村建设？除此之外，溪龙村数字乡村的在地化实践情况也尚未可知。这些问题都值得我们进一步探究与调研。

一、文献综述

（一）数字乡村：乡村振兴的数字化图景

在中共中央办公厅、国务院办公厅 2019 年 5 月发布的《数字乡村发展战略纲要》中，数字乡村被确切定义为"伴随网络化、信息化和数字化在农业农村经济社会发展中的应用，以及农民现代信息技能的提高而内生的农业农村现代化发展和转型进程"。随着数据日益成为现代社会重要的生产要素之一，将数字化融入乡村建设越来越成为实现乡村振兴的必经之路。目前，"互联网+传统产业"的数字化模式已经在乡村得到广泛应用。在数字农业的发展上，乡村采用了新型的农业生产方式，将数字、信息等生产要素用于农业生产的各个环节，农民可以通过传感器、无人机、人工智能等技术手段实时监测土壤水分、气象变化、病虫害情况等关键信息，从而科学调控农作物的生长环境，提高农产品的产量和质量。在农村电商中，很多地区都已经建立了相对成熟的电子商务配套产业系统，融合直播这种新型元素，从销售端口产品的选品，到技术支撑、资金扶持以及最终的销售、售后等建立市场链条，推进农村电子商务模式的创新。在农村基础设施建设上，政府加大了对农村地区的投资，建设了覆盖全国的光纤网络和移动通信网络，推广了互联网和智能手机等数字化设备，为数字农村的发展提供了坚实的基础。

在围绕数字乡村建设的研究上，国内学界常以建设实践中的具体问题为逻辑起点，运用多学科交叉的框架和方法论体系，寻找解决问题的合理工具和路径，但对于更加深入的实证性分析和学理性阐释还有待丰富。虽然现有研究惯以对标国家有关于数字乡村建设的政策文件的思路构建评估体系，但尚未形成公认的标准。例如冯朝睿、徐宏宇[①]立足于数字乡村建设的国家政策及任务目标，从信息

---

① 冯朝睿、徐宏宇：《数字乡村建设评价指标体系构建及其实践效用》，《云南师范大学学报（哲学社会科学版）》2023 年第 4 期。

基础设施、数字产业发展、乡村数字生活、乡村数字治理、城乡融合发展 5 方面对数字乡村的建设情况建立了指标体系，用以量化评测；段尧清等人①同样从政策视角出发，通过提取政策文本中的关键词确定评估要素，从而构建数字乡村建设水平综合评价指标体系；许敬辉等人②从数字信息基础、数字产业发展、数字科技农业、数字生活服务、绿色生态乡村、乡村生活质量 6 个维度选取了 24 项指标构建了数字乡村发展水平评价指标体系；刘庆③在梳理了河南省 18 个地市的面板数据后提出从乡村数字信息基础、乡村数字经济新业态、农业数字化转型、乡村生活数字化 4 个维度来构建数字乡村发展水平指标体系，进一步揭示河南省数字乡村发展水平的区域差异和空间分布特征。由此可见，信息基础建设、乡村数字生活、数字产业发展是数字乡村高质量发展不可或缺的重要评价指标。因此，在对于浙江省安吉县的数字乡村调研中同样可以这三个方面入手，研究溪龙村如何运用数字化手段来赋能数字乡村建设，提高村民生活水平。

对于数字乡村建设路径的探索，现有的研究主要集中在数字技术助推农业生产、乡村产业数字化转型、乡村电子商务发展方面。从农业生产数字化角度来看，肖忠毅④提出构建可感知、可控制、可预测的智能化生产模式，切实有效推动农业生产朝智能化方向迈进；从数字技术视角下的乡村建设出发，全尤⑤认为数字技术主要通过"农业+""数字+"和数字产业协同三种路径助力乡村振兴，推进乡村产业数字化转型；针对乡村振兴背景下的电子商务，李丽⑥指出可以通过完善物流运输体系、打造品牌效应、加强电商人才队伍建设等方法来推动农村电商经济的发展。

---

① 段尧清、易雨洁、姚兰：《政策视角下数字乡村建设的有效性分析》，《图书情报工作》2023 年第 6 期。

② 许敬辉、王乃琦、郭富林：《数字乡村发展水平评价指标体系构建与实证》，《统计与决策》2023 年第 2 期。

③ 刘庆：《数字乡村发展水平指标体系构建与实证研究——以河南省 2014—2021 年 18 个地级市面板数据为例》，《西南农业学报》2023 年第 4 期。

④ 肖忠毅：《农业生产数字化转型的协同策略研究》，《农业与技术》2022 年第 10 期。

⑤ 全尤：《数字技术赋能乡村产业振兴机理和路径研究》，《经济师》2023 年第 7 期。

⑥ 李丽：《乡村振兴背景下农村电子商务发展路径探索》，《南方农机》2023 年第 16 期。

虽然目前我国数字乡村的建设已取得一定成就，但随着数字乡村建设的不断深入，其中的问题也在逐渐暴露，针对乡村数字人才短缺、乡村治理主体混乱、基础设施不够完善等问题还有待优化。张鸿、王思琦、张媛[①]从治理主体的角度出发，认为数字乡村治理趋于复杂化，多主体利益交织容易引发现实冲突，可能成为阻碍乡村建设进一步发展的隐患。因此必须要针对多个主体的策略选择进行优化，在动态决策中实现利益均衡。林炳坤[②]认为相较于城市，农村面临着专业人才引进困难的问题，地方政府应完善人才引进政策，给予适当的资金和政策扶持。针对信息技术在乡村生产生活中的应用，赵练达[③]提出可以从乡村电子商务发展交通建设、乡村信息化硬件和软件设施两方面来完善乡村信息基础设施建设。

区别于国内的研究重点，国外对于数字乡村建设的研究更关注面向具体问题的实证性、理论性讨论，研究方向主要为乡村地区数字普惠金融的利用、农业装备智能化及土地合理利用等，对本次研究报告的参考意义不是很大。

全面推进数字乡村的建设是一项艰巨的系统工程，任重而道远。近年来，我国在推动数字乡村建设、数字经济赋能乡村方面进行了大量有益的探索，为乡村经济发展提供了强劲的新动力。但乡村人才短缺问题仍普遍存在，关于如何拓宽渠道集聚人才、激起人才活水等问题的研究尚处于在摸索中前行的阶段。而数字游民作为近几年新兴出现的"流动性"群体，有望为破解乡村的"人才之渴"提供一种新的思路。

（二）数字游民：数字时代的"流浪者"

"数字游民"指的是借助互联网和数字经济实现全球流动和地理套现的身份群体。这一概念源于牧本次雄（Tsugio Makimoto）与大卫·梅乐斯（David Manners）在《游牧上班族》中对数字游民的畅想。他们认为数字游民只需要网络和

---

① 张鸿、王思琦、张媛：《数字乡村治理多主体冲突问题研究》，《西北农林科技大学学报（社会科学版）》2023 年第 1 期。

② 林炳坤：《乡村振兴背景下我国数字乡村建设存在的问题及对策》，《乡村科技》2022 年第 16 期。

③ 赵练达：《中国数字乡村建设问题研究》，硕士学位论文，辽宁师范大学，2020，第 57—58 页。

登录设备便能实现远程办公，甚至可以离开原工作地点，来到贴近自然、乡村的地理空间之中，利用数字技术建立起非传统性质的工作与生活状态。① 当时，牧本次雄和大卫·梅乐斯敏锐地洞察到科技革命对人际沟通的影响，预测了电脑与通信技术整合对人们定点办公模式的消解及其对未来生活方式的重塑，描绘了游牧型工作形态与生活方式的轮廓，提出了"数字游民"的概念设想。在这一设想发表 20 年后，互联网确实为计算机设计和在线人员提供了远程办公的条件，使数字游民这一群体的出现成为可能。

1. 从"流浪者"到"数字游民"

数字游民这一群体的本质主要体现在"游民"之"游"，即这一群体的流动性。"游民"，指游荡而没有正当职业的人。它原指人类历史演变过程中，因物质匮乏而被抛出社会的漂泊者。在游荡漂泊中，游民逐步形成了特殊生活方式，建构了以物资共享为核心逻辑的社会亚文化。② 而与游民的原始含义不同的是，数字游民并非刻板印象中无所事事、游手好闲的"流浪者"，相反，他们是能够依靠专业的职业技能来解决基本生活问题的人。

数字游民这一群体出现的原因可以从学理和社会因素两个层面进行阐释。从学理上来看，移动通信技术对现代社会生活脱域属性的强化，应允了脱离实体地域的社会交往和劳动实践。曼纽尔·卡斯特尔③提出数字化技术创造出的流动空间，解绑了实地性的人地关系，物理空间与地理空间不再作为工作的唯一依凭，在此数字技术汇聚了各种便利与优势条件催生了数字游民。从当前社会发展因素来看，数字游民群体置身于全新时代语境中（从 Web 2.0 向 Web 3.0 过渡阶段），数字经济的全球性变革勾连出了内容创业、副业发展、零工经济等经济模式，催生出流动性劳动的全新业态。④ 不可否认的是，后疫情社会的经济余震也

---

① T. Makimoto, D. Manners. *Digital Nomad*, New York：John Wiley &Sons, 1997, p.29.
② 张士军：《生存与毁灭游民的生存方式及负面影响》，《中国青年研究》1995 年第 5 期。
③ Castells, M. *The Rise of the Network Society*, Cambridge, MA：Blackwell, 1996, pp.1-594.
④ 张雪纯、房钦政：《数字游民的身份探析：群体画像、空间流动与在地实践》，《科技传播》2023 年第 6 期。

对这一群体的出现产生了催化作用。王婧①认为，在新冠肺炎疫情期间移动技术逐渐嵌入工作和生活，人们经历长时间的在家办公、远程办公、移动办公，工作场所的界线变得模糊。因为新冠肺炎疫情的影响，数字游民群体正在全球范围内兴起和活跃，也有越来越多的国家和地区纷纷研究制定相关政策吸引数字游民的到来。②

"数字游民"作为一种新身份初入互联网语境时便迅速引发关注，其话题性核心在于不受物理空间限制的"自由"状态。在张雪纯、房钦政③的调研中，当"内卷""社畜"等工作与生存状态达到个体的压力承载极限之时，现代化的生活带给人们的不再是技术的便利与方式的革新，而成为束缚之物。而数字游民这一身份作为个人的理性选择，正是将自身从异化状态中解救出来，逃离都市空间来到乡村与自然之地，一方面利用技术实现"脱域"这一现代性福利，另一方面以"游民"之姿成为现代社会的"局外人"。科恩等人④认为数字游民是自愿地选择了这样一个具有持续流动性以及不确定返回日期的数字游民生活。

戴夫·库克⑤对数字游民的种类进行了细分：数字游民自由职业者、数字游民企业家（创业家）、受薪数字游民、实验性数字游民和空想式数字游民。前两种是比较传统的数字游民工作类型，而后两种是仍在尝试探索或处于规划状态的数字游民类型。其中"受薪数字游民"是当下快速增长的一种数字游民形式，指的是受雇于一个公司，有薪水和合同，同时不受地理限制，可以自主决定居住地和办公地。受薪、受雇能保证稳定的收入，因此这一形式也正成为数字游民越来越青睐的劳动方式。⑥后疫情时代，全球主要互联网公司开始大力推行远程办

---

① 王婧：《数字游民：一半旅行，一半工作》，《中国青年报》2023年5月16日第12版。

② 李庆雷、高大帅：《数字游民：互联网时代的新型旅居群体》，《中国旅游报》2021年10月20日第3版。

③ 张雪纯、房钦政：《数字游民的身份探析：群体画像、空间流动与在地实践》，《科技传播》2023年第6期。

④ Makimoto. T. "The Age of the Digital Nomad: Impact of CMOS Innovation," IEEE solid-state circuits magazine, 2013, 5（1）: 40-47.

⑤ Dave C. "What is a digital nomad? Definition and taxonomy in the era of mainstream remote work," World Leisure Journal, 2023, 65（2）: 256-275.

⑥ 王婧：《数字游民：一半旅行，一半工作》，《中国青年报》2023年5月16日第12版。

公，越来越多的公司允许并鼓励自己的员工自由选择办公场所，如推特、高盛、微软等知名企业已经给所有的员工发出了远程办公的通知。在这样的背景下，越来越多的年轻人希望在工作的同时，享受更高质量的生活和旅行。[①]

目前围绕数字游民这一群体的研究刚刚兴起，兴趣点往往集中于群体本身，例如其生活形态和群体个性特质等，呈现一定的"社会隔绝"问题，常常忽略群体作为实体集结的社群，与在地社会环境的关联性问题。尽管数字游民这种流动办公形式越来越流行，但人们对数字游民"流动"的内在属性还缺乏深入的了解。当数字游民融入关于乡村数字化在地实践、乡村振兴的图景之时，更加需要一个清晰的学理性阐释。

2. 数字游民的发展：实现生产实践的资源转化

当数字游民携带流动空间中的资源与便利来到新的属地空间之时，他们作为劳动资源本身为所属地的发展带来了更为庞杂而现代化的发展机遇。张雪纯[②]等学者在对数字游民的流动性进行考察后发现，数字游民个人的动机与偏好等不同选择导致这一过程充满不确定性，而群体在流动后所开展的在地社区共建、游民社区联结等空间生产实践具有更为现实的意义。宋庆宇、付伟[③]认为越来越多的"数字游民"主动入住乡村，从"数字游民"转变为"数字乡民"，有望成为乡村振兴的重要生力军。因此需要进一步催化他们与乡村要素之间的化学反应，推动这些资源与县域社会和既有产业充分融合、共同发展。

目前国内外对于数字游民在数字乡村建设过程中是否存在实质性的作用，如何将"数字游民"转化成"数字乡民"，这两个问题缺乏实证检验。在对数字游民做出考察时，研究视野往往局限于互联网从业人员的个体选择范畴，应该将数字游民这一群体置于 Web 3.0 时代语境之中，结合当下的经济、政治环境去探查其所勾连出的有价值的议题。

---

① 张苗：《"数字游民"生存图鉴》，《检察风云》2023 年第 4 期。

② 张雪纯、房钦政：《数字游民的身份探析：群体画像、空间流动与在地实践》，《科技传播》2023 年第 6 期。

③ 宋庆宇、付伟：《关注乡村振兴中的"数字乡民"》，《中国果业信息》2023 年第 6 期。

（三）游民公社：数字游民的具身汇集

1. 丹麦"自由城"与游民公社

在对游民公社进行研究时，其中的自由精神、民主自治、人情观念、绿色生活等理念是其核心所在。而包含着这类理念的空间形态早已存在，在联邦德国叫作"群居点"，在奥地利叫"自然村"，在丹麦叫"自由城"。

"自由城"即"克里斯钦尼亚"（Christiania），是一个位于丹麦哥本哈根市中心的特殊社区，距离丹麦皇宫不到一英里。最初这里是一个被废弃的军营，1971 年，一群嬉皮士、流浪者和政客占领克里斯钦尼亚并宣布其成立。[1] 克里斯钦尼亚人认为，在这里，所有寻求安宁的人们都可以拥有自己崇高的理想，让不同团体宾至如归。"自由城"被社区成员标榜为欧盟之外的"自由净土"。目前，克里斯钦尼亚占地面积超过 49 公顷，拥有 15 个自治区域，定居者有 900 人左右。

自由城拥有自治以及人情关系密切两个显著特质。自治，是以自己的方式来规范日常事务及相关问题，即会议和共识民主。人情关系则指的是自由城保持了良好的邻里关系，像是回到过去的乡土生活。傅国云、傅婧[2]在《社区的复兴：丹麦克里斯钦尼亚社区治理经验的借鉴》中提到，在真正开放和包容的社区，每个个体都应得到尊重，都是平等地位的公民。自由城所构建的是这样一个图景：不论人们的职业和背景，不论是学者、音乐人、流浪者还是普通人，都能在这里找到自己的归宿。

2. 流浪者的集结：孤独患者的社交需求

以个体为单位而流动的数字游民是孤独的，因此成为数字游民的抉择杂糅了个体对社会风险和自我选择的复杂权衡，社会交往是数字游民作为社会人自然的

---

① Wikipedia. "Freetown Christiania." accessed June 04，2013. http：//en. wikipedia. org/wiki/Freetown _ Christiania.

② 傅国云、傅婧：《社区的复兴：丹麦克里斯钦尼亚社区治理经验的借鉴》，《金华职业技术学院学报》2016 年第 4 期。

本体需求。存在主义哲学家克尔凯郭尔①将自由界定为可能性，人会不断向着自己可能性空间探索，而在此过程中就会产生焦虑，这是因为从可能性演变为现实性之间的空白过程带给人的情感体验，因此焦虑感是选择自由后的必然产物。焦虑与自由的产生模式解释了众多数字游民在经历长期的流动生活后所具有的焦虑与孤独状态。② 数字游民在脱离了传统集体化工作模式的同时也脱离了社会群体——家庭、工作单位、传统城市社会，他们处在一个不断流动但又渴望扎根的心理矛盾状态，使自身陷入了自由与焦虑共存的悖论之中。③ 于是，数字游民这一新的职业形态兴起的背后是群体成员的重新修复与同类绑定的诉求，他们作为社会个体渴望寻找群体的存在，从而形成一个固定社群。在卡斯特尔等人④的研究中，作者指出了为参与者建立社区的重要性——数字游民们需要在各地寻找固定社区，重建"归属感"。

3. 游民公社：空间意义的创造与选择

游民公社是数字游民所要完成的关于空间的联结，数字游民需要将自己的数字工作实践与不同的场所和可用的基础设施相结合，并在不同的地方维持有效的职业生存。在形成游民公社的过程中，数字游民需要为自身的流动打造或选择合适的属地空间，将属地空间与流动空间汇聚，双重空间并不是单向的压制关系，而是深刻的互嵌关系，为数字游民开启凸显主体性力量的在地实践以开拓空间，从而达到数字游民的汇聚和集合。

数字游民在其流动过程中的空间创造并非如想象中的四海为家，他们并未继承波西米亚式的彻底流浪精神。学者 Caleece Nash 在《游牧工作与位置独立性：空间在塑造数字游牧工作中的作用》一文中，指出了数字游民的流动性空间并非

---

① Kierkegaard S. *The Concept of Dread*, Princeton N. J：Princeton University Press，1969：691.

② 张雪纯、房钦政：《数字游民的身份探析：群体画像、空间流动与在地实践》，《科技传播》2023年第6期。

③ 凤凰深调：《年轻人的自由与孤独：从数字游民到栖居生活》，https：//mp. weixin. qq. com/s/_Ayk7iR-l6Vxvbqzdgvoug.

④ Castells，M. "The Rise of the Network Society. " Cambridge，MA：Blackwell，1996：pp. 1-59.

如媒体描述般的毫无边界，也并非游于"任何地方（anywhere）"①，其游牧工作具有极为强烈的位置独特性，因此空间对于数字游民具有重要的形塑作用。他们对工作与生活地点极为挑剔，所以游民公社需要满足数字基础设施、安全、交通、气候及人文环境等多方面的要求。

实际居存的属地空间与数字化技术所造就的流动空间，对于数字游民来说构成了其存在的双重结构层次，两重空间之间呈现互为嵌入的联合关系，而在其间发生联结动作的正是数字游民本身。信息技术造就的流动空间伊始就存在，数字游民从其中获得源源不断的机会与资源，但流动空间的使用并未对数字游民所具体居存的属地空间进行全然的压制，而是呈现彼此相互压制、补给与制衡的关系。

当数字游民携带着流动空间中的资源与便利来到游民公社时，他们在城市空间中被压制的现代性此刻在新的所属地空间中得到唤醒，远离了传统社群的数字游民利用自身认知、资源与能动力量，重新建立起以爱好、趣味、文化为联盟的自由结构，建立起在数字技术节点化构成层级中的对抗性力量。目前，数字游民偏爱的聚集地——云南大理、海南万宁，出现了众多具有崭新现代面貌的游民公社，游民们在此举办艺术文化市集、开展趣好活动节日、建立社区咖啡馆等，这些都是数字游民作为独立社群的自主力量汇聚，也是空间互嵌之下主体性力量的成功凸显。

游民公社将数字游民的分散力量进行集聚，把从下而上的自发性力量纳入宏大时代命题与语境下进行重置，从而引导数字游民从个体现象走向集结的有益社会力量。数字游民作为 Web 3.0 时代下深刻显露了媒介化时代政治、经济变革的身份群体，以自身作为自由的选择主体破除现代化困境，争取更为舒适且主体化考量的生活—工作关系，游民公社在对其进行合理化资源整合的过程中，也要保持数字游民最初的"游"之自由本性。

目前关于数字游民公社的研究并不多，就目前的文章来看，很少有研究提到

①　Caleece Nash. "Nomadic Work and Location Independence：The Role of Space in Shaping the Work of Digital Nomads." Article in Human Behavior and Emerging Technologies November 2020.

数字游民公社的可持续发展背景。数字游民公社的运营基础是什么？它们如何获取经济支持以维护社区？调研团队还注意到国内的数字游民公社的存在形态可能与国外的情况不同。国内的数字游民公社是否在数字乡村建设中发挥了积极的角色，成为参与者和行动者的新型趋势，也是一个值得探讨的问题。

调研团队认为数字游民公社的存在是因为数字游民为了寻找与自己相同的人而组建理想的生活社区，但国内的数字游民公社在数字乡村建设中的作用，为调研团队提供了新的思考角度和可能性。研究和理解这一新兴趋势的本质和影响力，将为大家更好地把握数字化时代的发展方向提供重要的参考。

二、研究问题

在数字乡村建设的思路引导下，DNA 游民公社的引进和运营对于安吉县溪龙村的数字化建设产生了什么样的作用？游民—DNA—乡村之间形成了什么样的动力机制？这是团队在本次调研中希望解决的核心问题。由于调研涉及数字游民、DNA 游民公社及其背后商业组织上海爱家地产、溪龙村党委等多方参与者，团队将核心研究问题做以下细分：

将游民聚集到一起的 DNA 游民公社究竟是商业噱头还是一种新的形态？

数字乡村与 DNA 游民公社之间的产业关联是什么？

数字游民能否（以及如何）转化为数字乡民？能否（以及如何）赋能乡村建设？

三、研究方法

本文致力于探索数字乡村、数字游民和数字游民公社之间的关系，主要采用了社会调查法，具体运用了实地调研走访和深度访谈两种方法，以深度访谈为主，辅以调研走访中所收集到的一手图片、影像，二手材料文字说明、文件。

（一）访谈对象

安吉县融媒体中心负责人、溪龙村村支书、游民公社项目对接人员、数字游民。出于调查研究的伦理考量，团队对访谈对象进行了匿名化处理，并在文章呈现时使用由"姓名字母缩写+性别+角色"构成的代号，其中角色涉及数字服务软件的开发者、村支书、商业项目负责人、爱家集团负责人、公社主理人和游民六类。

表1　受访者信息一览表

序号	代号	性别	角色	回答问题方向
1	ZW	男	数字服务软件的开发者	数字乡村
2	JGL	男	溪龙村村支书	数字乡村/数字游民公社/数字游民
3	SXY	女	溪龙村村委工作人员	数字乡村/数字游民公社/数字游民
4	SS	女	DNA数字游民公社主理人	数字乡村/数字游民公社/数字游民
5	WDY	女	爱家集团负责人	数字乡村/数字游民公社/数字游民
6	PP	女	数字游民1	数字乡村/数字游民公社
7	XRM	女	数字游民2	数字乡村/数字游民公社
8	GGJ	女	数字游民3	数字乡村/数字游民公社
9	CAR	女	数字游民4	数字乡村/数字游民公社
10	LCY	男	数字游民5	数字乡村/数字游民公社
11	WCB	男	数字游民6	数字乡村/数字游民公社

（二）访谈方式

首先，我们采访了融媒体负责人，了解安吉县数字乡村的整体发展情况。其次，我们选择村支书与项目对接人员作为研究对象，以获取有关数字乡村发展背景和游民公社实施情况的重要信息。在游民公社方面，我们与其主理人进行访谈，了解公社的运营模式、发展目标以及其在数字乡村发展中的作用。最后，我们抽取了6名不同性别、职业且在公社居住超过一个月的数字游民进行线上访谈，这些受访者曾参与乡村生活，能够分享其自身体验以及对数字游民公社和数字乡村的观点。

（三）资料收集

为了获得详细和丰富的信息，我们采用半结构式的深度访谈。访谈过程中注重与被访者的互动和倾听，通过开放式问题和有针对性的追问，探索其内心世界和观点。11 组访谈采用线下或线上一对一访谈的方式进行，访谈时间不少于 80 分钟。访谈过程实时录音录像，并借助撰写软件进行文字撰写，最终形成 42708 字访谈文字稿。此外，相关补充内容及资料由访谈者提供。

四、调研发现

（一）播种在商业土壤下的异变形态

DNA 数字游民公社是播种在商业土壤下的异变形态。各方利益主体目的的差异，使 DNA 数字游民公社这个"乌托邦"包含了种种矛盾，成为一个多方诉求杂糅的化合物。爱家房地产公司追求商业利益，希望通过游民公社发展房地产产业；乡政府则关注乡村经济和社会发展，希望引进数字人才。但"游民"又如何会在溪龙村"安定"？尽管公社在商业资本的滋养下得以运行，但理想主义的公社主理人并未向投资集团妥协，仍然以数字游民本身作为发展的核心。DNA数字游民公社最终展现出不同于另两方预期的表现性状。

1. 土壤与播种许可：招商引资提供发展契机

数字游民公社是由爱家集团投资的房地产项目，爱家集团作为投资方为游民公社提供了资本。记者梁静怡曾在题为《走，去安吉看不坐班的年轻人》的报道中提到，上海爱家集团在房地产产业发展"文旅小镇"风潮失败的前景下，提出了新的定位——"生活美学服务商"，即打造一个理想社区（GQ 报道，2023）。

我们最初建设 DNA 游民公社这个项目，是因为前期往文旅小镇这个方向走得并不是很通畅，我们需要一些人来帮我们打开这个思路。上面领导发现了这样的一个项目来辅助 ACDC（安吉创意设计中心）的建设，也是通过他们的这种对外宣传，来提升一下我们这的知名度吧。（WDY，女，爱家集团负责人）

于是，DNA 数字游民公社应运而生。爱家集团基于对数字游民和远程工作者市场增长趋势的认知投资了数字游民公社，希望满足这一人群的住宿和工作需求，从中获得商业回报。除此之外，爱家集团更希望通过这些数字游民吸引更多人来到这里，将这里发展成一个文旅小镇，推动房地产事业的发展。集团选择了安吉县溪龙村，溪龙乡政府的支持给予了爱家集团"播种的许可"。于政府而言，他们希望爱家集团所打造的游民公社可以吸引发展数字乡村的人才。

我们当初引进这个项目的时候，一方面是可以通过他们的宣传，让更多的人来我们这里旅游，发展我们这的旅游产业；另一方面也是能够引进一些就是所谓的数字化的人才来帮助我们的发展。（SXY，女，溪龙村村委工作人员）

随着全球化和技术进步的推动，远程工作和自由职业者的数量也在不断增加。溪龙乡政府看到了数字游民的潜力，希望能够通过为其提供支持和服务来吸引数字游民进一步参与数字乡村建设。湖州市委书记陈浩给公社的定性是"把更多具有高学历、高收入、高专业技能的'三高'人才吸引到乡村来"的平台。2019年1月，安吉县溪龙乡政府与生活美学服务商上海爱家集团正式签约，共同开发安吉白茶。爱家集团投资60亿元，与政府达成32.3平方公里全域开发合作，从自然、生活、建筑、人居等角度出发，围绕白茶产业形成文化、教育、医疗、旅游等全域化产业链布局。DNA 数字游民公社作为发展项目中的一环，是为了吸引具有理想生活方式的数字游民们来到这里参与白茶原的项目而建。

2. 种子的异变：DNA 数字游民公社成为乌托邦

虽然 DNA 数字游民公社是爱家集团播种在商业"土壤"中的一枚"种子"，但实际对公社进行"栽培"、运营的是爱家集团委托的公社主理人。爱家集团将游民公社的项目委托给了SS——DNA游民公社的现任主理人。SS一直梦想着能够建立一个年轻和自由的理想生活社区，恰好爱家集团也在寻找这样的合作伙伴，双方不谋而合。

> 最开始我们知道这种生活方式还是在国外，在大理我们发现国内原来也是有的，只是没有那么成熟。刚好有这个契机，爱家集团找到了我们之前的一位主理人，提出想要建造这样的一个地方，也算是给了我们比较大的自由，何乐而不为。(SS，女，DNA数字游民公社主理人)

而对于公社主理人来说，建设DNA数字游民公社是实现自我价值的一个可行途径，她借助爱家集团和溪龙乡政府所提供的帮助，打造了一个不受外界打扰的、乌托邦般的生活社区。这个社区里人人平等，呈现一种和谐、宁静和稳定的状态，游民之间互相尊重，自由表达自己的想法和观点。

（1）理想化的生活环境

数字游民公社的主理人SS致力于营造一个理想化的社区环境——平等自由、资源共享、呈现出和谐宁静的生活状态。它能够提供各种社交、文化和娱乐活动，以满足游民的多样化需求。这种多样化的活动和服务使得游民能够在公社内部寻找到各种满足感，从而加强社区的凝聚力，吸引具有相似理想的数字游民加入并积极参与社区生活。

图1　户外活动场所

没有欢迎仪式，不用自我介绍，大家见面也不太关心过去的职业、身份和经历。狼人杀、音乐趴、玩滑板、打篮球台球、茶话会等一个个自发组织的活动，让每一个新居民都能快速、自然地融入社区生活中。DNA 数字游民公社为来到这里的人提供了一个舒适的生活、工作一体化社区。在这里，游民们可以专注地做自己想要去做的事情，当他们想要结束工作时，又可以快速地融入社交环境。

现在社会带来的所谓的内卷、加班之类的，没有办法让你很轻松地休息下来。但当你来到 DNA，你想工作的时候可以随时进入工作状态，想要社交的时候可以随时进入社交状态，无论在哪种状态下都可以保持自己最舒服的状态。（SS，女，DNA 数字游民公社主理人）

DNA 数字游民公社的内核是人与人之间紧密的社交关系。"全世界有趣的人联合起来"是公社的 slogan。DNA 数字游民是一群以数字化工作方式为生活方式的人群。他们没有固定的工作时间、地点和社交模式。

我们这里有专门的工作区域，大家都有自己的节奏，有喜欢早上工作的，也有喜欢昼伏夜出的。这里人来人往，有居住很久，甚至把工作室搬过来的，也有短暂停留就离开的。（SS，女，DNA 数字游民公社主理人）

图 2　公社 slogan

早起的数字游民喜欢在早晨八点就开始工作，面对广阔的田野设置工作区域；"夜猫子"数字游民则倾向于晚间才开始活动。有些数字游民喜欢加入聊天群体，一边交流一边工作；而另一些数字游民则能够在热闹的烧烤氛围中专心致志地完成工作。

> 作为"社恐"和"社弱"，DNA里最让我感兴趣的就是"人"。我遇见了过去不可能触碰到的人，也了解了一些有趣的职业。我喜欢以旁观者的方式，慢慢地展开我的社交。（PP，女，数字游民1）

DNA数字游民公社的特点在于其灵活性和自由度，只要遵守法律规定，他们可以进行各种合法的活动。

（2）在社区共同体中自由发展

来到DNA数字游民公社的数字游民有着许多种不同的身份，来自各行各业。DNA的数字游民有比较强的职业特征，一部分从事创意行业，包括各种设计师，一部分和互联网关联度比较高，包括程序员、产品经理。当然还有翻译、文字工作者、外贸行业从业者……这样一群教育、成长、职业背景迥异，但价值观相似的"同类"住在同一屋檐下，可以随时交流，突破了自身知识和经验的限制。他们在网上晒出来到这里的感想与攻略，同时在闲暇之余不断丰富公社内的活动及布置，使得公社自身的发展逐渐变得完善。

图3 公社工作区域

这里的每一个人都是有不同故事的，"数字游民人物插画计划"这个本身只是我在公社发起的一个活动，我希望能够有更多的人认识他们，便将这些画像发布在了网络上，没想到引发了一系列好评，同时也吸引了更多人来到这里。（XRM，女，数字游民2）

DNA 数字游民公社内的居民通过共享办公空间、共享设施和参与共同活动等形式来共享资源，同时也实现了高效利用和可持续发展的创业目标。

我在这里住了一段时间后，认识了很多志同道合的小伙伴，也邀请我的另一位合伙人过来体验一下，在经过多方面的考虑后，将整个工作室搬了过来。通常一个人和工人们一起留在工作室，另一个人就可以放心地踏上旅程，在路上，可以处理诸如采购、沟通等线上可以完成的工作。（GGJ，女，数字游民3）

这种资源共享的实践也可以进一步增强社区内部的凝聚力和封闭性。

（3）社区的封闭性

DNA 数字游民公社因为其理念和经营策略而较为封闭。数字游民公社的设计初衷是为数字游民和远程工作者提供理想的生活和工作环境，因此会采取一些措施来限制社区的入住人群，以确保社区内的成员具备相似的生活方式和价值观。DNA 数字游民公社给游民提供了良好的隐私环境。公社有着严格的入住筛选流程。在入住前，需要填写信息审核表（见表2）。如果不是住户，想要进入 DNA 数字游民公社是非常困难的。这种严格的入住筛选流程为这里的游民提供了舒适的生活环境，大多人穿着睡衣，动作随意自在。DNA 数字游民公社的房间除了单人间，其余都不配发钥匙，因为大家都不锁门。

表2　DNA 数字游民公社入住申请者的信息审核表

有入住意愿的话请提供以下信息，我们需要审核一下，看是否符合入住条件以及是否有空床位（请认真填写，这个很重要）	
姓名：	性别：
手机号码：	身份证号码：
需要入住的床位类型：	预期入住时间 & 时长：

续表

出发城市及街道：	是否携带宠物：
·用3到5句话简单自我介绍一下~（比如专业介绍、当前生活状态、平日的爱好等）；	·在DNA期间有什么规划，想做什么好玩的事情；
·是否有意愿开办分享会：	
最近入住的小伙伴较多，我们会根据提供的信息进行初步筛选，符合入住条件的小伙伴，我们会主动联系你的哦~	

自组织让信任变得更简单，让社区变得互助友善。这也同样导致公社内部形成了相对封闭的社交圈子和社区文化，与外界相对独立，在一定程度上实现了乌托邦式的社区构想。

（二）数字游民公社在数字乡村建设中的有限参与

借助互联网平台的宣传与推广，DNA 数字游民公社为溪龙村吸引了更多的游客，在一定程度上推动了溪龙村文旅产业的发展，拉动了乡村经济的增长。但从严格意义上来说，游民公社对于推动乡村数字化转型提供的帮助十分有限。在溪龙村未来数字乡村的建设策略中，发掘新的产业优势、破解数字乡村建设中的人才困境、完善其他各项基础设施的建设仍是重中之重。

1. 积极效应：互联网人才"引流"带动文旅产业

在乡村的文旅产业发展方面，数字游民公社确实为溪龙村吸引了数字产业人才，并且其数字游民的职业类别非常多样。数字游民作为具有较高学历、技术和收入，拥有信息、资源等便利条件的创意群体，他们可以将自身的知识和所携带的数字技术资源投入社区的建设中。

他们的职业很多，只要说是有的工作，基本上在我们这里都能够找到。按照目前我们园区里面接待的人来看，比较多的是做创意类的，比方说设计师，还有一些像程序员就会比较多一些。还有一些现在比较新兴的数字行业的从业人员，还有自媒体。（SS，女，DNA 数字游民公社主理人）

数字游民所携带的数字技术在助推乡村文旅产业发展中可以通过多种方式促进生产要素之间的互促共生，为乡村文旅产业的发展提供信息化手段，并通过互联网平台推广、整合、创新旅游资源。

根据数字游民发布在小红书、微博等自媒体的内容可以发现，他们所撰写的文案、发布的短视频都在一定程度上吸引了更多的人来了解、关注 DNA 数字游民公社，并来到溪龙村游玩。

互联网平台满足了消费者的个性化需求，推广了优质的乡村旅游资源，也吸引了更多消费者前来旅游，从而推动消费升级，促进乡村文旅产业的进一步发展。而游民公社所打造的概念——"全世界有趣的人联合起来"等青年文化也进一步推动了乡村的文化建设，为溪龙村的文旅产业发展提供了一定程度的助力。公社十分鼓励游民们在自媒体平台上对 DNA 数字游民公社和溪龙村的白茶文化进行宣传。

> 我们会让在地的游民写他们在这边（溪龙村）发生的事情，跟 DNA 发生的故事。就是说要是游民你愿意写，你可以写一篇，我们会给他 1000 块钱。然后让他自己把它搞出来，然后让大众知道我们这边到底是什么样的，也可以向更多的人宣传我们的想法，就是"全世界有趣的人联合起来"。我们还有专门的编辑来负责整理，在 DNA 自己的公众号平台上进行发布。（SS，女，DNA 数字游民公社主理人）

通过自媒体平台推广当地的白茶文化、向外界宣传数字游民公社的宣传方式，不仅提升了溪龙村白茶和 DNA 数字游民公社的知名度，也引起了互联网上更多人的好奇和关注。如 DNA 数字游民的微信公众号的一篇推文《没搞懂数字游民怎么赚钱，但我看到了大家在 DNA 搞钱的野路子》中就提到一位数字游民靠"发朋友圈"宣传的方式帮助溪龙村的茶农们将茶叶卖了出去。这样一方面带动了当地主要经济来源——白茶在网上的销售量，提高了乡民们的经济收入；另一方面则可以提高溪龙村旅游经济收入，进一步带动乡村的文旅产业发展。

与此同时，数字游民作为人才资源可以吸引外来经济、文化资源的注入，促成升级后的新型文旅行业生态形成。

其实每个游民他背后都有自己的一个关系链的，我们是做文旅产业的，那如果他们待在这里，可能他的亲戚朋友都会来这里去玩一圈。那也是带动这边的旅游经济发展的。（SS，女，DNA 数字游民公社主理人）

乡村文旅产业具有巨大的发展潜力和市场需求，如果政府能够通过开发旅游景区、打造文化体验等措施来吸引人流、物流、资金流进入农村地区，将推动农村经济发展和农村产业升级，从而进一步推动文旅产业的发展。《茅莹今日秀》提到："年轻人和安吉原有的产业优势也在逐渐嫁接，比如'一片叶子'项目等，形成双赢局面。"DNA 数字游民公社在溪龙村文旅产业上确实起到了一定的推动作用，提高了乡村的经济收入，提升了溪龙村的知名度和吸引力，为乡村振兴提供了新的增长点。

2. 道阻且长：在数字乡村建设中的实际参与不足

就现阶段而言，数字游民在溪龙村的聚集只是物理层面小范围的人口聚集，游民公社和乡村的联结属性还比较弱。虽然说 DNA 数字游民公社促进了溪龙村的文旅产业发展，进一步推动了乡村振兴，但是严格意义上来说它并没有推动文旅产业的数字化转型，对于建设数字乡村的助力效果并不大。

不排除公社和乡村未来一起办活动的可能性，但是目前来说可能还没有看到这个需求，因为大部分的活动项目暂时还没有到这种程度，其实大家现在都是各自在用力。（SS，女，DNA 数字游民公社主理人）

数字游民和溪龙村尚未建立有效的连接机制，游民公社与乡村数字化各要素之间并没有产生明显的化学反应。游民公社内部形成了相对封闭的社交圈子和社区文化，数字游民活动范围大多局限在公社附近，与乡村的联系则比较弱。据了解，溪龙村目前为止也没有为数字游民公社打造和规划合作项目，没有能够推动这些资源与乡村既有产业充分融合、共同发展。

在游民公社带动乡民就业层面，DNA 数字游民公社为溪龙村提供的就业岗位有限。

目前来说我们这边了解的情况就是，游民公社那边不太缺人，现在

就只招了些保安保洁。（SXY，女，商业项目负责人）

由于 DNA 数字游民公社所提供的岗位只局限在一些数量很少的基础后勤岗位，覆盖面十分有限，更谈不上提高乡民的经济收入，对于解决乡民的就业问题来说帮助不大，且在进一步推动乡村的生产结构调整方面较为困难。综上，目前数字游民公社对数字乡村建设的贡献程度还是有待商榷的。

3. 发展潜能：农村电商直播或成为新的发力点

要想充分发挥数字游民公社对数字乡村建设的作用，需要进一步推动数字游民与乡村的要素发生化学反应。数字游民本身所具有的高移动性意味着这个群体有极大可能性将乡村、县域与大中城市乃至全球市场紧密联系在一起，为数字乡村建设探索新的路径，如推动县域电商、乡村文化产业、特色产业等新产业形态的发展。而安吉所携带的创业基因，如转椅产业、茶产业、竹产业等，也吸引着更多数字游民来到这里，甚至有部分数字游民已经在这里成立了自己的工作室。

> 我在这里住了一段时间后……确实这个地方很吸引我，经过多方面的考虑，地理位置、生活成本等，我们发现这里很适合我们工作室……

（GGJ，女，数字游民3）

游民 GGJ 在综合评估公社的条件及自身创业需求后，选择了溪龙村作为创业所在地。而从溪龙村的在地需求方面来看，乡村对数字电子商务方面的需求比较强烈。

> 直播这个事情，是我们村民，一对夫妻自己创业的。老婆做抖音直播，老公在旁边发货。现在规模也慢慢扩大了，很多家都在做直播这个事情。公社里的年轻人倒没有特别加入这样的电商直播产业中来。

（JGL，男，溪龙村村支书）

随着移动互联网的发展，直播成为数字乡村建设中打通农产品销售的新工具。电商平台将直播业务和电商销售相结合，主播进行产品体验直播来销售其产品，从而增加销量。所以溪龙乡政府比较重视这一新兴的重要销售渠道，也正在发展当地白茶的农村电商产业，融合了直播带货等新型元素。

但根据调研中所掌握的情况，溪龙村的直播从业者大多数都是乡镇本地的茶农群体，数字游民公社中的游民们对此参与程度不高，数字游民中的直播行业人才也寥寥无几。若要发展数字乡村的直播产业，就必然要求加强社会化电商人才的引进与培养，而具有互联网专业思维的数字游民就有望成为助力农村电商发展的种子用户。一方面，农产品的市场定位、产品包装和品牌运营需要根据终端销售数据和消费者偏好进行全方位的转型和升级；另一方面，在农产品的生产端，也需要有专业人才针对市场需求，对农产品种养殖过程的标准和质量进行进一步提升。

要想吸引数字游民更多、更便利地入住乡村，推动农村电商的发展，溪龙村就必须在完善交通网络方面上寻找切入口。现有游民公社所吸引来的游民或游客，很大一部分选择了自驾的方式，但包括公交车、摆渡车在内的公共交通尚未成型。相对闭塞的交通环境在一定程度上既阻碍了游民公社的扩建和发展，也限制了农村基础设施的进一步完善。

> 对于现在的很多年轻人来说，交通是一个非常重要的基础配套环节，比如怎么从机场直接到这里、怎么从动车站直接到这里。之前我有跟政府对接人聊过。我说如果你们想要帮忙，那可以开通班车……希望这些配套设施会让大家的到达更便利。（SS，女，DNA 数字游民公社主理人）

农村交通一直是数字乡村建设中的重要一环。完善农村的交通网络不仅对溪龙村乡村居民、数字游民的出行和生活质量产生深远影响，还对乡村经济的可持续发展起着重要的支撑作用。在助推农业发展上，畅通的交通网络可以加快乡村资源要素的流动、促进农产品的流通和销售，为农村电商发展和产业振兴提供物流网络支撑，促进农民增收和农村集体经济发展；在振兴人才队伍上，良好的交通条件也有助于吸引外部人才，孵化多类型电商新农人，推动农村电商的发展。因此，交通设施的完善有望成为未来推进溪龙村数字乡村建设的突破口之一。

（三）数字乡村与数字游民之间薄弱的交互关系

实现从数字游民向数字乡民的转变需要游民与乡村双向合作，而这种双向合作要以优越的自然环境、完备的基础设施以及有利的人才引进政策为基础。然而，经过深入调研发现，数字游民与乡村之间并未实现预期的双向互动。数字游民公社呈现相对封闭的特点，游民活动主要局限于公社内部，因此难以与乡村实现有机融合。此外，数字游民多数为艺术型人才，其价值观与当地村民存在较大的冲突，因而难以真正融入乡村生活。另外，这些数字游民的技能并不一定符合乡村当前的需求，很少具备乡村数字化转型所需的电商等相关能力，因此无法为乡村的实质性数字化转型提供有力支持。

1. 转化困难：数字游民难以成为"数字乡民"

随着时代的进步和技术的发展，传统产业也需要实现数字化转型以适应市场的需求。安吉县溪龙村拥有良好的自然环境，但作为一个以白茶产业为主的地区，目前正面临着传统销售模式的困境，这使得政府希望引进电商人才，促进白茶产业的转型和发展。

> 受地域的限制和各种条件的限制，实际上传统的销售的话，就是对于我们这些农户来说，销售起来比较困难。然后我们是希望跟爱家合作之后，能够吸引一些电商人才，帮助我们做好茶叶的销售。（SXY，女，溪龙村村委工作人员）

白茶产业在溪龙村是一个重要的经济支柱，然而，受制于地域和其他条件，传统的销售模式变得越发困难。为了实现数字化转型，引入电商人才是合情合理的决策。电商平台能够突破地域限制，将溪龙村的白茶推广到更广阔的市场。尽管溪龙乡政府意识到电商人才的重要性，并希望通过他们来推动白茶产业的数字化转型，但没有提供实质性的人才引进政策。

> 溪龙乡政府会在人才引进里面给到一些优惠，但是目前来说，可能对我们来讲帮助没有那么大，然后后续可能会在我们的一些审批流程，或者土地的使用上面，他们可能会给到我们更多的帮助。（SS，女，DNA数字游民公社主理人）

在没有明确的政策保障的情况下，数字游民很有可能因为担心未来职业发展和福利保障，不愿意留在乡村，从而难以转化为数字乡民。此外，溪龙村在基础设施建设过程中存在比较多的问题，对人才吸引造成一定的阻碍。公共交通不发达，导致居民出行较为不便。同时，由于乡村距离市中心较远，周边没有商圈，缺乏商场和娱乐设施，这使得游民在乡村生活的便利度大打折扣，对于追寻更好生活体验的人来说，选择留在乡村的意愿相对较低。

从更为直接的居住体验层面来看，溪龙村相对城市而言明显落后的数字服务产业，也无法满足习惯了便捷都市生活的数字游民们。例如，对游民 LCY 来说，外卖不足影响了他们的生活体验。

> 这边的外卖确实比较少，我们一般也没什么好点的。就只是自己做
> 饭或者吃食堂，没什么花样。（LCY，男，数字游民5）

在溪龙村内餐饮娱乐商铺有限，外卖产业发展不够成熟，不仅影响了数字游民在乡村的居住体验，还会间接影响他们留在乡村的意愿。这一问题的出现也折射出现阶段数字技术作为基础设施对乡村地域覆盖仍有局限性。需要肯定的是，安吉县自 2015 年起在积极推动数字乡村建设方面做出了巨大的努力，正在通过"爱安吉""茶小服"等服务平台推动村镇生活的数字化转移，这的确为数字乡村建设提供了关键支持。

> 我们建了一个 App，叫作"爱安吉"，服务于本地老百姓，把县里面
> 很多的这些智慧旅游项目、村里面的很多的那个公告信息等跟数据有关系
> 的东西都拉到我这个平台里面。我们花了大概两年时间，投入了将近两
> 个亿的资金，改进了整个网络。（ZW，男，数字服务软件的开发者）

需要注意的是，数字化服务产业仍然面临着多项挑战。尽管数字化服务平台已经建立，但溪龙村尚未有效地将数字化服务平台的构建与推广贯彻到位，未能真正使村民受益。例如，溪龙村的村支书在采访中提到了"茶小服"小程序，然而经过调查发现，该小程序并未真正落实或付诸实际运营。

> 家家户户都在用这个茶小服，它涉及的面很广的。刚才我说这个茶
> 叶，包括技术这个这一类自己都在里面的。病床、房子都在里面。这是
> 老百姓关心的问题，也是大家需要的东西。（JGL，男，溪龙村村支书）

调研团队在对小程序"茶小服"的使用中发现，凡是与用户"沟通""反馈"有关的功能都未能建立线上通路，均以"线下服务提示"为终点。平台软件

的实际应用功能无法真正触及百姓，使得数字化基础设施的功效发挥受到了限制，从而难以转化为对数字产业人才的吸引力。若要让这些数字平台充分发挥潜力，深度融入数字产业，仍然需要进一步打通业务渠道，使其真正触达百姓用户群体。

综上所述，在数字乡村建设背景下，提升溪龙村对数字游民的吸引力，需要关注人才引进政策、基础设施建设和数字服务产业的发展等多方面的问题。为了推动乡村经济进一步发展，也就需要完善溪龙村的基础设施建设，完善外卖、物流体系，进一步缩小城乡差距，让数字游民能够在乡村过上更为便利的生活，从而提高其转化为"数字乡民"的意愿。

2. 力不能及：数字游民对乡村帮助有限

DNA数字游民公社的理念和经营策略，使其在公社内部形成了相对封闭的社交圈子和社区文化，与外界相对独立。且数字游民多为自由职业者，由于其工作性质，职业独立性较强，很难与周边乡村居民进行深入的交流和合作，从而无法真正融入乡村社会，难以对乡村产生实质性帮助。

数字乡村吸引来的数字游民大多为艺术类、创意类和技术类人才，涵盖了程序员、设计师、画家、文字工作者，甚至制造业和手工业者。

然而，与传统的电商产业相比，这些数字游民所从事的工作领域存在较大出入。数字游民更加注重艺术创作和个人追求，他们的工作方式、职业思维方式和价值观与乡村居民之间存在显著差异，这对其与乡村的融合进程带来了挑战。村民很难理解数字游民的这种特殊生活状态，从而造成了数字游民与当地社会的隔阂。这种隔阂不仅使得数字游民难以与当地产业深度融合，也限制了他们对于当地产业发展的实际贡献。

> 主要吸引了创意类的、艺术类的人才过来，他们的职业跟我们想象的不大一样，对我们农村来说可能是一个不小的碰撞，我们可能不太理解他们的那种生活状态。（SXY，女，溪龙村村委工作人员）

除了在产业层面的融合问题，数字游民在乡村振兴项目中也未能直接发挥作用。他们的主要关注点依然集中在个人创作和生活领域，没有为乡村的人才引进和产业转型提供实质性支持。这在一定程度上导致了数字游民在乡村社区中的边缘化，使得他们与当地居民的互动机会减少，错失了为乡村发展作出更大贡献的机会。

但值得注意的是，数字游民的事业发展与乡村建设的交会点正在逐渐显现。

> 一些做艺术的、做手工艺的人留下来在这边，比方说开工作室也好，开公司也好。现在已经落户了 7 家公司，他们会跟产当地的一些企业产生一些内容的关联。比方说我们也有很多做设计的，可能和当地很多做茶叶的公司产生一些商业性的合作。（SS，女，DNA 数字游民公社主理人）

有少部分的艺术创作者留在溪龙村，他们能与当地的企业产生合作。他们把自己丰富的创意和独特的艺术视角注入当地企业的产品设计，为其注入了新的生机和灵感。借助这些合作，当地企业的产品不仅在设计上焕发独特的艺术气息，也得到了更广泛的认可和市场的推崇。

五、总结与反思

（一）总结

总结来说，游民公社是在商业土壤中成长起来的乌托邦，展现了与爱家房地产公司、溪龙村、游民公社主理人预期不同的表现性状。对爱家房地产公司来说，其投资 DNA 游民公社的根本目的在于为数字乡村建设吸引人流，为后续的房地产投资打下基础。而对乡村来说，他们期望的是能够利用游民公社引进人才涌入乡村，以此推动当地白茶产业发展。与爱家、乡村的诉求皆不同，对于游民公社主理人来说，营造一个不受外界打扰的、自由的公社才是他们的初衷，而安吉与其他城市并没有显著的不同，仅仅只是一个甲方提供的场所，此外并没有什么特殊之处。

由于公社的发展目标杂糅了商业利益、乡村经济和社区建设等各异的诉求，在不同的利益主体之间形成了巨大的矛盾，因此就目前而言，它与数字乡村建设

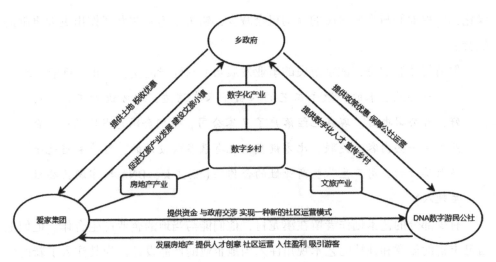

图 4　三方主体关系示意图

的联结属性还比较弱，仅仅对于乡村的文旅产业发展具有一定的推动作用。严格意义上来说它并没有推动文旅产业的数字化转型，对于建设数字乡村的助力效果并不大，在数字乡村建设方面的影响力还不明显。

在未来，还需要进一步推动数字游民与乡村数字化各要素发生化学反应，才能充分发挥数字游民公社对数字乡村建设的作用。从乡村层面出发，溪龙乡政府可以通过完善基础设施建设、加强社会化电商人才的引进与培养等措施来深入数字化改革；从数字游民层面出发，可以根据自身特长，充分发挥主观能动性，依托当地资源实现个人发展和乡村振兴同频共振的"双向奔赴"；从爱家房地产公司层面出发，应主动考虑公社运营和村庄发展的长远利益，与乡政府、游民公社主理人协商制定合理的未来规划目标；从游民公社主理人层面出发，需要更多关注乌托邦构想的实际可行性以及村庄的整体经济发展和社会效益，力争能够进一步推动村庄与数字游民间的双向互动机制的完善。

（二）反思

本次调研进展较为顺利，但我们也认识到其中存在一些不足之处。下面将对这些不足进行反思和总结。

第一，因调研时间有限，未能使用民族志的方式深入调研。由于数字游民这个群体具有独特的生活方式和价值观，仅凭有限的时间难以全面了解他们的真实情况。未来的研究可以考虑增加调研时间，以便更好地体验和理解数字游民的生活方式，同时也应该寻求更多与游民直接对话的机会，以获得更多的信息。

第二，由于经费有限，未能对数字游民进行更加全面的调研。在未来的调研中，调研团队希望努力争取更多的经费支持，以确保团队有足够的时间深入了解数字游民公社的运作机制和居民生活状态，并且从中获得更全面的数据和信息。

第三，由于调研团队的到访可能会打扰数字游民的生活，未能采取问卷调查法。除此之外，主理人不愿意让团队和游民有过多的交流，可操作空间受限。未来的调研中可以考虑增加线上问卷调查和网络民族志的方法，以获取更加完善的数据。

参考文献

［1］冯朝睿，徐宏宇．数字乡村建设评价指标体系构建及其实践效用［J］．云南师范大学学报（哲学社会科学版），2023，55（4）：109-120.

［2］全尤．数字技术赋能乡村产业振兴机理和路径研究［J］．经济师，2023（7）：7-10+41.

［3］李丽．乡村振兴背景下农村电子商务发展路径探索［J］．南方农机，2023，54（16）：119-122+14.

［4］Yudi Agusta. Managing the Development of a Sustainable Digital Village［J］. Sustainability，2023，15（9）.

［5］张鸿，王思琦，张媛．数字乡村治理多主体冲突问题研究［J］．西北农林科技大学学报（社会科学版），2023，23（1）：1-11.

［6］康妍．数字乡村高质量发展的评价指标体系构建与实践［J］．浙江农业科学，2023，64（1）：261-264.

［7］段尧清，易雨洁，姚兰．政策视角下数字乡村建设的有效性分析［J］．

图书情报工作，2023，67（6）：32-42.

［8］Löfving Linnea，Kamuf Viktoria，Heleniak Timothy，Weck Sabine，Norlén Gustaf. Can digitalization be a tool to overcome spatial injustice in sparsely populated regions? The cases of Digital Västerbotten（Sweden）and Smart Country Side（Germany）［J］. European Planning Studies，2022，30（5）.

［9］刘庆. 数字乡村发展水平指标体系构建与实证研究——以河南省2014—2021年18个地级市面板数据为例［J］. 西南农业学报，2023，36（4）：885-896.

［10］林炳坤. 乡村振兴背景下我国数字乡村建设存在的问题及对策［J］. 乡村科技，2022，13（16）：23-26.

［11］肖忠毅. 农业生产数字化转型的协同策略研究［J］. 农业与技术，2022，42（10）：168-171.

［12］赵练达. 中国数字乡村建设问题研究［D］. 大连：辽宁师范大学，2020.

［13］宋庆宇，付伟. 关注乡村振兴中的"数字乡民"［J］. 中国果业信息，2023，40（6）：2.

［14］王婧. 数字游民：一半旅行，一半工作［N］. 中国青年报，2023-05-16（12）.

［15］张雪纯，房钦政. 数字游民的身份探析：群体画像、空间流动与在地实践［J］. 科技传播，2023（6）：96-99.

［16］孟佩佩. 当工作可以网约数字游民一根网线"闯天下"［N］. 中国青年报，2023-03-23（10）.

［17］张苗. "数字游民"生存图鉴［J］. 检察风云，2023（4）：66-67.

［18］Marcos B，Rafael A，Christine C，et al. Romanticisation and monetisation of the digital nomad lifestyle：The role played by online narratives in shaping professional identity work［J］. Organization，2023，30（1）.

［19］Audra N. Digital nomads：a savvy enterprise's newest HR frontier［J］.

Strategic HR Review，2022，21（6）.

［20］李庆雷，高大帅. 数字游民：互联网时代的新型旅居群体［N］. 中国旅游报，2021-10-20（3）.

［21］Olga H. In search of ；a digital nomad：defining the phenomenon［J］. Information Technology &amp；Tourism，2020，22（prepublish）.

［22］Mancinelli F. Digital nomads：freedom，responsibility and the neoliberal order［J］. Information Technology &amp；Tourism，2020，22（3）.

［23］T. Makimoto，D. Manners（1997），Digital Nomad（New York：John Wiley &Sons）.

［24］Kierkegaard S. The Concept of Dread［M］. Princeton N. J.：Princeton University Press. 1969：691.

［25］理查德·佛罗里达. 创意阶层的崛起［M］. 司徒爱勤，译. 北京：中信出版社，2010.

［26］本雅明. 发达资本主义时代的抒情诗人［M］. 张旭东，魏文生，译. 北京：三联书店，1992.

［27］年轻人的自由与孤独：从数字游民到栖居生活［EB/OL］. https：// mp. weixin. gg. com/s/_ Ayk7iR-6VxvbqzdgvoUg.

［28］Kierkegaard S. The Concept of Dread. Princeton University Press. 1969：691.

［29］陈炎. 反理性思潮的反思［M］. 济南：山东大学出版社，1994.

［30］Caleece Nash. Nomadic Work and Location Independence：The Role of Space in Shaping the Work of Digital Nomads. Article in Human Behavior and Emerging Technologies November 2020.

［31］段义孚. 恋地情结［M］. 刘苏，译. 北京：商务印书馆，2019.

［32］Castells，M. The Rise of the Network Society［M］. Cambridge，MA：Blackwell. 1996：1-594.

［33］Stebbins，R. A.（2001）. Serious leisure. Society，（May/June），53-57.

［34］Stebbins，R. A.（2007）. Serious leisure：A perspective for our time. New Brunswick：Transaction Publishers.

［35］Stebbins，R. A.（2018）. The sociology of leisure：an estranged child of mainstream sociology. International.

［36］Müller，A.（2016）. The digital nomad：Buzzword or research category? Transnational Social Review：A Social Work Journal，6（3），344-348.

［37］Thompson，B. Y.（2019）. I get my lovin' on the run：Digital nomads， constant travel， and nurturing romantic relationships. In A. Gorman - Murray & C. J. Nash（Eds.），The geographies of digital sexualities Australia.

［38］WIKIPEDIA. Freetown Christiania.（2013-06-04）. http：//en. wikipedia. org/wiki/Freetown_ Christiania.

［39］Chapulina. A whole constitution as signs：Christiania，Denmark［EB/OL］.（2012-09-27）. http：//dodontdontdo. wordpress. com/2012/09/27/a-whole-constitution-as-signs-christiania-denmark.

指导教师：陈拓

缙云县仁岸村：
数字赋能乡村振兴的现状、困境与应对

周子涵、张驭蕊、李呈呈、郑乐怡、卢夕、温静然

一、绪论

（一）数字乡村的研究背景

1. 国家层面

党的二十大擘画了以中国式现代化全面推进中华民族伟大复兴的宏伟蓝图，全面建设社会主义现代化国家，最艰巨最繁重的任务仍然在农村。乡村振兴仍是中国实现全面建设社会主义现代化国家目标的重要组成部分，涉及国家整体发展的大局。坚持以习近平新时代中国特色社会主义思想为指导，全面贯彻落实党的二十大精神，深入贯彻落实习近平总书记关于"三农"工作的重要论述，坚持和加强党对"三农"工作的全面领导，坚持不懈把解决"三农"问题作为全党工作的重中之重。

在过去的时间里，社会主义建设在各个方面都取得了伟大的成就。自党的十九大提出实施乡村振兴战略以来，经过全党全国各族人民共同努力，乡村振兴战略稳步推进，取得了历史性成就，极大地增强了信心、鼓舞了士气，为接续奋斗、全面实施乡村振兴战略提供了强大精神动力，也扎实培育了乡村产业，有力发展了乡村经济，为实现战略目标奠定了坚实的物质基础。在乡村振兴全面实施

的过程中，越来越多的乡村异军突起，走出独特的振兴之路。

党的十八届五中全会提出了五大发展理念：创新、协调、绿色、开放、共享，是发展思路、发展方向、发展着力点的集中体现，具有高度的战略性、纲领性、引领性，集中反映了我们党对经济社会发展规律认识的深化。而共享理念又是我们党和国家发展的出发点和落脚点。共享理念强调了发展为了人民，发展成果由人民共享，这也是中国特色社会主义制度的优越所在。

2. 政策层面

乡村振兴，数字先行。实施乡村战略，发展农业农村现代化，乡村振兴要做好技术的文章，在数字经济的背景下乡村向数字化发展的方向是必然的。数字化道路是乡村振兴的新方向，数字经济赋能乡村振兴是农业农村高质量发展的新动力。

"未来乡村"是浙江省委在持续推进乡村振兴、促进共同富裕基础上提出的新概念，是连接乡村振兴与共同富裕的重要纽带。仁岸村作为浙江省首批"未来乡村"试点，以"主导产业兴旺发达、主体风貌美丽宜居、主题文化繁荣兴盛"为目标，开创了融"美丽乡村+数字乡村+共富乡村+人文乡村+善治乡村"为一体的乡村建设新模式。

（二）研究问题

仁岸村原是一个经济薄弱村，村集体几乎没有收入，村基本运行经费都难以为继，其他发展更无从谈起。反观近些年来的仁岸村，变化可谓极大：一年一度的杨梅节吸引了十里八乡的游客，省首批"AAA级景区村"的称号更使仁岸村成为一个新兴的旅游景点。仁岸村的经济发展离不开一种水果，那就是杨梅。仁岸村响应国家"一村一品"的号召，将"一村一品"灵活运用到乡村经济的发展中。从经济薄弱村到现在全村实现销售收入5000多万元，仁岸村在村经济发展中的经验值得我们去深入研究和学习。

党的十九大报告指出："实施乡村振兴战略。农业农村农民问题是关系国计民生的根本性问题，必须始终把解决好'三农'问题作为全党工作重中之重。"

本调研从经济、生态、文化几个方面出发，分析仁岸村在乡村振兴过程中的数字共享理念，深入分析"仁岸经验"，为更多正在或即将进行乡村振兴的乡村提供经验和借鉴。

1. 仁岸村作为第一批"未来乡村"建设试点村，具有什么优势和特色？
2. 数字技术如何赋能仁岸的乡村振兴？
3. 数字经济、智能化治理等落地到乡村，会有怎样的实践成效与问题？
4. 仁岸村数字化建设的成效和经验？

（三）研究意义

仁岸村是浙江省丽水市缙云县舒洪镇的下属村庄，其因地制宜、因时制宜，以农业产业为基础，农旅融合为引擎，积极开展农村电子商务，拓宽特色农产品销路，有效落实乡村振兴战略，对于促进农业高质量发展、农村旅游产业发展具有重要的现实意义。仁岸乡村振兴战略的顺利实施离不开村两委的领导和村民们的内生性共享行为。没有老路子可以模仿，村书记何伟峰带领村两委在发展中摸索仁岸经验，引导村民共荣共富，仁岸的成功离不开共享行为的发生。本文采用实地调研分析的方式，对仁岸村在共享行为下农业产业发展和农旅融合发展的情况展开深入探究，归纳总结仁岸经验并发现当地农村发展存在的问题，提出相应的优化对策，希望为促进仁岸村经济发展、解决好"三农"问题、促进乡村振兴战略的顺利实施提供指引与参考。研究具有一定的理论意义和现实意义。

1. 理论意义

通过对仁岸村在共享行为下农业产业发展和农旅融合发展的深入探究，可以为农村发展理论提供新的案例和实证研究，进一步拓展和完善农村发展理论体系，这有助于提高对农村发展的认识和理解，为农村发展提供更科学的指导和支持；同时，通过总结仁岸经验，可以提炼出一套适用于其他农村地区的发展模式和经验，为其他地区的农村发展提供借鉴和参考，有利于推动农村发展的可持续性和可复制性，促进农村地区整体发展水平的提升。

2. 现实意义

本文有助于深入了解仁岸村农业产业和农旅融合的实际发展情况，了解农村地区的基础设施、人才建设、产品服务、政府支持、电商企业等的现实发展状况，以及这些因素对农村发展水平的影响作用。提出的对策建议有助于推动仁岸村的高质量发展，进而带动当地区域经济发展，有效提高农业现代化发展水平，缩小城乡差距，深化农村地区的产业融合发展，有效落实好乡村振兴战略的相关要求，为实现浙江省乡村振兴贡献力量。

（四）样本概况

仁岸村，位于浙江省丽水市缙云县，是一座远近闻名的杨梅之乡，素有"浙江最甜杨梅村"的美誉，已荣获浙江农业吉尼斯的认证。仁岸村于 2022 年入选浙江省首批"未来乡村"建设试点村，并成为缙云县首个"未来乡村"建设试点村。2023 年 1 月，浙江省农业农村厅、浙江省乡村振兴局将仁岸村纳入 2022 年浙江省乡村振兴示范村创建名单。截至目前，仁岸村共获得全国改善农村人居环境示范村、中国美丽休闲乡村、第十批全国"一村一品"示范村等多个国家级荣誉，已然成为缙云县乡村振兴、美丽乡村建设的典范，成为"三美融合"的样板村。

仁岸村原先是一个经济薄弱村，村集体几乎没有收入，就连村基本运行经费也难以为继，更谈不上其他发展了。在国家发出乡村振兴的号召下，村带头人发力，村两委班子团结，党员干部心齐，群众大力支持。齐心谋发展，聚力抓建设，盘点仁岸村从"绿色村庄"到"绿色经济"的蝶变，不等、不靠、不要，自力更生，以干得助，想方设法盘活资产、资源、资金是仁岸村最具特色的做法。从经济薄弱村发展到现在的浙江省首批"未来乡村"试点村，"仁岸经验"需要被发现，需要从中挖掘发展之奥义。仁岸村因势利导，点燃百姓创业热情，焕发万众创新激情，成为富一方百姓的乡村先行者，有很多值得总结的经验及启示。

1. 地理位置

缙云县，浙江省丽水市辖县，位于浙南腹地、中南部丘陵山区，丽水东北部，地势自东向西倾斜，山脉大致以好溪为界，属中亚热带季风气候区。缙云县位于北纬 28°25′—28°57′、东经 119°52′—120°25′，东临仙居县，东南靠永嘉县，南连青田县，西接丽水市，西北接武义县，东北依磐安县，北与永康市毗邻。东西宽 54.6 千米，南北长 59.9 千米，县界全长 304.4 千米。总面积 1503.52 平方千米，北距杭州 175 千米。

缙云县舒洪镇仁岸村地处半山区，坐落在缙云县国家 5A 级风景区——仙都东南方的括苍山麓中，依山傍水，风光秀丽。村域面积 9.9 平方千米，距县城 8 千米，省道坦五公路、兰舒公路穿村而过，交通便利。流盘溪、贞溪、章溪在这里汇流蜿蜒而过，得天独厚的地理位置既孕育了优美宜人的生态环境，也给予了仁岸丰富的自然资源。山林面积 11820 亩，耕地 976 亩，绿化覆盖率达 93%。

2. 产业特点

仁岸村得天独厚的地理位置孕育了优美宜人的生态环境以及品种繁多的农作物和经济作物。

仁岸村以农业生产为主，杨梅是村民经济支柱产业之一，全村户户种植杨梅，现有种植面积 2000 多亩。村内丘陵山地资源十分丰富，高低交错、土层深厚、通透性好，呈微酸性，肥力水平高，在海拔 500 米以下，不积水的非纯岩石地方，都非常适宜杨梅生长。仁岸村的杨梅以其独特的地理位置、绝佳的生态环境和无公害的种植模式，成就了个大、味甜、汁多的上乘品质，自 2008 年起多次在浙江省吉尼斯杨梅擂台赛上斩获金奖，荣获"浙江最甜杨梅"称号，杨梅产业也成为仁岸村村民增收致富的高效生态主导产业。

经过 20 余年的摸索，仁岸杨梅产业逐步发展壮大。仁岸村在全村推广发展杨梅产业，搭建智慧瞭望台，精准监测杨梅山环境，杨梅基地采用化肥减施、病虫害绿色防控、疏花疏果等关键技术并建立复合生态系统，杨梅品质进一步提升。2008 年仁岸村注册"仙仁杨梅"品牌，其售价从 6—8 元/千克的低价涨到了如今最高可卖 120 元/千克。2016 年以来，仁岸村采用"定点直发"和"采梅即发"新模式，杨梅零售价不断攀升。近年来，仁岸村又以"直播+助农+电商"的新模式将"杨梅节"搬到"线上"，网红主播直播带货，线上杨梅节把仁岸杨梅打造成"网红地标产品"。2021 年村民人均仅杨梅一项年收入近 3 万元。目前全村已建立杨梅基地 4500 亩，单杨梅一项就为农民增收 5000 多万元，为村民带来超过 2.3 万元的人均收入，真正实现了一颗红果子带富一方百姓。

在乡村发展建设方面，仁岸村立足本村丰富的山地资源、良好的气候优势，大力推进五水共治，发展区域特色优质农业，积极践行"绿水青山就是金山银山"理念，充分释放绿水青山的经济价值，形成集农业观光、康养休闲、度假休养、采摘体验为一体的生态休闲旅游地。近年来，仁岸村更是以"一统三化九场景"为指引，持续深化"千村示范、万村整治"工程，打造生产、生活、生态融合发展的山区县未来乡村发展样板。2022 年，仁岸村入选全省首批"未来乡村"试点名单，实现农业生产年总产值 1.68 亿元，村集体收入 271 万元，户均存款超 50 万元的占比 72%。

3. 文化特征

仁岸村拥有悠久且厚重的文化底蕴。村内的古村落有近千年历史，在仁岸村中心地带有始建于明朝的"何浩宗祠"，占地 700 多平方米，中国中医泰斗何公旦和当代国画大师潘天寿避居仁岸时留下一副楹联："敦尔品、厉尔行、优尔学业智能，无忝尔祖考；诚于身、齐于家、纳于礼义忠信，不匮于孝思"。对仗工整，笔力苍劲，吸引了无数文人志士前来采风踏墨。村内还保留了大面积的古民居，这些古民居的墙体既是一道亮丽的风景，也是南乡古居建筑风格的集中展现。墙角全部由大小均匀的鹅卵石堆积而成，上是泥土压成，一面面墙体错落有致地排列在大街小巷，木结构小青瓦青砖马头墙，少许民宅内有简单雕花。村内还有从明、清、中华民国再到 20 世纪 60 年代的各式各样老宅，道坛分布在老村的各个角落，大部分都比较完整。仁岸村有上千年历史的三岩殿、济雨寺，经几代人多次修缮，保护完善。在仁岸风景优美的殿山脚下有缙云县第一水力发电站旧址，始建于 20 世纪 50 年代，还有古桥、古井、古牌坊等几处。

在传承传统文化方面，村内会组织迎长旗、扭秧歌、走花灯、大头娃娃和竹丝锣鼓班等地方特色文艺活动。而类似端午节这样的传统节日，仁岸村还会召集周边村落一起举办龙舟竞技比赛，并借此举办仁岸"杨梅节"，邀请村民和游客品南乡文化，看龙舟竞渡，游古韵仁岸，尝仙仁杨梅，使传统文化与现代区域特色得到完美结合。

为了适应"农+旅""农+民宿"的乡村旅游振兴思路，仁岸村还发展了别具特色的"石头文化"。在仁岸村西入口到仁岸杨梅市场这一段路上，仁岸村投入资金共 30 余万元，邀请画家将一块块石头绘成栩栩如生的动物，成功打造了 3D 油画石头"动物园"。不仅给仁岸村村民提供了一个休闲娱乐场所，更吸引了周边县市游客来到仁岸村旅游参观，助力仁岸旅游经济发展。

（五）研究方法

本次调研以定性研究为主，同时结合定量研究，主要用到以下几种研究方法。

1. 参与式观察

许多乡村问题研究者都将实地调研作为最基本的研究方法，例如费孝通先生作《江村经济》。此次调研中，团队到缙云县仁岸村进行实地调研，以深入了解浙江省丽水市缙云县仁岸村在共享行为下农业产业发展和农旅融合发展的情况。参与式观察是一种定性研究方法，通过研究者亲身参与和观察研究对象的活动和行为，以获取详细、全面的研究数据。在实施参与式观察时，团队首先与仁岸村的村干部和相关农产业经营者进行沟通和交流，以获得其理解和支持。随后，团队积极参与仁岸村当地的农业产业活动和农旅融合项目，如参加当地有名的特色经济文化活动——杨梅节，与当地杨梅商一同上山采摘杨梅，和村干部一起走访村庄、参观文化礼堂等，亲身体验和观察村民农业商业活动和内生性共享行为的发生。在观察过程中，团队成员通过记录笔记、拍摄照片和录音录像等方式，详细记录了仁岸村农业产业发展和农旅融合发展的情况。同时，团队成员还对村干部及部分村民进行了深度访谈，以了解他们对共享行为的理解及共享行为发生的动机和效果。通过参与式观察，研究团队能够深入了解仁岸村的实际情况，捕捉到一些隐性的信息和细节，从而更全面地分析和解释农业产业发展和农旅融合发展的现象和问题。

2. 访谈法

团队成员在走访仁岸村的过程中对村干部和部分村民进行了访谈，以深度访谈与半结构式访谈相结合的形式，访谈者在访谈之前会根据村庄背景及不同的访谈对象列出访谈提纲，在访谈时依据情况添加或更改问题，从而进行一次完整的访谈。通过对村庄中不同角色的村民进行访谈，可以得到村民对于村庄农业生产和商业旅游的看法以及村民与村民之间的信息差、村民对于村庄相关政策的了解情况等信息；通过对村干部的访谈则可了解更多治理层面的问题；对比村干部与村民的访谈结果也能得出政策的落实情况。访谈法方便研究团队更直接地获取信息和了解细节，在整个调研过程中发挥了不可或缺的作用。

3. 二次分析法

二次分析法是本次调研用到的研究方法中唯一一个定量研究的研究方法，团队成员搜索关于缙云县、仁岸村以及乡村研究的大量资料进行阅读学习，又从仁岸村村委处获取部分相关资料，通过对已有资料的阅读分析，团队成员了解了更多关于缙云县和仁岸村的背景以及关于乡村调研的经验，为本次调研奠定了扎实的基础。

二、文献综述

随着科技的进步，数字时代已然到来，乡村治理的时代背景发生重大变化，基于此关键转折，2018 年中共中央、国务院印发了《关于实施乡村振兴战略的意见》，指出要实施数字乡村战略，弥合城乡之间的数字鸿沟，大力发展数字农业。2019 年 5 月中共中央办公厅、国务院办公厅颁布《数字乡村发展战略纲要》，再次强调数字乡村是数字中国建设的重要方面。

（一）数字乡村

1. 关于数字乡村内涵的研究

明确数字乡村的内涵，是从事数字乡村建设研究与实践的前提和基础。

　　在数字乡村的内涵研究方面，学者王耀宗、牛明雷认为，数字乡村建设是智慧社会建设和数字中国战略在乡村地区的延伸，利用现代信息技术实现农村各领域、各环节广泛而深度的改造升级，依靠数字技术驱动农村经济建设、公共服务和社会治理发展，从而建设社会主义现代化新农村。① 学者郭红东、陈潇玮指出，数字乡村是一种以现代信息网络为重要载体，以数字技术创新为乡村振兴的核心驱动力的新型经济形态，依托数字技术对乡村经济发展和治理模式进行重构，提高乡村经济、乡村治理和传统农业发展的数字化、智能化水平。② 学者苏红键提出，数字乡村是在建设网络强国、数字中国、智慧社会的战略部署和乡村振兴战略背景下，将信息技术和农业农村的各个领域进行深度融合，实现全面应用。③

　　在关于数字乡村内涵的研究过程中也有一些学者从不同的侧重点对于数字乡村进行了分析。学者王春晖对乡村和农村的实质做了区分，强调乡村数字化的特征必须反映出乡村的本质。④ 学者赵成伟、许竹青认为数字乡村建设的本质就是利用数字技术推动传统乡村转型的过程。⑤ 学者师曾志、李堃等从数字乡村带来的传统乡村结构解体的角度，阐述了乡村是一种多元社区综合体，在新媒介赋权下，数字乡村不仅会对乡村经济和社会治理体系进行数字化，还会调整和重构乡村社会结构和社会关系，使得乡村各领域的深层结构发生巨大变革。⑥

　　总体上看，学界在数字乡村的本质内涵方面达成了一些基本共识，如大部分理论研究成果都将数据视为数字乡村的重要生产要素，将数字技术作为数字乡村建设的重要手段和工具，最后将实现农业农村现代化视为数字乡村的价值归向。

　　① 王耀宗、牛明雷：《以"数字乡村"战略统筹推进新时代农业农村信息化的思考与建议》，《农业部管理干部学院学报》2018 年第 3 期。

　　② 郭红东、陈潇玮：《建设"数字乡村"助推乡村振兴》，《杭州（周刊）》2018 年第 47 期。

　　③ 苏红键：《我国数字乡村建设基础、问题与推进思路》，《城市》2019 年第 12 期。

　　④ 王春晖：《发展乡村"数字化生产力"弥补城乡"数字经济鸿沟"》，《中国电信业》2019 年第 8 期。

　　⑤ 赵成伟、许竹青：《高质量发展视阈下数字乡村建设的机理、问题与策略》，《求是学刊》2021 年第 5 期。

　　⑥ 师曾志、李堃、仁增卓玛：《"重新部落化"——新媒介赋权下的数字乡村建设》，《新闻与写作》2019 年第 9 期。

2. 关于当前数字乡村建设要素的研究

多数学者都认为健全的数字基础与数字环境、较高的农民数字素养、强有力的金融支撑、完善的政策支持等要素是数字乡村建设所必须具备的。如学者张鸿、杜凯文等通过对山西地区的实地走访调研，运用结构方程模型分析农业农村高质量发展的因素，说明政府服务、生态环境以及政策环境在农业农村发展中起重要的作用。[①] 学者苏岚岚，张航宇等通过阐述农民数字素养对乡村基础设施、农业、生态、治理等方面参与行为的影响机制，说明了农民数字素养在乡村建设中的重要地位，提升农民数字素养可以激活乡村内生动力，推动数字乡村建设。[②]

3. 关于数字乡村建设问题的研究

多数学者认为当前我国数字乡村建设已经取得一系列成果，但在建设过程中还存在农民数字素养水平低、乡村数字人才匮乏、乡村信息基础设施薄弱、相关体制机制不够完善等一系列问题。学者吕普生认为城乡信息接入鸿沟、信息生产鸿沟、信息支付鸿沟、信息使用鸿沟的存在阻碍了数字乡村建设。[③] 学者汪雷、王昊指出乡村信息基础建设落后、乡村居民接受度低、乡村数据难以整合、人才匮乏等要素制约了乡村数字治理的发展。[④] 学者汤资岚认为当前农村老龄群体数字素养偏低、数字平台建设慢、管理制度不完善制约了数字乡村相应功能的发挥。[⑤] 学者郑军南、徐旭初提出当前数字乡村发展面临着乡村信息基础薄弱、数据采集困难、人才支撑弱、应用技术支撑不足等短板。[⑥] 学者吴晓曦认为当前数字经济与产业融合面临资金投入不足、人力资源少、科技创新供给缺少等问题，

[①] 张鸿、杜凯文、靳兵艳、刘启雷：《数字乡村战略下农村高质量发展影响因素研究》，《统计与决策》2021 年第 8 期。

[②] 苏岚岚、张航宇、彭艳玲：《农民数字素养驱动数字乡村发展的机理研究》，《电子政务》2021 年第 10 期。

[③] 吕普生：《数字乡村与信息赋能》，《中国高校社会科学》2020 年第 2 期。

[④] 汪雷、王昊：《乡村旅游产业振兴的合作经济路径探索——以安徽省凤阳县小岗村为例》，《中国合作经济》2022 年第 6 期。

[⑤] 汤资岚：《数字乡村战略下农村老龄公共文化服务效能提升研究》，《图书馆》2021 年第 10 期。

[⑥] 郑军南、徐旭初：《数字技术驱动乡村振兴的推进路径探析——以浙江省德清县五四村为例》，《农业农村部管理干部学院学报》2020 年第 2 期。

亟须解决。①

除以上从数字乡村的内涵、发展要素、建设问题等角度进行研究外。众多专家学者也对国内数字乡村建设进行了深入的调研，并对数字乡村的现状进行了深入分析，对当前数字乡村现有模式进行了科学分析和阐述，为各地在数字乡村建设时提供了参考。同时，数字对经济发展的推动作用，已经成为世界各国关注的热点。大数据技术不断向乡村农业渗透，在世界范围内，如美国、英国等一些发达国家早已通过发展智慧农业、精准农业、无人农场等方式，提高农业生产效率，实现了农业产业的大规模全自动发展，推动了农业产业的数字化、智能化。除了乡村数字经济，国外一些国家早已实现了乡村数字化治理，并且在发展过程中形成了独特有效的战略计划，如美国设计并使用一套成熟的数字治理系统，美国乡村居民可以利用 Data. gov 平台来获取公共信息，极大提高了乡村治理效率。国外对于数字乡村建设的研究比国内早，国外学者从多学科、多领域对数字乡村建设的问题进行研究，所取得的研究成果对我国数字乡村建设有一定的借鉴意义，但这些理论研究都是从各自国家当时的农业农村发展和经济发展情况出发，具有地域差别和时代局限，对于我国数字乡村建设的具体工作缺乏普适性。

在数字乡村的研究方面，研究层面较广，且具有较强的地域性，同时，相当一部分的研究对于数字乡村建设现状缺少实地考证，对很多问题的研究有待深入，例如数字乡村发展评价的指标、数字乡村建设的管理过程、乡村治理体制等方面有所缺漏，所以本文从乡村振兴角度出发，在对数字乡村建设现状调查的基础上，与实际相结合，进一步探索数字乡村建设发展情况，有针对性地分析了缙云县仁岸村数字乡村建设的路径。

（二）数字赋能

随着数字技术的快速发展，数字赋能已成为推动经济发展和社会进步的重要力量。数字赋能是指通过数字技术应用，提高生产效率、优化资源配置、提升服

---

① 吴晓曦：《数字经济与乡村产业融合发展研究》，《西南金融》2021 年第 10 期。

务质量的过程。在数字经济时代，数字赋能对于国家、企业和个人都具有重要意义。本部分旨在探讨数字赋能的相关文献，深入了解数字赋能的现状、问题和发展趋势。

数字技术的推广和应用是数字赋能的前提和基础。数字技术包括大数据、云计算、人工智能、物联网等，这些技术的应用可以提高生产效率、降低成本、提高生活质量。例如，云计算可以为企业提供高效、安全的数据存储和计算服务；人工智能可以应用于医疗、金融、制造等领域，提高工作效率和精度。

数字经济的发展是数字赋能的核心和关键。数字经济是指以数字化技术为基础，通过信息网络的传递和共享，实现经济活动的高效协同和价值共创。数字经济的发展包括电子商务、在线金融、数字物流等领域。例如，电子商务平台可以实现线上线下的商品交易，提高商品流通效率、降低交易成本；在线金融可以实现资金的快速融通和风险管理，促进金融市场的稳定和发展；数字物流可以实现货物的精准追踪和智能调度，提高物流效率、降低物流成本。

数字鸿沟是指数字化时代不同群体之间在信息获取、知识学习、社会参与等方面存在的差距。数字鸿沟的存在会加剧社会的不平等和发展不平衡。因此，如何缩小数字鸿沟、实现数字化普惠是当前亟待解决的问题。解决数字鸿沟的策略包括提高数字化技能、完善数字化基础设施、加强数字化安全保障等。例如，政府可以推出数字化培训计划，提高城乡居民的数字化技能和素养；企业可以加强数字化技术的研发和应用，提高数字化产品的易用性和可及性；社会可以加强数字化安全的宣传和教育，提高公众的数字化安全意识和自我保护能力。

数字赋能是一个复杂而又广泛的领域，其涉及数字化技术的推广和应用、数字化经济的发展以及数字鸿沟的挑战和解决策略等多个方面。信息时代下，数字赋能的重要性和紧迫性更加凸显，未来的研究需要更加深入和全面地探讨数字赋能的机制和效应，关注新兴业态和商业模式的特点和发展规律，探索数字化转型和升级的路径，提出缩小数字鸿沟的有效措施和策略，以推动数字经济的健康发展和社会进步。

（三）空间溢出效应

1. 空间溢出效应的内涵和外延

空间溢出效应是指一个地区的经济活动产生的效益超越了该地区，对其他地区产生了直接或间接的影响。这个概念最早由 Bourguignon 在 2006 年提出，他主张空间溢出效应是指经济活动在地理空间上的外部性，无法完全被本地化，从而对其他区域产生影响。[1] 此后，众多学者对空间溢出效应的概念进行了拓展和深化，一些学者将空间溢出效应等同于"飞地效应"，认为它是经济活动在空间上的正负影响。例如，Knaap 在研究中提到，空间溢出效应可以涵盖经济活动中的各种正负效应，如规模经济、外部性、恶性竞争等。[2] 另一些学者则认为空间溢出效应还应包括空间相邻地区间的影响。如 Duranton 和 Puga 在研究中提出，空间溢出效应是相邻地区之间通过劳动力流动、资本流动等方式互相影响的过程，这种影响可能是正向的也可能是负向的。[3]

关于空间溢出效应的外延，学界认为其既有直接影响，也有间接影响。Nijkamp 提出，空间溢出效应主要包括直接的经济活动如投资、贸易等产生的外部性影响，例如 FDI、商品的流通等带来的影响。[4] 另一些学者则认为空间溢出效应还应包括间接影响。例如，由于一个地区的经济活动会产生虹吸效应，吸引其他地区的资源流入，从而对其他区域产生影响。同时，这种影响可能是技术进步、社会网络等间接方式产生的结果。

综上，对于空间溢出效应的定义和概念，虽然不同的学者对其内涵和外延有不同的看法，但他们都认同空间溢出效应是指一个地区的经济活动产生的效益超越了该地区，对其他地区产生了直接或间接的影响。这个概念对于理解区域经济

---

① Bourguignon, F. and Chakravarty, S. R., "The Measurement of Multidimensional Poverty," Economic Ineuality, No. 1 (2003): 25-49.

② Wall, Ronald and B. V. D. Knaap, "Duurzaamheid in Stedelijke Netwerken." (2006).

③ Duranton, G. and D. Puga, "Handbook of Regional and Urban Economics," Amsterdam: Elsevier, (2004).

④ Capello R, Nijkamp P, Pepping G, "Sustainable Cities and Energy Policies," Advances in Spatial Science, (1999).

发展、制定相关政策具有重要意义。

2. 乡村振兴过程中的空间溢出效应

乡村振兴过程中的空间溢出效应现象是指在乡村振兴过程中，一些地理上接近的地区之间会相互影响、相互促进，从而产生一种正面的溢出效应。这种效应可以通过多种途径和机制来实现。

首先，地理上的接近性使得这些地区在经济发展过程中更容易受到相邻地区的影响。例如，一个地区的农业发展可能会吸引其他地区的农民前来参观和学习，从而带动其他地区的农业发展。同样，一个地区的旅游业发展也可能会为周边地区带来游客，从而促进周边地区的旅游业发展。

其次，乡村振兴过程中的空间溢出效应还表现在人才和资源的流动上。一个地区的乡村振兴战略可能会吸引更多的人才和资源流入该地区，从而促进该地区的经济发展。而这些人才和资源的流入也可能会带动周边地区的经济发展。

最后，乡村振兴过程中的空间溢出效应还表现在文化和价值观念的传播上。乡村振兴不仅是经济上的发展，更重要的是文化和价值观念的传承和发展。一个地区的乡村振兴战略可能会促进该地区的文化传承和发展，而这些文化和价值观念也可能会传播到周边地区，从而影响周边地区的文化传承和发展。

总之，乡村振兴过程中的空间溢出效应现象是一种客观存在的现象，它表明了乡村振兴战略在实施过程中不仅会对一个地区产生影响，还会对周边地区产生积极的影响。因此，在实施乡村振兴战略时，应该充分考虑这种空间溢出效应的影响，从而更好地推动乡村振兴战略的实施。

三、案例：数字化视域下的仁岸杨梅节

为提高仁岸杨梅知名度，仁岸村自 2015 年举办杨梅节至今已有 9 年，以"梅"为媒，以节会友，打响"浙江最甜杨梅"品牌，为传统乡愁富民产业注入新活力。在团队调研期间，正值"'粽'享'梅'好·共富南乡——我在缙云'梅'烦恼"杨梅节在仁岸村举办，团队成员以仁岸杨梅节为线索，深入了解后发现"一村一品"的提出使杨梅产业成为仁岸村数字化进程的基点，践行过程中，数字化逐渐深入赋能农业与文化产业，为仁岸村的振兴之路注入了新动力。

（一）"一村一品"：打造数字乡村新样本

1991年，缙云县推行发展"一村一品"特色产业。所谓"一村一品"就是在绝不放松粮食生产的前提下，各乡各村从当地实际出发，以市场为导向，走"一种二养三加工四流通"的路子，一个村或几个村集中开发一个"拳头产品"，形成规模经营，达到基地化、商品化。

从2011年农业农村部公布第一批全国"一村一品"示范村镇以来，到2023年已经连续公布了十二批，累计认定了4182个"一村一品"示范村镇。舒洪镇仁岸村于2020年入选第十批全国"一村一品"示范村镇。杨梅是缙云五彩农业中的"有缙道"产业，根据仁岸村何伟峰书记介绍，仁岸村于20世纪90年代响应县委"一村一品"号召，到2023年已发展东魁杨梅3000余亩。

> 何伟峰（仁岸村党委书记）：一村一品是当时农业农村发展的一个大的运动，因为杨梅这个产业一直以来都是靠天吃饭的。如果营销不出去，品种不改良或者是管理不到位的话，它是没有收入的。那么我觉得这种很难管理和储存的东西，可能在营销上面下功夫的话，盈利会更大，就是比别人更好管理的一些产品更稀罕，所以我就选择了杨梅，是在1990年才发展起来的。

缙云县的"一村一品"模式是党的十一届三中全会以来缙云农民根据当地条件发展商品经济的经验总结。作为市场经济和社会化大生产推进下的一种产物，当市场经济和市场需求发展到一定规模后，当前的生产方式、生产效率和经济效益无法满足需求后，就会倒逼生产方走专业化、规模化的道路，以提高经济效益和市场竞争力。

> 何伟峰（仁岸村党委书记）：我觉得任何的产品都是要规模化。当时我们是不知道仁岸村到底适不适合种植杨梅，但是最起码有规模。所以我们就把杨梅定为我们村庄整个产业的一个起点，一定要把它形成规

模。最早的时候发展是 500 亩，在当时来说 500 亩连片种植一种产业的话也算是规模比较大的了。

"一村一品"的最大特点是小而精、特而美、新而奇，具有可复制性，一个村成功，可以辐射带动周边村一起发展。舒洪镇各村都有自己的特色品种，例如板栗、茭白、菜干等，而仁岸村选择了果型好、品质佳的东魁杨梅。经过村干部与村民的细心培育，仁岸杨梅在 2008 年第一届浙江农业吉尼斯杨梅擂台赛上一举拿下"甜度"第一，创东魁杨梅"甜度之最"，获得浙江农业吉尼斯杨梅擂台赛东魁杨梅金奖。同时，仁岸村通过举办"杨梅节"等活动，打响"一品"的知名度，形成"以一村发展一品、以一品打响一店、以一店联动一片"的生态产业发展模式。一村一品模式使山区农村经济从单业（只种粮食）到多业、由耕地向非耕地、由兼业到专业，真正做到了地尽其力、物尽其用、人尽其才，生产要素得到了合理配置。目前，仁岸村家家户户都有杨梅这一绿色农产品，村里的杨梅种植面积成倍增长，总面积突破 5000 亩，盛产面积超 3000 亩。全村单杨梅一项就为农民增收 5000 多万元，东魁杨梅已然成为仁岸村的"幸福果"。

（二）数字赋能经济，先富带动后富

一颗杨梅果走出共富之路。近年来，仁岸村乘着"千万工程"和"一村一品"的东风，杨梅多次在浙江省吉尼斯杨梅擂台赛上获得金奖，荣获"浙江最甜杨梅"称号，是"省杨梅采摘旅游基地"，省级农业绿色发展先行示范基地。

仁岸的仙仁东魁杨梅以其独特的地理位置、绝佳的生态和气候环境，成就了独特的品质。为确保杨梅品质，仁岸村双委将全民同筑生态杨梅的相关内容写入村规民约，规定杨梅种植标准，如统一施有机肥、不准催红、采摘前 25 天全部停止一切用药等，让大家真正吃上放心梅。仁岸村通过"互联网+"杨梅种植，在杨梅山安监控来保证杨梅的生长环境。在访谈何伟峰书记时，他谈到杨梅山上的数字化建设。

何伟峰（仁岸村党委书记）：我们杨梅山上的一些管理，实际上因为农民知识有限，比方说施肥，施肥多了可能害虫更少，那么他产出的杨梅外形就好看，但是生态就不行。2022 年我们就在山上安装了监控，整个杨梅山都能看到。我们有明文规定，比方说开花期可以施农药，但是采摘期近半个月就严禁施肥和农药。我们用监控去监管整个杨梅山的一些情况，还派人去巡逻，现在监控室每天都有人值班。

仁岸杨梅通过节庆营销、"互联网+"、定点直发等模式不断扩大收益，产业产值达 5000 余万元，成为促农增收的重要支柱产业。以"江南谣"杨梅酒为代表的杨梅深加工产业，解决了梯次杨梅销路问题，增加农民收入 200 余万元。舒洪镇仁岸村通过进一步拓宽特色产业营销渠道，延伸产业链，持续走好绿色发展之路。改善了人居环境，发展了杨梅产业，杨梅成了村民的"幸福果""共富果"，杨梅树成了"摇钱树"，仁岸村也从穷山村摇身变成了远近闻名的和美乡村。

随着"仁岸杨梅"知名度的不断提高，慕名前来购买杨梅的消费者也不断增多，仁岸村的村民们虽多以贩卖杨梅为主要经济收入，但是不会发生恶意竞争，反而愿意将自己的客户介绍给竞争对手。经当地走访发现，当杨梅种植散户们的库存无法满足顾客需求时，村民之间会很热心地将自己认识的其他果农推荐给顾客，介绍顾客去别处购买，帮助其他村民更快更多地售出自己的杨梅。有时，一些杨梅种植大户还会自发收购其他种植散户的杨梅，帮助其售卖。除了杨梅，村子里的民宿、菜馆也不刻意争夺顾客，而是根据顾客的预期价格、个人喜好、实际需求，推荐他们去更适宜的地方。消费者在仁岸村成了可以共享的资源，盘活了整个仁岸村的经济。这种由乡村内部自发形成的"先富带动后富"，比起政策自上而下的推动更具力量与韧性，主体的力量被大大增强，共富的进程也因此大大缩短。

（三）数字赋能文化，挖掘人文新内涵

每年的杨梅节既是仁岸村最重要的节日之一，也是展示杨梅文化和乡村风貌的舞台。在杨梅节宣传中，仁岸村运用数字技术制作了各种创意内容，如杨梅主题的动画、短片、微电影等，通过多个社交媒体平台进行推广。此外，还将杨梅

文化与数字创意相结合,推出了杨梅吉祥物和衍生品,深受大众喜爱。

图1　仁岸村党委书记何伟峰杨梅代言漫画形象图

为了更好地宣传杨梅节,仁岸村在各大直播平台进行直播,内容涵盖了杨梅采摘、品尝、制作以及节日活动等多个方面。无人机航拍团队对仁岸村进行了全方位、多角度的拍摄,捕捉到了许多壮观的画面。观众可以透过屏幕看到仁岸村满山的杨梅树和正在逐浪竞渡的南乡6支龙舟队。直播的形式受到了广大网友的欢迎,人们可以在线观看杨梅节的盛况,感受乡村的美丽和杨梅的魅力。

南乡美食节、鲜果采摘节等活动持续开展,"抱团效应"不断释放,"抱团故事"持续上演。据党委书记何伟峰介绍,通过近几年的发展,仁岸杨梅已是该村农民增收的一项支柱产业。举办杨梅节是希望通过"节庆搭台、产业唱戏",进一步推动舒洪镇农旅融合,依托3A级景区村,结合民宿、休闲观光等,全力打造"三美融合、主客共享"的舒洪全域旅游模式。

本次仁岸杨梅节邀请缙云县南乡6个乡镇共同参加,将杨梅文化和乡村风貌传播到更广泛的地区。以南乡旅游季为起点,南乡6个乡镇代表宣传推介南乡丰富的旅游资源、悠久的历史文化和独特的民俗风情,以共建共享、抱团发展的模式,推进南乡片区旅游资源共享、市场共拓、优势互补、客源互济,联合推出3

条精品旅游线路和丰富的农副产品，不仅增加了民宿的入住率和营业额，还通过提高仁岸村的知名度，吸引了更多的游客前来体验民宿。"村庄即是景区、农房即是民宿、村民即是导游"，激活了乡村元素，实现了主客共享，促进了乡村振兴。杨梅节作为一个独特的旅游活动，既赋予了仁岸村更丰富的旅游资源和更广阔的发展空间，也为民宿产业提供了更多的机会和动力。

仁岸村举办的杨梅节通过公共文化与新媒体的广泛结合，促进文化事业与数字经济的融合，提高群众的文化素质，推动文化产业的振兴，促进共同富裕的实现，为各级政府和文化机构提供了更多发挥空间和创新实践的机会。当下仁岸村的杨梅节已经成为一个品牌活动。它不仅展示了乡村的自然风光和人文底蕴，还带动了当地经济的发展。数字技术的应用让文化传播变得更加便捷高效，同时也拉近了城乡之间的距离。仁岸村的成功经验为其他地区提供了借鉴和启示，展示了数字赋能文化在乡村旅游和经济发展中的巨大潜力。

（四）数字赋能治理，开创智能化管理

在举办杨梅节的过程中，仁岸村也积极探索数字治理的应用场景。首先，仁岸村通过数字化手段，提高了杨梅节的宣传效果和游客体验。在宣传方面，仁岸村不仅利用了传统的宣传方式，如海报、宣传单等，还结合数字化手段，如微信公众号、抖音等社交媒体平台，通过这些平台，仁岸村可以精准地将杨梅节的信息推送给目标受众，扩大宣传效果。同时，游客与村民可以通过这些平台提前了解杨梅节的各项活动和安排，方便他们规划行程。

仁岸借助现代信息技术，建立完善了村民信息管理系统，使活动的策划、组织和实施更加便捷高效。同时，仁岸充分利用大数据和人工智能技术实现各类信息的自动化采集、智能化处理和精准化分析，为杨梅节的筹备和举办提供有力支持。在活动的进行过程中，仁岸运用物联网、视频监控等技术，对活动的现场情况进行实时监控和数据分析，以便及时发现和解决问题。在活动结束后仁岸还会通过对活动数据的分析，对活动效果进行科学评估，为今后的活动策划提供参考。

总之，数字赋能乡村基层治理在杨梅节中的体现，不仅提高了活动的组织效

率和质量，还增强了村民的参与度和获得感，推动了乡村基层治理的现代化和智能化发展。

四、数字经济赋能乡村振兴

（一）数字经济赋能乡村振兴的作用机制

数字经济促进乡村产业振兴方面，首先，数字经济带动乡村产业发展，明显表现是通过线上销售方式有效解决农产品销售问题，提高乡村人民劳动热情。如今仁岸村越来越多农户通过直播带货或微信小程序等线上方式将杨梅及深加工产品销售到全国各地，有效打破了地域限制。数字经济通过大数据分析，可以有效缓解信息不对称问题。在传统的农产品市场中，农民往往难以掌握市场需求和价格信息，而数字经济可以实时收集、分析相关数据，为农民提供更加准确的市场信息。商品销售方式的改善，让农户不再担心销售难和销售慢的传统产品销售模式面临的困难，能更加专注于产品质量。在数字经济的推动下，农产品生产者还可以通过网络营销、社交媒体等方式，提高农产品的知名度，树立农业品牌形象。

其次，数字经济通过数字普惠金融功能显著增加乡村产业融资资金的可获得性，降低发展所需要的资金约束，依靠成本低、便利性高、覆盖广泛的融资信贷模式，为乡村产业发展提供优质信贷服务。2023 年仁岸杨梅节，除了高规格举办开幕式，还创新性地举办了"授信"环节。中国工商银行缙云支行积极发展普惠金融，服务实体经济，推出了"农户 e 贷""农企 e 贷""村社 e 贷"等产品，为广大农户、家庭农场、农业合作社、村社集体提供信用贷款，年利率低至 4.3%，为农户朋友创业致富助力加油。"授信"仪式将"金融活水"注入田间地头，促进乡村振兴。舒洪镇、仁岸村授信额度分别达 2000 万元、1000 万元，缙云县津味果蔬专业合作社、缙云县景华家庭农场各 100 万元。数字经济有效拓展了创业主体的融资渠道，金融机构凭借数字化技术，可以精确获取乡村产业的真实信息与未来的经营情况，对主体经营者了解程度大幅提升，能够提供更加合理与优质的融资，帮助乡村产业渡过缺少资金的难关。

图 2 2023 年仁岸杨梅节"授信"仪式现场

最后，数字经济在与传统生产模式的碰撞中催生了新的乡村产业发展模式与业态，提高创业活跃度，促进乡村产业结构转型升级，助力实现乡村产业振兴。市场信息获取的便捷性使得产品信息向透明化发展。与传统商品买卖相比，买卖方式从单一的供给方输出转变为需求方与供给方的双向选择，不仅保障顾客知情权，同时激发顾客购买欲望。在数字经济发展的影响下，激发大众对产品多样性的需求，从而促进企业生产与创新发展，产生更多商机，成为创业活动的基石。数字经济以网络为基础，打破传统商品地域限制，工厂生产的商品可以直接送到消费者手中，商品价格随之降低，从而促进线上消费以及数字经济的发展。商品买卖的便利性发生翻天覆地的变化，有效降低了厂家商品变现的难度，成为创业活动的助推剂。

（二）数字经济对乡村产业振兴的空间溢出效应

在数字经济影响下，各经济主体的经济活动边界不断淡化，显著增强了经济主体之间的联动性。数字经济的重要特点就是缩短了大众信息传播的时空距离，增强了不同空间下的经济活动关联的广度和深度。通过网络能获取到大量信息，信息成本的下降，使越来越多的创业者投身到乡村产业振兴上。同时，网络商品销售的便利性，不断促进了这种趋势的发展。乡村产品销售渠道的拓宽，商品可以销售到传统模式下销售不到的地方去，同时使得市场参与者可以在更大的区域范围内享受数字经济带动乡村产业振兴的红利。在数字经济与乡村产业振兴的关系中，如果一个省份的数字经济得到了发展，可能会对邻近省份的乡村产业振兴产生积极的影响。一些地理上接近的地区之间会相互影响、相互促进，从而产生一种正面的溢出效应。地理上的接近性使得这些地区在经济发展过程中更容易受到相邻地区的影响。一个地区的农业发展可能会吸引其他地区的农民前来参观和学习，从而带动其他地区的农业发展。同样，一个地区的旅游业发展也可能会为周边地区带来游客，从而促进周边地区的旅游业发展。以仁岸村为例，仁岸村位于缙云县舒洪镇，舒洪镇的"南乡六村"都以种植杨梅为主要产业。在数字技术的发展下，交通通信技术水平的提升拉近了村与村的距离，为各村之间相互学习、借鉴先进经验和技术，或共享数字经济带来的市场机会带来了便利。仁岸与周边村关系密切，互相学习、资源共享，协力开展了包括杨梅节在内的多项节庆活动，吸引了更多的旅游资源，实现了互惠共利。

　　数字赋能下乡村振兴过程中的空间溢出效应还表现在人才资源的流动和知识文化价值的传播上。一个地区的乡村振兴可能会吸引更多的人才和资源流入该地区，从而促进该地区的经济发展。而这些人才和资源的流入也可能会带动周边地区的经济发展。

　　何伟峰（仁岸村党委书记）：实际上乡土文化当中，需要很多人才，包括像我们现在的杨梅管理，本来他们自己管理自己的。那么到冬天的时候，我们这个村子很多的老杨梅农都出去给别人当师父，这我认为也是一种人才。他们当师父就是教另外的地方的人怎么种杨梅、怎么去剪枝、怎么施肥等。到现在为止，我们每年基本上还要安排四五次的水果杨梅的培训，不断地去学习来充实我们自己的一些知识，才能让杨

梅越来越好。

乡村振兴不仅是经济上的发展，更重要的是文化和价值观念的传承和发展。乡村振兴战略不仅会促进本地区的文化传承和发展，这些文化和价值观念还会通过数字作用传播到周边地区，从而影响周边地区的文化传承和发展。数字经济带来的一个重要变化就是知识和信息的快速传播。地址之间的"知识溢出"可以帮助乡村地区更好地掌握市场需求，了解新的农业技术和经营理念，进而提高农产品的质量，优化乡村产业结构。

（三）数字激活乡村，创新引领发展

乡村的创新驱动发展是实现乡村产业振兴的关键，创新是经济发展的核心动力，数字经济作为新型经济形态，需要不断创新才能实现持续、健康、稳定的发展。

数字赋能下引入新技术、新业态、新模式，为农村经济提供新动能，推动农业产业升级、农民技能提升和农村治理创新。在乡村地区推广和应用现代农业科技，提高农业生产效率和产品质量。利用无人机、智能农业装备等现代农业技术，改善农业生产方式，提高农业产值和农民收入。通过推进乡村产业融合发展，促进农业与二、三产业的深度融合，实现产业升级。发展农产品加工业、乡村旅游等新兴产业，提升乡村产业的经济效益和社会效益。创新乡村治理新模式，加强乡村治理的数字化和现代化建设，推动政府职能转变和行政效能提升。建设数字化政务平台，提高政务服务水平和效率，打造良好的营商环境。加强乡村文化的保护和传承，推动乡村文化创新和发展。建设乡村博物馆、文化广场等公共文化设施，挖掘和传承乡村文化遗产，增强乡村文化自信和认同感。

五、仁岸村数字建设的成效

党的十九大报告指出，"实施乡村振兴战略。农业农村农民问题是关系国计民生的根本性问题，必须始终把解决好'三农'问题作为全党工作重中之重。"

仁岸村坚持走"绿水青山就是金山银山"的发展道路，除去杨梅，还种植了茶叶 3000 亩、板栗 200 亩、竹园 3000 余亩，并拆除村周边近 2 万平方米的香菇棚，进行产业更迭，发展本地樱桃近 500 亩，充分利用乡村资源，着力打造杨梅、绿茶、樱桃三大产业，增加村民收入。同时大力发展旅游业，融合乡村特色、兼容时代发展，打造生态旅游，将南乡特有的文化民俗融入其中。

仁岸村共获得全国改善农村人居环境示范村、中国美丽休闲乡村、第十批全国"一村一品"示范村等 6 个国家级荣誉，于 2022 年成为浙江省第一批"未来乡村"建设试点，已然成为缙云县乡村振兴、美丽乡村建设的典范，成为"三美融合"的样板村。

（一）乡村生态文明进一步改善

2015 年，仁岸村是全县的"脏乱差"村，每次县里来检查卫生都被批评。村书记何伟峰调侃仁岸村"晴天一身灰，雨天一脚泥，垃圾满地堆，蚊蝇满天飞"。针对村里的环境卫生，仁岸村两委成立以党员干部带头的"治污办"，认真制定美丽乡村建设规划，以"五水共治""三改一拆"为契机，结合美丽乡村建设，积极开展"五清"和"六三三"工作。

"治污办"成员群策群力，挨家挨户做思想工作，鼓励村民清理露天粪缸、拆除散乱猪圈，这是农村环境脏乱差的来源，猪圈污水流入河道，味道让人不堪忍受，同时滋生蚊子、苍蝇，影响村民健康。村中央"何浩宗祠"前原有 8 个露天粪缸和猪圈，经整治后，拆除粪缸和猪圈，建起休息廊亭。在团队拜访仁岸村之际，这个地方已经是上可避雨、下可坐人聊天，前有小桥流水的文化走廊，这一处理方式既解决了环境问题，又展示了仁岸村的文化底蕴。

除此之外，仁岸村建起生态公厕 3 座、生活垃圾房 12 个，村内各处摆放垃圾桶 36 只，发放到户垃圾分类箱 900 多只，并安排专人每天对街道进行打扫，减少生活垃圾对环境的污染，建起垃圾分类"资源化"处理站和生态停车场。

仁岸村两委通过"五水共治"工作，对河道进行重点整治，清理河道垃圾，建设防洪堤，绿化河道两岸，并大胆创新，与大源育苗场达成"以地换木"的合作协议，不花一分钱，完成了 12 亩的河边和村边地块绿化工作，解决了"六边三化三美"工作的资金难题。环境整治眉目逐渐清晰后，得天独厚的地理优势让村两委将目光投向生态旅游建设，仁岸村对河沿两岸进行整治，并加以绿化，建起小公园，左右两岸建起亲水平台 1000 米，并加装护栏；建起天然游泳池 5.6 万平方米，开发了游船出租项目。

这些改变让仁岸村先后获得全国改善农村人居环境示范村、全国第一批绿色村庄、中国美丽休闲乡村、全国第十批"一村一品"示范村、省美丽乡村特色精品村、省美丽河湖、省休闲旅游示范村、浙江十大特色体验地、省首批 3A 景区村庄等 30 余项国家级、省级荣誉。这些荣誉是仁岸村在生态方面做出改变，逐渐"美起来"的最好证明，也是村带头人得力，村两委班子团结，党员干部心齐，群众大力支持，齐心谋发展，聚力抓建设下做出成果的印证。

（二）惠民服务水平大幅度提升

1. 幼有所教

目前，仁岸村全村有 1165 户、2702 人，但大部分青壮年劳动力选择到缙云县或更大的城市谋生，所以常居人口以老年人和幼童为主。

为满足仁岸村农村留守儿童教育关爱、假期陪伴照顾、沟通交流等方面的诉求，以精准保障为目标，2021 年仁岸村依托自身良好融洽的乡村氛围，在缙云县民政局的指导下，正式建立仁岸村儿童之家。儿童之家以关爱、保护留守儿童为宗旨使命，由休闲书吧、儿童讲堂、网课学习区、心理咨询室、户外拓展训练等区块组成。

仁岸村儿童之家位于仁岸村委办办公楼二层，结合本村非遗特色，定期举办适合不同年龄阶段儿童的活动，寓教于乐，为孩子们提供传统文化教育、美德教育、心理辅导、网课培训、手工技能、智力开发以及户外体育锻炼等活动。让留守儿童在游玩娱乐之际，充分接受传统文化及美德教育的熏陶，感受到有家的温暖。仁岸村儿童之家肩负着引导关心留守儿童健康成长的责任使命。仁岸村在经济振兴的同时兼顾教育振兴，让村民共享乡村发展红利，凝聚村中优质资源，增强村民集体获得感。

2. 老有所养

在高质量发展建设共同富裕示范区的背景下，缙云县立足山区实际，将山区居家养老服务作为推动养老领域共同富裕的突破口，探索"1+X"模式，守护照料中心暖心升级，依托1个居家养老服务照料中心，X条线，点线延伸，大力整合各类养老服务资源，带动辐射周边老年人从物质富裕到精神富裕的有效转变，进一步增强老年人的幸福感和获得感。在此背景下，仁岸村现已建成居家养老服务中心（占地286平方米），年均老人体验1456次，实现乡村居家养老服务全覆盖。

仁岸村60岁以上老人共计649名，其中因家庭、健康等居家养老的老年人68名。此外，仁岸村高龄老人众多，其中80多岁老人有120多名、90多岁老人有25名，100岁以上老人超过5名。为给老年人提供更好的服务，仁岸村形成了一支数量适度、结构合理、素质优良的居家养老服务队伍，优化服务质量水平，增添养老亮色，依托养老服务补贴制度，以照料中心为辐射点，多年如一日地为周边老年人提供菜单式的居家养老服务，打通了养老服务的"最后一步"。各位护理员如儿女般对老年人贴心、细致、耐心的照料，获得了他们的一致好评。

为完善居家养老服务，在实施居家养老服务补贴制度的基础上，仁岸村通过养老服务需求调查评估，根据"目前所需、未来可需"原则，制定了包括助餐、助浴、洗涤、托养、精神慰藉、健康监测、代办事项等32项服务内容的《仁岸村居家基本养老服务项目清单》，丰富多元的服务内容，有效满足了老年人日常生活需求。

胡炳红（舒洪镇宣传委员）：养老方面就是90岁以上的老人，我们都免费送餐给他，到了饭点有志愿者将饭菜送到他们手上。他们老说"我自己儿子都很难做到对我这么好，你们真的太好了"。

与此同时，仁岸村充分发挥邻里互助优势。基于山区留守老人、空巢老人众多的现状，在缙云黄帝文化源远流长，慈孝文明蔚然成风的影响下，充分发挥当地乡贤、老医生、老教师、老党员优势，仁岸村依托照料中心积极探索"邻里互帮探访制度"，营造敬老、爱老、助老的浓郁孝文化氛围。

3. 需有所应

基层党组织是乡村建设的桥头堡，要增强凝聚力、战斗力，更好地服务农业、农村、农民。要改变乡村的面貌，使它成为"绿富美"，不是光喊口号、光承诺就行，关键是要实干。仁岸村为了方便村民生活，在村内形成了一个15分钟生活圈，村民可以在15分钟内解决自己的生活需求：村里有37家购物超市、25家餐饮商铺、1家农贸市场、5家银行、3家邮政快递和3家宽带服务点。

何卫青（仁岸村便民服务中心负责人）：15分钟生活圈，它是一个15分钟内村民可以将自己想要的东西都满足的生活圈。比如超市，你家到那里很近，我家到那里也是很近的，才5分钟就到了，学校也是五六分钟很近的。平常买个菜、送孩子上学都是十分方便的。

乡村振兴首先要完善基础设施建设，方便群众生活。而仁岸村在基础设施建设上下足功夫，从细节出发，真正考虑到乡村建设应该便民利民，想群众之所想，解群众之所忧。优化公共服务，提升村民幸福感。打造15分钟生活圈，使村民享受到配套的公共服务，达成村民的幸福感和获得感。

（三）文明乡风焕发乡村新气象

1. 邻里互助

从一个经济薄弱、名不见经传的小山村到现在的3A级景区、省文明村的示范性村庄，仁岸村在乡村建设方面的经验也体现在对村子内部的互助合作合理调控，让资源充分发挥最大的价值。在仁岸村我们可以看到，哪家哪户如果有什么事需要帮助，除求助身边人之外，他们也会选择在村子专门的互助平台注册并发布自己的问题（见图3），比如儿童托管、借用生产工具、农业技术指导，只要是碰到的问题都可以发布在平台上，会有热心的村民提供帮助，还可以一键查询帮助状态是"已互助"还是"待互助"。把互助的圆给画大，让更多的村民可以加入进来，解决问题的人更多了，充分发挥资源价值的最大化，诠释了乡村振兴战略发展中"共享"这一概念，将规划落实到建设的细微之处，切实以群众的利益为出发点，踏实走好乡村振兴的每一步。

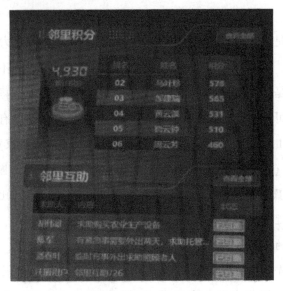

图3 仁岸村数字大屏"邻里积分"版块

2. 志愿积分

仁岸村开展道德建设积分兑换活动，深入贯彻落实了习近平新时代中国特色社会主义思想和党的二十大精神，推进了仁岸村新时代文明实践工作，打通了服务群众的"最后一公里"。积分兑换活动由仁岸村文明实践站负责，并有专人负责积分的管理和兑换。道德积分详细情况可在村务大屏实时监控，志愿服务团队、志愿者通过"志愿浙江"平台记录服务时间兑换积分。笔者发现，在积分兑换表（见图4）里积分不仅可以兑换物品，还可以兑换医疗服务和儿童托管。仁岸村的道德积分制度因地制宜，在原有经验的基础上进行创新。基层干部不仅有效落实党中央的部署，还根据村庄实际情况做出正确判断，村民之间团结一心，积极响应政府制度，主动了解并参与志愿活动，在打通服务群众的"最后一公里"的道路上，干群一心，共同助力仁岸村的道德建设工作。将道德建设和积分奖励结合，可能仁岸村做的不是最好的，但是一定是最适合仁岸村实际情况的，不循规蹈矩，从原有制度出发，再从中跳出来，笔者认为这是仁岸村几年来"从无到有"的原因所在。通过数据大屏，村民可以看到道德积分的实时情况，让村民切实体验到数字化建设的幸福感和获得感，提升村民对数字化建设的认同感。

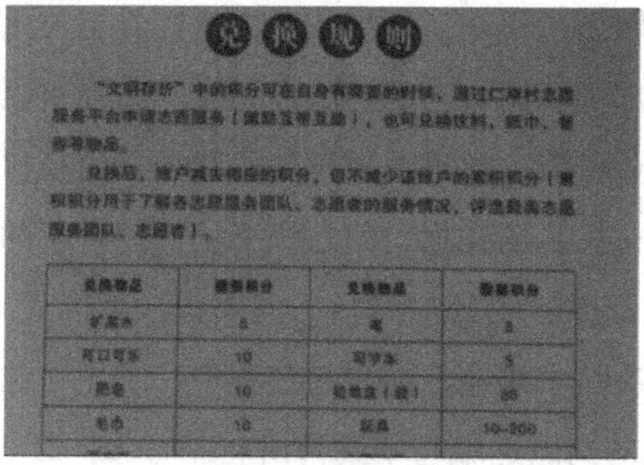

图4 仁岸村志愿积分兑换表

六、仁岸村数字乡村建设的经验

（一）共富理念为引领

在仁岸村，共富理念已经深入人心，成为乡村发展的内生性动力。这种共富理念不仅在经济领域得到广泛实践，如共享客户资源、共享生产经验等，还在文化领域也得到体现，如杨梅节及龙舟赛的举办、文化礼堂和文化宣传栏建设等。

仁岸村的居民们积极践行各种共享活动，使共富理念逐渐内化为他们的行为准则。这种内生性共享行为不仅提高了居民的生活质量，还增强了社群的凝聚力和活力。通过共享，居民们能够更好地交流与合作，创造出更多的价值，同时也加深了对社群的归属感和认同感。

可见，共富理念深入人心对于推动乡村发展具有积极意义。通过加强宣传教育，培养共享意识，创造共享环境等措施，可以进一步推广仁岸经验，推动共富理念在更广泛的范围内得到实践和应用。共富理念的进一步贯彻也将激发乡村的内生动力，有助于促进社群内部的交流与合作，提高生活质量和社会福祉，推动乡村的可持续发展和创新创造。

（二）领导团队为保障

在仁岸村数字化转型过程中，领导团队也发挥着至关重要的作用。以村书记何伟峰为首的村委干部们利用自己的前瞻性思维，明确了以杨梅产业为基础，通过数字化手段提升产业价值、促进乡村发展的路径，为乡村建设制定了正确可行的发展规划。为方便村民运输杨梅，何伟峰书记砍掉自家的老杨梅林，修建了杨梅山路。而为了提高杨梅的质量与产量，何书记还常常"泡"在杨梅山上，不断探索杨梅习性，解决技术难题。在采访过程中，不止一位村民向我们夸赞这位"杨梅书记"，肯定他的高瞻远瞩与辛勤付出。

此外，领导团队更是积极与高校、科研机构等合作，引进现代化农业技术与设备，建立一套智能化的杨梅种植管理系统。与此同时，团队积极寻求政府、企业、社区等各方的合作与支持，将资金、技术、人才资源整合起来，采用"直播+助农+电商"的模式，将仁岸杨梅打造成"网红地标产品"，真正将"小杨梅"发展为乡村振兴的"大产业"。仁岸村的村委干部凭借着良好的领导能力、协调能力与创新思维扮演好了数字乡村建设过程中引领者、推动者与协调者的角色，为数字乡村的发展提供了有力保障。

（三）技术发展为支撑

作为浙江省第一批"未来乡村"建设试点村，仁岸村围绕"未来乡村"邻里、文化、健康、低碳、产业、风貌、智慧、治理和交通九大场景，积极探索乡村数字化改革工作。在仁岸村，笔者有幸邀请到当地村委为我们讲解仁岸村"未来乡村"建设数字大屏，主要分为：党建、治理、产业、文化、邻里、健康、低碳、交通、智慧、风貌，依照党中央发布的工作体系，以习近平新时代中国特色社会主义思想为指导，深入实施乡村振兴战略，以党建为统领，以人本化、生态化、数字化为建设方向，着力构建引领数字生活体验、呈现未来元素的数字大屏。通过数字大屏不仅可以了解仁岸村的基本情况，还可以看到邻里积分、邻里互助的详细情况。数字是未来乡村建设的重点，数字化对乡村发展具有驱动作用。数字大屏不仅展示未来乡村建设规划场景，还进行村务公示。通过数字大屏，村民可以看到道德积分的实时情况、邻里互助的解决情况，让村民切实体验到数字化建设的幸福感和获得感，提升村民对数字化建设的认同感。

图5　仁岸村数字大屏

（四）民风团结为助推

农村精神文明建设是乡村振兴战略的一项重要内容，村民间的团结协作是仁岸村快速发展的重要基础。为树立良好的民风，仁岸村积极发挥传统习俗的引领作用，在端午节举办杨梅节、赛龙舟等活动，不仅传承了乡土文化，还增进了村民间的情感交流，增强了团结协作的意识。同时，村干部们也以身作则，积极开展各种志愿服务活动，方便村民生活，树立文明新风。仁岸村积极于实践中探索，绵绵用力，久久为功，在奋斗中持续增强村民的获得感、幸福感、安全感，以"润物细无声"的方式感染着村民。村民们也团结一心，在竞争中合作，在合作中竞争。团结的村民能够在发展过程中共同面对困难、分享机遇，形成合力。民风团结也意味着村内稳定的社会关系，有助于创造良好的发展环境，吸引外部资源的投入。

（五）招商引资为动力

仁岸村积极采取招商引资策略，吸引外部投资和资源，促进村庄的经济发展。村内"大佑云天"农旅项目总用地775.7亩，总建设用地28.55亩，预计总投资1.39亿元。建设以一环（交通游赏环）、一心（游客服务中心）、三大板块（农业生产板块、云端田园板块、云天山居板块）为架构，主要建设索道、大佑茶园、梯田堡、田园山居（民宿）、星空牧场、康养中心等。该项目结合仁岸村的本地文化特色，融山地游乐休闲、农事生产体验、乡村文化旅游于一体，在为旅客提供独特的旅游体验的同时也促进了当地经济发展。

图6　"大佑云天"农旅项目概念规划图

村里把亲水的28户小洋楼打造成民宿项目，吸引在外经商的村民回村投资，成功引进上海大千影业有限公司落地仁岸。在清理村庄当中，把小洋房以统一规格设计，按一户一宅的要求，以抽签形式分配房子，盘活资金1000多万元。通过开展多样化的招商活动，村庄能够引入新的产业、企业和项目，创造就业机会，提升当地居民的生活水平。招商引资还能够带来技术、管理经验等方面的积累，推动村庄实现产业升级和创新发展。

（六）人才创业为生机

在生机蓬勃的仁岸村，人才被视为发展的关键驱动力。为了充分吸引并留住各类优秀人才，村庄实施了一系列细致而全面的人才政策。党委书记何伟峰在谈及村庄的人才战略时，表达了对于这个问题的深度理解和对于人才重要性的明确认识。

何伟峰（仁岸村党委书记）：在我的思想、概念里面，让人才产生就是我们要有个很大的平台，让有能力的人在这个舞台上去发挥。我最引以为豪的成就就是，我们村有产业以后，户籍在村里的人有95%的人口留在我们自己村发展。人才分几部分，有村里的劳动人才、有水果种植技术的土专家。那么像大学生、开发商，他们觉得我们在村庄的这个发展过程当中有一定的前景，也喜欢留下来。同时，我们人才在建设乡村的过程中所有的付出，也会得到回报。我非常欢迎知识分子，有专业知识的人才到我们仁岸这个舞台来发展。

"大佑云天"项目的负责人李肖瑾，就是自发留在仁岸村创业的典型人才。李肖瑾凭借其深厚的技术背景和创新的商业理念，成功地在大佑山地区开创了一种全新的农业模式。通过这一项目，不仅大大提高了当地的农业生产效率，也为乡村创造了更多就业机会，带动了村庄的经济发展。

桥洞咖啡厅的经营者洪培杰和王礼准，也是村庄人才政策的另一个成功案例。他们作为新一代的乡村创业者，充分展现了乡村文创的巨大潜力。他们的咖啡厅不仅提供给村民一处宁静闲适的休息场所，也成为吸引城市游客的特色景点。他们的项目不仅为村庄带来了新的活力，也为乡村文创产业的发展提供了新的思路和动力。

通过这些鲜活的例子，我们可以看到仁岸村人才政策的实际效果。这些政策重视人才的引进，为他们提供良好的环境和资源，激励他们为村庄的发展贡献力量。对于人才的保护和支持，村庄不仅提供了优质的生活配套设施，更为他们提供了广阔的发展平台。这种"以人为本"的发展理念，使得仁岸村能够在人才引进和保护上取得显著成效。

图 7　桥洞咖啡厅外景

　　总结而言，仁岸村的成功案例向我们展示了人才创业对于村庄发展的重要性。通过制定和执行全面、细致的人才政策，村庄成功地吸引了各类优秀人才，并且使他们能够在这里发挥出自己的最大潜力。党委书记对于村庄人才政策的深度理解和高度重视，以及对于人才在村庄发展中的重要性的明确认识，都为仁岸村的成功打下了坚实的基础。同时，大佑云天的创始人李肖瑾和桥洞咖啡厅的经营者洪培杰、王礼准等人才的引进和保护，也成为村庄发展的鲜明例证。这些优秀人才的成功经验，不仅为其他村庄提供了借鉴和启示，也为全面推进乡村振兴战略的实施提供了有力的支持。

七、仁岸村数字乡村建设的困境

（一）数字化仍处于浅层

1. 数字治理体系建设薄弱

　　除了位于仁岸村村委会门口的数字大屏，村中鲜有其他为村民公开展示政务治理的数字显示屏。胡委员表示，目前相关的建设还处于摸索阶段，由于技术、人力等方面的限制，数字大屏上的数字也未能及时更新。

胡炳红（舒洪镇宣传委员）：像民宿数据就是一个人做的，本来那些民宿就是没接入到我们这里，它那个民宿本来是想把它接收过来，但是那个数据系统做起来太麻烦了，现在就没办法实时监控这个。

加之农户数字意识和数字素养水平偏低，对数字治理的参与度不高，很少有村民会主动去村委会的数字大屏上获取信息，因此数字大屏也常常处于"黑屏"状态，未能真正达到理想的公示效果。同时，仁岸村在医疗服务方面仍有欠缺。对于仁岸村民来说，最关心的莫过于自家收成与自身健康。但是，仁岸村老年人居多，出行相对不便，慢性病患者偏多，基层医疗资源相对不足。

2. 数字产业转型升级受限

数字乡村建设作为数字技术在传统乡村空间的嵌入，为乡村社会发展提供了新的资源，例如数字资源要素等。当前仁岸村数字建设过程中数字生产要素呈现一定程度的"脱位"状态。一方面，乡村特色产业资源没有充分开发，使得产业数字化转型"巧妇难为无米之炊"。另一方面，当前乡村数字产业的发展模式更多地受传统农业生产的路径依赖，生产要素的流动、产品的加工与销售等依旧以传统农业为主；当前村民的数字意识有限，大多数村民对于产业数字化的概念主要集中于使用微信、支付宝等线上支付平台，虽有部分村民通过开展"网店"的形式进行线上销售，但这部分群体终归是少数，尚未形成规模且仅仅实现了销售的数字化，对于生产、加工等环节的数字化依旧处于空白状态。数字产业发展的脱位，使得数字经济的规模效应未能充分释放。

农业数字化基础建设不够完善，仁岸村大部分仍处于传统农业状态，与农业大数据、云计算、移动互联网、农业物联网、人工智能等农业信息技术连接不够紧密。由于杨梅的难储存、难运输，杨梅散户们需要根据当日订单数量决定是否上山采摘，采摘回来后需要立即分拣、包装，该过程也没有任何机械的帮助，由此农业生产流通效率被大大拉低，限制了数字化转型的进程。

杨梅种植产业链中本有许多环节可以借助数字农业技术，但是走访当地发现，当地村民仍用最原始的肩挑手扛的方式将杨梅运下山，浇水施肥也全靠人工。为实时监控杨梅基地情况，仁岸村村委联合村民在杨梅山上安装了高清摄像头。虽然安装监控既能监督农户农药使用情况确保杨梅品质，又能规避一些游客及其他农户的不文明行为。但是要想实现村民增产增收，光靠监控远远不够。应尝试从传统种植转向智能化管理，增设水肥一体化调控、避雨设施、太阳能物理捕虫器等智能化设备，探索杨梅种植新模式。

3. 数字化与文化建设脱节

首先，与本土文化亲密度低。2004 年 1 月 8 日，时任浙江省委书记习近平同志到仙都景区和鼎湖村调研，赞叹"仙都风光美，还有黄帝文化"，提出了"信马列还是信黄帝"的"信仰之问"。仙都景区和黄帝文化的影响力与日俱增，辐射效应正逐步遍及缙云全县乃至全省。然而，仁岸村与黄帝文化的亲密度并不高。据了解，除了由缙云县定期主办的黄帝文化宣讲活动，仁岸村没有自发性进行过黄帝文化的宣传工作。根据采访统计，仁岸村村民参加黄帝祭典的人数不足10%，知晓缙云县数字文化应用"祭典在线"的村民人数更是不足 5%，村民整体文化参与度与文化积极性较低。仁岸村虽不是黄帝文化主要发扬地，但黄帝文化作为缙云最具代表性和辨识度的文化标识，若能将其与地方特色相结合，打造出独属于仁岸村的黄帝文化 IP，不管是从经济角度还是文化角度，都将成为很好的赋能选择。

其次，现有文化资源利用率低。祠堂文化是中国传统文化的重要组成部分，它是世系的传承、血脉之所系处。国人的家族观念相当深刻，往往一个村落就生活着一个姓的整个家族，仁岸村就是以何氏为主。"何浩宗祠"建在仁岸村村口，所处位置极佳，进门就是戏台，眼前就是开阔古拙的过殿与两旁厢房的飞檐。戏台最前面的梁柱上是潘天寿亲书的一副楹联——"清歌妙舞大文章，忠国孝亲真事业"。建造于宗族祠堂内的戏台无疑是祠堂建筑的一种表现方式，它承担着旧时农村的宣传展示功能。遗憾的是，仁岸村并没有将何浩宗祠作为文旅推广的重点，外来游客对何浩宗祠不甚了解，参观的意愿自然就降低了。何浩宗祠内拥有独属戏台，这一资源优势应当加以利用，若将婺剧引入戏台表演，定期组织村民与游客参观欣赏，辅之网络宣传，不仅有利于促进婺剧走入村民，更有利于提高何浩宗祠与仁岸村知名度。

传统宗祠应当成为群众性精神文明创建活动的主阵地，成为弘扬社会主义核心价值观的新载体，成为传播优秀传统文化的重要阵地和德育基地，宗祠文化也将在传承创新中焕发出新的生机。通过文化赋能，让祠堂成为展示村规民约、传播文明乡风的基地，依托祠堂的凝聚力量，引领乡风大变样，助力乡村文化大振兴。

（二）数字赋能乡村振兴落实发展受阻

1. 数字化推广应用程度浅薄

尽管数字技术已经成为当下社会发展的核心动力，但在许多农村地区，数字技术的发展水平还是相对较低。以仁岸村为例，目前仁岸村农业生产主要依赖传统方法，数字技术的应用主要停留在农产品生产环节，而在售后服务、在线营销、加工制造、库存查询和原料采购等环节的应用还比较有限。虽然仁岸村已有部分村民通过线上销售模式进行杨梅售卖，但是局限在对初级商品的简单销售。农产品加工生产是实现农业供给侧结构性改革的重要手段之一。从市场角度看，通过加工生产，农业不仅为消费者提供农产品，还能提供安全优质、绿色生态的各类食品和加工品，进一步提高农业综合效益和竞争力。同时从种植者的利益角度，将农产品进行加工售卖可以提升商品的附加值、促进个人产业升级和现代化，在大幅度提高收益的同时减少了因杨梅保鲜期较短而造成的非必要损耗。但在采访过程中我们发现仁岸村民对进行杨梅加工生产再售卖的意愿较低，会因为杨梅滞销造成严重的浪费现象。

杨梅散户（HXC）：把杨梅加工成杨梅干、杨梅酒的事不是没有人做。但是我们都觉得太麻烦了，现在我们卖杨梅都是当天采摘的。如果卖不出去我们就不摘了，就在树上长着，烂掉也没办法，卖不出去能怎么办。

仁岸的数字技术在市场推广方面的应用尚未完全展开，这导致农产品的销售和流通存在较大的脱节性，市场推广效果不佳，影响了农产品的流通效率和市场的扩大。许多农产品生产者缺乏数字化营销意识和手段，没有充分利用社交媒体、搜索引擎优化（SEO）、电子邮件营销、网络广告等工具进行在线推广。农产品难以获得更多的曝光度和销售机会。同时因为缺乏数字化分析工具，农产品市场推广缺乏数字化分析，无法准确了解市场需求、消费者行为、价格走势等信息，难以制定科学合理的农产品生产和市场推广策略。这可能导致农产品市场供需失衡，价格波动大，影响生产者和消费者的利益。

总体来看，由于在数字推广应用上的数字化程度低，仁岸村的农业产业链尚未通过数字技术实现完整的整合，导致产业链的效率和效益未能达到最优。

2. 数字乡村建设要素投入比例失调

在深入分析数字乡村建设中的资金投入问题时，团队发现仁岸村的例子具有相当的典型性。仁岸村在推进数字化转型的过程中，明显倾向于将大量资金投入到基础设施改造和环境优化上。仁岸村自 2013 年开展"五水共治"以来，总计投入 800 万元资金修建水坝、改善水质；目前仁岸村致力于在三年内实现 3A 景区向 4A 景区的转变，现已投入 1.39 亿元大力发展融休闲养老旅游生态为一体的"大佑云天"农旅项目。这些行动在一定程度上改变了村庄的面貌，提升了村民的生活质量，同时也为村庄赢得了一系列荣誉，但也导致仁岸村在技术引进、数据采集以及人才培养等关键领域的投入相对滞后，这种状况将会限制仁岸村在数字乡村建设中的全面和深入发展。

技术投入的不足体现在缺乏对前沿数字化技术的引进和应用。这使得仁岸村在诸如农业智能化、农产品溯源、农村电商等方面的技术应用相对滞后。数据采集与分析的不足则体现在缺乏对村庄经济、社会、环境等多方面数据的全面采集和深度分析，使得决策缺乏科学依据。同时，人才培养的不足也是仁岸村在数字乡村建设中的一个突出问题。这主要体现在缺乏对村民的数字化技能培训、缺乏引导和激励本地人才投入乡村建设的机制，以及未能充分利用外部资源，如高校、科研机构等人才和技术支持。

3. 数字认知不足与数字素养缺乏

在数字赋能乡村振兴的过程中，村民不仅是数字红利的享受者，更是数字乡村建设的实施者。村民数字认知不足将会导致乡村数字化步伐难以迈进。在调研过程中，团队发现仁岸村部分村民对于数字技术的认知较为有限，不了解数字化对于乡村治理、农业生产和居民生活的重要性和必要性。部分村民对于数字化项目的了解不够深入，对于如何利用数字化技术提高农业生产和乡村治理的效率和质量不够清晰。

当被问到"你觉得仁岸的数字乡村发展怎么样"，有83.3%的村民无法回答，大多局限于个人的切身感知"环境好了、收入不断提高"等浅层阶段。当数字政策与村民所认知的方向有误差时，村民的接受程度较低会阻碍政策的推行，同时也不利于政府和民众的良性关系以及数字化建设的可持续发展。

虽然仁岸的数字基层设施建设已经实现了乡村网络全方位覆盖，但部分乡村居民数字技能水平较低，限制了数字技术在乡村的广泛应用。以杨梅贩卖为例，线上的销售渠道打通了杨梅的对外销售市场，提高了杨梅的销量和居民收入，一部分村民已经通过直播带货的方式实现了生活富裕，但仍有部分村民对数字化设备和技术的应用存在困难，无法适应线上销售的节奏，依托传统的销售形式，却因为杨梅商贩压价或游客不足等客观原因造成杨梅滞销和巨大的经济损失。

（三）三级关系处理失衡

1. 乡镇和乡村

当前仁岸村人口外溢以及村庄空心化愈加严重，大多数村民通过进城务工实现脱域流动，在村村民缺乏参与公共事务的热情与积极性，难以对资源的利用形成有效监督。此外，国家对乡村的资源供给主要通过县、乡两级政权组织实现，对上负责和对下脱离的弊病造成资源利用效果差和浪费严重，形成了难以打通的"最后一公里"困境，逐渐成为制约数字乡村可持续发展的关键问题。

在政府主导的层级式体制下，作为治理资源的供给者的乡镇政府不断强化对村级治理的主导力量。政府管理运行模式随政策资源的下沉而深入村级治理的各个方面和具体过程，在打破了传统乡村治理机制的非正式化、治理规则的模糊化、治理形式的封闭化以及治理成本的简约化的治理生态的同时，还以治理责任层层细化的方式将行政性治理任务派分给具体村庄。例如上文提到的"杨梅节"，将地点定在仁岸村其目的虽是为拉动杨梅经济，推广龙舟文化，但更多的是乡镇一级政府的经济发展任务，在政策下沉的过程中逐渐细化为具体村庄的任务，由此具体村庄的自主治理空间被实质性挤压。作为软性指标像杨梅节、龙舟赛需要引领村民的组织化程度，难以被量化和项目化考核，基层政府一般不会跳过村干部与村民集体直接联系，使得村内有限的投入只能应付上级的检查，难以转化为构建农民组织生产生活的内生动力。例如在举行杨梅节的大型活动时需要例行进行交通管制，如此也影响了杨梅户们的正常运输流通，难免有村民对此种大型活动抱消极态度，这也使村干部陷入两难的境地。

2. 乡村内部

（1）杨梅合作社同散户的合作与矛盾

仁岸村最初的杨梅合作社为"一村一社"的形态，本质为农业生产合作社，主要特征有：社员为同村的大多数村民且经营共同的农业生产——杨梅，合作社的成员关系相对稳定且社内管理相对容易，能够有效协调生产活动。

如今仁岸村的杨梅合作社更是一种品牌符号，合作社的社员为有血缘或地缘关系的几户人家，甚至杨梅合作社的主要经营者自家并未种植杨梅，这种合作社的合作范围不再局限于农业生产，可能涉及更广泛的经济活动，同时合作社要协调各家利益，这种变迁在一定程度上影响了合作社的本质，也为仁岸村的发展带来新的挑战与机遇。

杨梅种植对于仁岸村具有重要的经济价值，杨梅合作社与散户经营者是该地杨梅产业的两个主要参与方。杨梅合作社与散户除向收货商提供批量杨梅和散卖外，二者的经营机制差异主要为杨梅合作社可以积累线上客户，增加冷链空运这一售货渠道，普通散户则因无法承担线上售卖的运输成本，舍弃了该售货渠道。

杨梅合作社在杨梅大卖时会出现卖空的情况，这种情境中，合作社会收购散户的杨梅进行售卖，虽然帮助杨梅散户增加了销售量，但本质上获利更多的仍是杨梅合作社；反之，在杨梅销售不景气的年份，散户手中的杨梅则更不易售出，杨梅保鲜期短，散户损失更为严重。散户选择自己售卖自家杨梅，强调个体经营与自主决策，虽在一定程度上减少了对合作社的依赖，却失去了承担运输费用向外售卖杨梅的机会，这种销售机会的不平等也是杨梅合作社与散户产生矛盾的原因之一。

杨梅散户（HWL）：虽然合作社内部没有直接的利益冲突，但是多多少少都是有矛盾的，就像班上同学上课一样，哪有全都合群的。

杨梅散户尖锐地指出合作社内部也存在矛盾与冲突，虽然合作社由血缘和地缘关系组成，但这种特殊的结构同样有利有弊，可能增强合作社内部的凝聚力和信任程度，但也可能导致决策过程中的偏向与不公。

杨梅合作社和散户的冲突以及杨梅合作社内部的冲突代表村民与村民之间关系处理的失衡，在这种情况下，杨梅合作社应考虑制定更公平的资源分配机制，以减轻社员之间的差异和不满，并在维持合作的基础上，鼓励散户在市场竞争中保持一定的独立性，除此之外，杨梅合作社与散户之间应加强信息共享，减少信息不对称可能引发的矛盾。

（2）村干部和村民的沟通不及时

乡村振兴建设的过程并不是一帆风顺的，在和村民的交流中笔者发现，在村民和村干部之间也存在分歧，传统自上而下的治理手段的运用使村民在乡村振兴建设过程中更容易处于实践中的客体、被动的位置上。这种情况下的"局外人"心态让村民与村干部之间有时难以构成一种良性互动关系，有时候信息不对称会造成村民和村干部之间的矛盾。仁岸村因地制宜、因时制宜，以农业产业为基础，农旅融合为引擎，开启了乡村振兴之路。充分利用乡村资源，坚持走"绿水青山就是金山银山"的发展道路，着力打造杨梅、绿茶、樱桃三大产业，增加村民收入。一年一度的杨梅节更是吸引十里八乡的游客，类似"杨梅节"这种大型公共项目的开展势必要进行特殊的管控以保证现场安全，但杨梅果类的特殊性要求当日采摘必须当日卖完，如果没有很好的保鲜设施，在第二天就完全坏掉了。

村民（HZ）：我们的杨梅今天都没人收，因为昨天杨梅节拦了路，那些收杨梅的进不来就去其他的地方收了。我们昨天都是早早上山摘了但是一天都没卖出去几筐，今天那些收杨梅的也没来，偶尔来几个还把价格压得很低。杨梅的时间很短的，我们这样卖不出去，要么烂在树上，要么就烂在家里面也没人吃。我们昨天杨梅节也没有看，就想早早地去摘杨梅卖杨梅，结果忙完根本没人来收。

村委为了打出杨梅的名气、拓宽杨梅的销路举办杨梅节，不得已牺牲了一部分杨梅种植户的利益。明明是好的出发点和做法，但是在进行的过程中产生了一些问题，因为村民和村干部之间的信息不对称，在决策实施过程中没有及时与村民沟通，信息不透明，导致杨梅种植户有怨言。应该提前和收杨梅的杨梅商及杨梅种植户沟通好，传达为配合杨梅节需要封路，并解决杨梅节当天杨梅种植户采摘杨梅的销售问题。在决策实施时，群策群力，要确保各方的利益都能得到合理的关注和保障。

乡村振兴并非一朝一夕就能成功，对于村民和村干部的矛盾，要正视并解决，不能避而不谈，这需要村民和村干部共同努力、互相理解。建立有效的沟通机制，加强透明度和民主决策。村干部要多听多看，听到群众的声音，看到群众的问题和需求，真真正正地做到以群众的利益为根本。加强信息的公开，村庄的决策、项目、资金使用等信息要对群众公开透明，重要信息应提前通过公告的形式告知村民。村民也应该积极参与了解村务，不仅做好信息的接收者，更要做好信息的反馈者。加强村干部和村民的联系与沟通，改变信息不对称的关系，建立起村民和村干部之间更加亲近、信任、合作的关系，着力减少沟通不顺畅造成的矛盾，推动乡村振兴事业的顺利进行。

3. 村民和外来市场主体

仁岸村以农业生产为主，杨梅是该村的经济支柱产业，被村民称为"摇钱树"。该村东魁杨梅个大味甜，分别于 2008 年、2012 年两度获得浙江省农业吉尼斯杨梅擂台赛东魁杨梅擂主，仁岸村也被誉为"最甜杨梅村"。仁岸村家家户户都有杨梅这一绿色农产品，村里的杨梅种植面积成倍增长，总面积突破 5000 亩，盛产面积超 3000 亩。但长期以来村里杨梅主要靠商贩销售，精品果的价格一直在 12—20 元/斤之间徘徊。为增加收入，部分村民以合作社为平台，探索

"互联网+"销售模式，利用快递，采用"定点直发、采梅即发"的新方法，使杨梅销售效益倍增。通过"互联网+"销售，精品果的价格猛增至 70—80 元/斤，最高甚至达到了 100 多元/斤，网销额达 3000 多万元。

仁岸杨梅当天采摘当天发货，因为新鲜，没有化学浸泡、没有农药，杨梅的保鲜时间很短，汁水遇到空气就会发酵产生酒精味，常温需要 24 小时内吃完，冷藏也只能保存 1—2 天。线上销售渠道虽然扩大了杨梅销路，但为确保商品顺利送达消费者手中，商家必须使用专门的冷链材料包装进行运输，成本偏高、过程复杂。同时，因为习惯或技能等，部分村民无法适应网络销售的节奏，依旧以线下式的售卖活动为主要获收渠道。

目前仁岸村杨梅线下售卖主要有以下两种形式：第一种是依托村中旅游业的发展，以路边摊贩的形式卖给游客，这种形式简单直接明了。但游客的数量无法精准预测，会出现采摘的杨梅卖光来不及再采摘，或游客数量少而采摘的杨梅无法卖完的情况。第二种是将杨梅大批量售卖给杨梅收购商，这种形式，村民可以大规模解决杨梅库存问题，避免因为长时间未卖出的非必要损耗。但是当杨梅收购商给出的收购价格较低与村民预期出现矛盾，或者杨梅收购商未如期到来收购时，仁岸村杨梅就会陷入滞销状态。

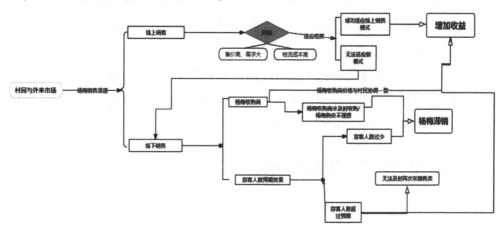

图 8　杨梅销售渠道流程图

八、关于数字乡村的思考

（一）数字乡村的真正价值：提高村民获得感

数字乡村的真正价值和存在的意义在于村民的获得感。数字乡村建设的成功与否，并非仅仅在于其技术应用的深度和广度，更在于村民是否真正从中受益，是否切实提高了他们的生活质量。如果村民能够通过数字乡村建设获得实实在在的好处，那么这将是对数字乡村价值和存在意义的最好证明。

数字乡村建设可以为村民带来很多实际的好处，以此提高村民获得感。例如，数字乡村建设通过引入互联网、大数据、云计算、人工智能等现代化科技手段，帮助农民提高农业生产效率；通过精准农业、智能农机的应用，可以实现农作物的精准施肥、浇水、除虫等，从而提高产量和品质，为农民带来更多的收益；通过数字化基础设施建设，可以完善农村的交通、医疗、教育、文化等方面的服务，让农民享受到更加便利的生活服务，同时也可以提高农村地区的整体形象和吸引力；通过电子商务、网络营销等方式，帮助农民拓宽销售渠道，增加收入来源，为农民提供更多的创业机会，如农村旅游、乡村手工艺等，让农民可以在本地实现更多元化的收益。

数字乡村的建设不仅可以提高农民的农业生产效率和生活品质，还可以拓宽他们的收入渠道，丰富文化娱乐生活，从而真正提高他们的获得感。这种获得感是数字乡村真正的价值和存在的意义。

（二）数字乡村的可持续发展

1. 领导干部"一任接着一任干"

在数字赋能乡村走向共富的过程中，管理者需要具备充分的领导能力和长远意识，并拥有"一任接着一任干"的勇气和定力，只有具备这些素质和态度，才能有效地推动数字乡村建设，实现乡村经济的数字化转型和可持续发展。推进国家数字乡村试点过程中，真正产生效用的措施往往需要长期的关注和投入。能否识别并持续关注，坚定不移支持乡村的核心难点，对乡村产生持续推力，从政府帮扶到自力更生直至能够发展壮大，需要管理者有充分的领导能力和长远意识。

数字乡村建设是一个复杂而系统的工程，需要解决各种技术、经济、文化等方面的问题，这就需要领导者具备果断的决策能力和执行能力。领导者需要了解数字化的基本知识和趋势，能够制定数字化转型的策略和计划，并且能够有效地组织和协调各方资源，推动项目的实施。此外，领导者还需要具备敏锐的市场洞察力和创新能力，能够把握市场机遇并推动乡村经济的创新发展。数字乡村建设是一个长期的过程，不仅需要解决当前的问题，还要考虑未来的发展。因此，领导者需要从长远的角度出发，制定可持续的数字化发展策略，同时还需要注重乡村环境的保护和生态平衡的维护。只有具备长远的意识，才能确保数字乡村建设的可持续发展。

数字化转型是一个不断迭代和进化的过程，需要持续不断地投入和努力。在这个过程中，可能会遇到各种困难和挑战，领导者需要有足够的勇气和定力来应对这些挑战并推动数字化转型。同时，也需要注重传承和创新，将前一任领导者的优秀经验传承下去，同时不断探索创新，推动数字乡村的不断发展。

2. 村民提高数字素养和参与意愿

发挥数据要素传播特性，提升村民数字素养。目前，仁岸村对农民开展的各类培训中，以垃圾分类、文明创建、家风家训等为主，而针对农民数字化的培训较少。事实上，应该把农民变成在线移动的"智能传感器"，让村民成为数字乡村建设的主体，全时空在线采集农村生产、生活、生态关键节点数据，实时扩充数据库，使数字化融入乡村生活的全部场景。如可将机器搬到田间地头现场演练，向农民展示如何智能施肥、智能采摘，让大家看到实际效果，感兴趣，能使用数字技术；为农民提供直播带货、网络电商等相关线上农业的实践机会，帮助农民主动使用各类数字化工具获取市场信息，促进农产品在城乡之间的双向流动。推动信息技术、互联网技术、大数据技术与乡村生产生活的各个环节和各个领域深入融合，不断拓展数字技术的使用场景，让农民群众在使用中提升数字素养。

作为乡村数字治理的实践主体，农民的情感意愿往往决定治理政策的走向与最终效果。只有农民积极作为，乡村数字治理才是有效的。提高农民参与数字治理的内生意愿，一是提供教育与培训。通过组织培训班、开展科普宣传等方式，向农民普及数字治理的重要性、优势和可能带来的好处；同时，提供相关技能培训，帮助农民掌握数字技术和信息化工具的使用方法，提高他们参与数字治理的能力。二是优化服务体验。坚持"为人民服务"的宗旨，及时掌握村民的真实需求和心理动态，对乡村数字化治理的制度和内容进行改进，提高农民对于乡村数字治理的满足感、幸福度和信任感。三是提供激励措施。通过奖励机制、优惠政策等方式，鼓励农民积极参与数字治理，提供一定的经济或非经济的激励，增强他们的参与动力。注重对"数字农村"领军人物的培养与发挥，根据农民群众习惯感性思维和典型效仿的特征引导农民运用数字技术，熟悉互联网技术，主动发现数字化治理的活力与魅力。

九、反思与不足

数字乡村是新时代立足国情农情，巩固脱贫攻坚成果，统筹城乡信息化融合发展，加快农业农村现代化、推进乡村全面振兴而作出的重要战略部署。数字乡村建设有利于增强民生福祉，提升乡村居民的获得感、幸福感和安全感；有利于缩小城乡数字鸿沟，促进城乡协调发展；有利于推进数字技术与乡村全面融合，助力乡村全面振兴；有利于贯彻新发展理念，加快构建新发展格局，推动农业全面升级、农村全面进步、农民全面发展。

在调研过程中，团队发现数字乡村建设是一项涵盖层面广阔的庞大系统工程，需要结合各方力量，共同推进。既要做好整体规划，也需因地制宜，分区分类推进，更需加强理论研究，完善相关标准，形成可复制、可推广的经验。

本次调研，团队以缙云县仁岸村为研究对象，开展了为期一周的实地调查，总结反思调研过程中有以下不足之处，需要在之后的工作中加以改进：首先，数字乡村的实现是一个长期、复杂、创新的过程，是一个任重且道远的过程，但是除去前期资料整理耗费的时间，团队真正实地调查和访问仁岸村的时间仅短短三天。实践后发现，目前靠自身力量收集到的部分数据仍不完善，可调查范围有限。在对数字乡村建设方面的认识、分析在深度和高度上还有待进一步提升。其次，团队事先了解到"杨梅节"是仁岸村一年中最盛大的活动，因此赶在杨梅节举办当天到达仁岸村，导致留给团队的准备时间非常紧迫，未能进行问卷调查，只能选择半结构式访谈与参与式观察的质化研究方法，失去了量化研究数据作为支撑，导致研究报告的可信度降低。再次，在本次调研过程中，团队对仁岸村部分村民和村委干部进行了访谈，但由于村民忙于生计、村委干部公务繁忙，访谈过程中有某些可深挖掘的研究点，并未继续追问，导致调查结果完整性降低。最后，在数据归纳复盘阶段，团队挖掘出仁岸村在数字乡村建设中的"共享理念"作为调查报告的基点，但局限于获得的经济共享方面数据的缺失，导致该方面的数据收集并未来源于实地，缺乏调研考察的严谨性。

参考文献

［1］张丹 . 中华凤舟文化遗产的历史挖掘与保护传承研究［D］. 荆州：长江大学，2023.

［2］李振龙 . 内生性发展理论视阈下农村公共服务供给创新研究［D］. 济南：山东师范大学，2022.

［3］郑永兰，周其鑫 . 内外耦合式发展：数字乡村建设的策略选择［J］. 西北农林科技大学学报（社会科学版），2023（23）：43-52.

［4］李妮，陈敬敬 . 农民主体性视域下乡村数字治理如何从"云端"走向"基层"［J］. 四川行政学院学报，2023（9）：1-14.

［5］王红霞，周定勇 . 数字经济赋能乡村振兴的贵州实践——来自黔西市的调查报告［J］. 新西部，2022（Z1）：37-40.

［6］翟楠．乡镇社会的道德遗忘与教育建构——社群主义视角下的乡镇道德教育［J］．教育发展研究，2016（36）：36-42.

［7］王雨婷．乡村振兴战略视域下乡土文化内生性发展研究［D］．太原：山西师范大学，2023.

［8］苗延义．村落"内生性制度"活化的社会机制研究［D］．长春：吉林大学，2019.

［9］吕燕平，张定贵．乡村社群与社区和谐发展——对黔中屯堡村落 J 村的社群研究［J］．贵州民族学院学报（哲学社会科学版），2007（2）：5-10.

［10］徐达．村落视野下数字赋能的初步研究［D］．杭州：浙江大学，2022.

［11］毛丽娟，夏杰长．数字化赋能乡村振兴的内在机理与实施路径［J］．治理现代化研究，2023（39）：41-49.

［12］曹银山，王国峰．乡村数字治理：社会基础、现实挑战与政策因应［J］．贵州省党校学报，2023（9）：1-8.

［13］薛雯静，吕天明，闫晶，等．数字乡村治理存在的主要问题及对策研究——以江苏省为例［J］．南方农机，2023（54）：117-120.

［14］陈文林．瓦房店市农村电商助力乡村振兴现状的调研报告［D］．大连：大连海洋大学，2023.

［15］牟燕丽．乡村振兴背景下瓦房店市特色小镇建设现状调研报告［D］．大连：大连海洋大学，2023.

［16］雷沙杉．乡村振兴背景下农民思想道德素质提升研究［D］．南宁：广西民族大学，2022.

［17］姚艺．共享发展理念视域下实施乡村振兴战略的路径研究［D］．太原：山西师范大学，2020.

［18］孙叶玲．浙江省未来乡村建设研究——以奉化滕头村为例［J］．特区经济，2022（9）：52-55.

［19］王耀宗，牛明雷．以"数字乡村"战略统筹推进新时代农业农村信息化的思考与建议［J］．农业部管理干部学院学报，2018（3）：1-8.

［20］郭红东，陈潇玮．建设"数字乡村"助推乡村振兴［J］．杭州（周刊），2018（47）：10-11．

［21］苏红键．我国数字乡村建设基础、问题与推进思路［J］．城市，2019（12）：13-22．

［22］姚恩育，吴佳妮．数字赋能乡村治理［J］．浙江人大，2020（11）：66-69．

［23］冯朝睿，徐宏宇．当前数字乡村建设的实践困境与突破路径［J］．云南师范大学学报（哲学社会科学版），2021，53（5）：93-102．

［24］郭鑫．乡村振兴视域下数字乡村建设研究［D］石家庄：河北师范大学，2020．

［25］Eanes F R，Singh A S，Bulla B R，et al. Midwestern US Farmers Perceive Crop Advisers as Conduits of Information on Agricultural Conservation Practices［J］．Environmental Management，2017，60（5）：974－988. DOI：10. 1007/s00267-017-0927-z．

［26］B Z S A，C C W，D L B. China's prefectural digital divide：Spatial analysis and multivariate determinants of ICT diffusion－Science Direct［J］．International Journal of Information Management，52［2024-03-08］．

指导教师：戴冰洁

建德梅城：千年古镇数字发展的梯度嵌入

陈薪蔚、杨娟、卢寒羽、杨紫萱

浙江省围绕数字经济"一号工程"，对标对表"重要窗口"新目标和新定位，大力贯彻落实《数字乡村发展战略纲要》，积极实施新时代浙江省"三农"工作的"369"行动，成立数字"三农"专班，加快推进农业农村数字化转型升级，着力提升浙江省数字农业农村发展水平。近年来，浙江省数字乡村呈现蓬勃发展态势，总体上处于全国领先地位。

浙江省数字乡村建设的成功得益于政府的政策支持、企业和农民的积极参与以及数字技术的迅猛发展。数字乡村建设的推进将进一步促进农村地区的现代化发展，改善农民生活水平，实现城乡发展的协调和可持续性。

现阶段，在乡村振兴战略和数字经济都有了一定发展的背景下，更进一步地将数字经济与乡村振兴战略相结合发展数字乡村。我国数字乡村的发展仍处于起步阶段，具有很大的发展潜力，极有可能影响世界数字乡村的发展。目前学术界关于衡量我国乡村振兴发展情况的研究较为丰富。但鲜有学者对我国数字乡村发展进行测度。为了深入了解农业农村数字化发展情况，测度数字乡村发展水平，找出数字乡村发展可能存在的问题，为更好地发展数字乡村提供可行的意见及建议，以浙江建德梅城古镇为典型案例开展了数字乡村深度调研。

一、调研背景

（一）调研地介绍

建德市梅城镇地处浙江省西部、杭州市南部、建德市东北部。全镇地域面积154.9平方公里，户籍人口4.2万人，常住人口5万余人，下辖13个行政村、5个社区。梅城交通便捷，山清水秀，历史悠久，人文荟萃，三国置县至今，历史绵延近1800年，三江、三高铁、三高速皆交汇于此，是钱塘江流域最大的三江口，是全国首个气候宜居城市核心区域。

2021年2月，梅城古镇被确认为浙江省首批11个千年古城复兴试点之一；2021年5月，浙江省千年古城复兴工作推进会暨千年古城复兴论坛在梅城召开，梅城镇正式启用《智在严州——千年古城复兴试点应用场景建设梅城方案》；2021年8月，"智在严州"作为"浙里都市"试点项目，进入数字政府"浙里"跑道；2021年12月，建德市梅城镇入选浙江省数字生活新服务特色镇名单。该镇以全省数字化改革"152"工作体系为引领，以先试先行、走在前列为目标，紧扣新型城镇化应用场景建设要求，针对古城治理和服务中的热点、难点、痛点问题，在"数字梅城"一期基础上，探索启用"智在严州"数字赋能千年古城

图1　建德梅城古镇实景图　　　　图2　建德梅城古镇澄清门

图 3　古镇城管帮助当地商贩搬运物品　　　　　图 4　建德梅城古镇夜景

复兴方案，全面打造 1 个数字治理协调中心、4 大主场景、X 个应用场景的"1+4+X"古城数智治理服务新模式，成为全省千年古城复兴数字化改革样板。

（二）调研意义

为了更好地进行数字乡村建设，自 2017 年中共十九大召开以来，我们党制定了多项改革措施，其中 2019 年中央一号文件将数字乡村的建设上升到了国家战略的层面，随后制定的《数字乡村发展战略纲要》又对数字乡村的建设发展做出了更加细致的规划。2022 年，习近平总书记在党的二十大报告中对"实施国家文化数字化战略，健全现代公共文化服务体系"做出战略部署。当前，新一代数字技术蓬勃发展，为扎实推进乡村文化数字化发展提供了重要机遇。2024 年全国两会期间，全国人大代表刘宏志、全国政协委员张文明等都提到要推动数字乡村建设。建设数字乡村对乡村振兴、加快推进农业农村现代化以及全面建设社会主义现代化国家具有重要的意义。而以建德梅城为代表的浙江省数字乡村建设在带动众多乡村的数字化建设中有重要意义。

研究建德梅城的数字乡村建设问题，明确数字乡村内涵，对中国数字乡村建设问题进行研究，具有重要的理论价值和现实意义。

一方面，研究建德梅城的数字乡村建设问题，具有重要理论意义。以建德梅城为代表的浙江省数字乡村建设，是浙江省乃至全国的乡村未来发展的重要方

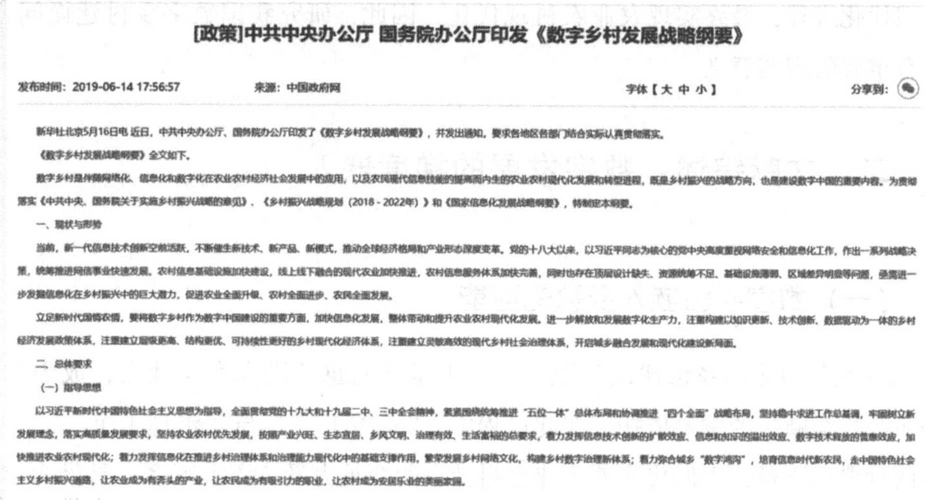

[政策]中共中央办公厅 国务院办公厅印发《数字乡村发展战略纲要》

发布时间：2019-06-14 17:56:57　来源：中国政府网　字体【大 中 小】　分享到：

新华社北京5月16日电 近日，中共中央办公厅、国务院办公厅印发了《数字乡村发展战略纲要》，并发出通知，要求各地区各部门结合实际认真贯彻落实。

《数字乡村发展战略纲要》全文如下。

数字乡村是伴随网络化、信息化和数字化在农业农村经济社会发展中的应用，以及农民现代信息技能的提高而内生的农业农村现代化发展和转型进程，既是乡村振兴的战略方向，也是建设数字中国的重要内容。为贯彻落实《中共中央、国务院关于实施乡村振兴战略的意见》、《乡村振兴战略规划（2018－2022年）》和《国家信息化发展战略纲要》，特制定本纲要。

一、现状与形势

当前，新一代信息技术创新空前活跃，不断催生新技术、新产品、新模式，推动全球经济格局和产业形态深度变革。党的十八大以来，以习近平同志为核心的党中央高度重视网络安全和信息化工作，作出一系列战略决策，统筹推进网信事业快速发展。农村信息基础设施加快建设，线上线下融合的现代农业加快推进，农村信息服务体系加快完善，同时也存在顶层设计缺失、资源统筹不足、基础设施薄弱、区域差异明显等问题，亟需进一步发掘信息化在乡村振兴中的巨大潜力，促进农业全面升级、农村全面进步、农民全面发展。

立足新时代国情农情，要将数字乡村作为数字中国建设的重要方面，加快信息化发展，整体带动和提升农业农村现代化发展。进一步解放和发展数字化生产力，注重构建以知识更新、技术创新、数据驱动为一体的乡村经济发展政策体系，注重建立层级更高、结构更优、可持续性更好的乡村现代化经济体系，注重建立灵敏高效的现代乡村社会治理体系，开启城乡融合发展和现代化建设新局面。

二、总体要求

（一）指导思想

以习近平新时代中国特色社会主义思想为指导，全面贯彻党的十九大和十九届二中、三中全会精神，紧紧围绕统筹推进“五位一体”总体布局和协调推进“四个全面”战略布局，坚持稳中求进工作总基调，牢固树立新发展理念，落实高质量发展要求，坚持农业农村优先发展，按照产业兴旺、生态宜居、乡风文明、治理有效、生活富裕的总要求，着力发挥信息技术创新的扩散效应、信息和知识的溢出效应、数字技术释放的普惠效应，加快推进农业农村现代化；着力发挥信息化在推进乡村治理体系和治理能力现代化中的基础支撑作用，繁荣发展乡村网络文化，构建乡村数字治理新体系；着力弥合城乡“数字鸿沟”，培育信息时代新农民，走中国特色社会主义乡村振兴道路，让农业成为有奔头的产业，让农民成为有吸引力的职业，让农村成为安居乐业的美丽家园。

图 5　《数字乡村发展战略纲要》部分内容

向，是实现中国农业农村现代化的重要举措。在建设数字乡村的过程中，我们需要充分分析数字乡村，了解数字乡村的含义，这样才能准确理解国家政策和战略，把握数字乡村建设的方向。本文对数字乡村的内涵进行了详细的阐释，并且对数字乡村的特点进行了分析和研究，论述了建德梅城数字乡镇建设过程中的主要成果，以及存在的问题，同时分析了产生问题的原因，在此基础上提出建设数字乡村的主要思路，这对深化中国数字乡村问题及农业农村问题的研究具有一定的理论意义。

另一方面，研究建德梅城的数字乡村建设问题也具有重要的现实意义。研究数字乡村建设，对提升乡村农业产能、提高农村智能化程度、提升村民生活质量具有重要意义。党中央对我国农业农村的现代化高度重视，相继出台了多项政策性文件，投入了大量人力物力，大力推进乡村的数字化建设，提高农业农村的现代化程度。建设数字乡村需要数字技术的推动。当前，数字技术在工业、服务业等行业的应用带来了巨大的经济效益，发达国家也在将数字技术深入应用到实际生产生活中。数字技术与农业生产和农村生活的充分融合，不仅可以增强农业生产能力，增加农民收入，还可以在此基础上产生更先进的数字农业技术，加快农村现代化进程，最终实现农业农村现代化。因此，研究我国数字乡村建设问题，具有重要的现实意义。

二、文献综述：数字发展的梯度嵌入

（一）数字平台嵌入乡镇的可能

21 世纪以来的乡镇建设实践，多元力量开始重新进入乡村社会，成为弥合经济与社会断裂的重要依托。在此过程中，"资本下乡"与"治理下沉"是嵌入的两种典型路径，它们代表着重建乡村社会的两重力量。资本下乡，是借力市场来补齐乡村振兴中的短板；而治理下沉，则是借力科层来贯通乡村振兴中的梗阻。

数字乡村建设的开展，从治理意义上而言，是借数字来贯通乡镇治理体系；从资源意义上而言，是借数字来激活乡镇资源体系。因此，数字乡村建设既是治理下沉的一种形式，也是资本下乡的另一种模式。但是，由于数字乡镇建设的特殊性，作为数字嵌入的特征与路径也不尽相同。

首先，由于数字资本具有多边形式结构，因而数字乡镇建设中的资本下乡能够缓和资本与社区之间的矛盾。有别于以往项目化的资本下乡，数字乡镇建设主要依托数字基础设施和网络系统，形成平台化的资本结构。在平台之上，资本不再是简单的排他，而是在共享逻辑之下，提升资源配置效率，拓展社会劳动分工和组织形式，形成具有利他结构的资本嵌入模式。平台所具有的三个层次（硬件、软件与用户）在交互中形成具有多边特色的资本流转模式。这种结构使数字资本下乡具有较强的"网络外部性"，"强资本—弱农户"能够得到一定的改善。资本无法像以往一样"为恶"，只能在"向善"的过程中，倒逼其由谋求支配地位向寻求依附转变。资本本身没有好坏，只有在恰当的市场结构和条件下才会"呈善"或"显恶"。在资本下乡的"向善"过程中，资本不再是挤压社会空间的力量，而是为社会力量提供梦想机会的平台。

其次，由于数字的技术化特征，在治理呈现上具有去政治化的特点，因而能够缓解制度与生活之间的张力。在治理意涵上的数字乡村建设，是以信息为载体的清晰度深化，体现着国家权力渗透的程度及其限度，影响着国家治理能力的高低。借助这种清晰化的治理逻辑，数字开始下沉到基层社会中的诸领域。数字在描摹社会的同时，成为国家与社会之间的纽带。所不同的是，相比于权力的纽带，数字纽带更加强调可视、可及与可能。数字乡村建设并不是简单的分利秩序，而是数字与居民互动的交互秩序，体现在"大数据"与"小农户"之间对数字的二次开发。

最后，数字乡村建设中的嵌入路径，并不是单向的线性构建，而是一种交互叠加状态的梯度模式。而梯度的形成来源于资本下乡的多边结构与治理下沉的交互秩序。此处所谓的梯度，是经济地理学对空间资源差异的一种解释，其典型代表是德国经济地理学家屠能提出的"屠能圈"。地理空间的分析思路能够发现空间的内部结构差异，并在此基础上探讨差异的内在动力。梯度化的空间解释，意在突出空间内的层级差异。在梯度视角基础上，将经济社会学的核心概念"嵌入"进行动态化解读，不仅能够丰富嵌入的类别差异，还能够拓展嵌入的深度差异。正是基于此，本文引用"梯度嵌入"这一特征概念，用以分析数字新农人嵌入乡土的类型与层级。

（二）基层治理中的数字孪生

数字孪生是大数据、人工智能、物联网和深度学习等蓬勃发展背景下，在传统仿真技术基础上孕育而生的新技术，是指以数字化方式创建物理实体的虚拟模型，借助数据模拟物理实体在现实环境中的行为，通过虚实交互反馈、数据融合分析、决策迭代优化等手段，为物理实体增加或拓展新的能力。它发挥着连接物理世界和信息世界的桥梁与纽带作用，提供更加实时、高效、智能的服务，是乡镇数字化过程中的一个重要途径。

近年来，随着技术成熟度的不断提升，数字孪生加快落地应用，在城市治理中涌现了一批典型应用场景，而浙江省自启动实施数字孪生应用试点以来，以数字孪生为主跑道，加快构建城市大脑建设体系，推进多个地市在城市交通综合治理、防汛防台应急管理、水利水务精准调配、旅游景区监测预警等多个领域积极探索实践，取得了一定成效。如杭州东站枢纽智治应用、"亚运三馆"智慧管理调度应用、宁波市应急管理综合应用、金华兰江流域数字孪生应用、嘉兴数字孪生水网、台州防汛防台与船港通、教育直通车与亲农在线等应用，通过数字孪生支撑应用场景强化运行监测、预测预警，有效提升了实战实效能力。在建德梅城的实地调研中，数字孪生的应用也体现在多方面，如实景地图、消防综合治理、实时数字文物监控、平安法治等。

（三）日常生活中的数字平台

首先，数字平台往往利用网络技术，借助注意力逻辑，分享数字红利。作为链接社会的新媒介，数字激活了乡村社会日益冷漠的情感与疏远的关系，为乡村治理结构接续尾部断链、实现乡村治理相关主体"共同在场"创造了多重可行路径。与此同时，数字进入普通人的生活，成为乡村社会的新要素。嵌入日常生活的数字不只是单纯意义上的消费物品，也可能是创造财富的生产资料。当人们发现数字与货币之间能够转换时，"数字生财"的新市场逻辑就催生了新的劳动模式。数字时代最宝贵的是注意力而非信息，作为新劳动模式中的关键要素，流量是完成数字与货币之间转化的桥梁，而生成流量的内在逻辑则是注意力。从嵌入视角而言，数字乡镇建设不仅改善了乡镇社会的公共产品，而且为乡镇社会中资源开发提供了机遇。人们借助数字平台，发现了数字生财的市场新法则，利用注意力的流量逻辑，实现"离土不离乡"的致富之道。

其次，数字平台借力乡村文化，创建注意力品牌，实现平台专业发展。随着数字技术的进一步发展，特别是数字平台的日益多元，人们有了更多的数字化参与途径。如何协调多元途径与注意力之间的矛盾是当前人们深入发展的困境之所在。从单纯"数字剪切"向深度"数字加工"转变，就需要提高数字生产的质量，开始融入新元素来拓展自身平台的影响力。借助乡村文化，开发具有乡土元素的数字产品是需要利用的一大重点特色。走入城市文化圈之后的现代人，乡镇文化的真实性成为其怀旧的"精神故乡"。数字技术将怀旧与潮流相结合，活化了乡镇被遮蔽的文化，并通过数字化的形式，呈现到市场化的平台之上。与第一梯度的借助市场的数字嵌入相比，第二梯度的嵌入开始具有自身特色，借助乡土文化，开发具有自身特色的数字产品，在建设模式方面要体现本地特色，发挥地缘优势，克服区位劣势，具有更深的在地实践性。

三、调研方法

（一）实地调查法

小组成员与指导老师前往建德梅城进行实地调研，到梅城镇数字治理指挥中心、数字文化体验馆等参观调研，通过当地工作人员对当地数字治理工作的介绍，小组成员对建德梅城有了更深入的了解。

（二）实地观察法

小组成员对梅城的空间现场环境进行观察，主要针对建德梅城的公共空间中与物质环境相关联的专项内容进行调研，如商业街的店面装潢、基础设施的便捷性和舒适性等。

（三）访谈法

小组成员通过对当地百姓（商贩、民宿老板、环卫工人等）进行采访，了解了当地百姓对梅城的数字孪生系统的感知度与数字生活的理解，以及在这样的大背景下他们的需求。

（四）公共生活调研法

小组成员主要侧重于考察建德梅城的公共空间是如何被使用的、人们在这些空间中开展哪些活动等，以呈现对改善梅城公共空间和发展规划的建议和对策。

四、自上而下的数字治理：梅城"数字孪生"的计划与实施

（一）"数字孪生"期望与规划

1. 镜像投影，"孪生"古城

梅城镇灵活运用信息技术，构建出网上"镜像"严城。技术人员通过对接城市信息模型（CIM）、城市运行管理服务平台等，将古城中的建筑景观、文物植被等进行建模，再通过融合城市部件、社区管理和物联感知等多源时空大数据，在虚拟的网络世界中建立起投影现实世界的"孪生"古城，高精度模拟出现实世界中的人、事、物，使得扁平化的信息立体化、动态化。

基于上述信息技术，梅城镇构建了镇域物联感知管理、资源信息共享交换、指标模型灵活配置、大数据分析研判等应用支撑能力，为全镇智慧应用提供基础信息和服务支撑。

图 6　小组成员在梅城数字治理指挥中心的调研实景

"我们现在主要准备做的是数字孪生这个方向，现在这个地图就是数字孪生

的其中一个重要的基地，整个实景的地图是用无人机 3D 倾斜摄影做出来的，它的精细度到达了两厘米，目前这块地图还不是最精细的版本。"梅城数字治理指挥中心的工作人员向小组成员介绍，数字孪生地图暂时没有达到实时反映，但是随着技术更新，实时监测也在逐步开发。"天气条件好的那么一段时间，通过无人机飞出来之后拼起来的测绘，跟遥感卫星还是有区别，遥感精度还没这么高，3D 的遥感就是一个地图，大家看到的手机导航软件上的那种。"此外据工作人员介绍，为了实现数字孪生地图的投影精确的同时保持简洁和美观，系统会筛选去除现实建筑中无用的杂物，让数据反馈更加务实有效。

2. 以"一网通管"实现全域精准管理

梅城镇遵循"泛在感知、多源融合、数字孪生、联动治理"的基本思路，对全镇综合管理要素进行统一采集录入，通过系统集成与政务服务平台、公用事业服务平台等相关资源进行信息和流程的协同和共享，建立全域资源"一本账"。梅城镇的超精细化管理，使得城镇人、物、事等多维度部件数字化和虚拟化、管理决策协同化和智能化得以实现。从突发事件应急处理到公共设施建设，从交通规划到环境治理，从古城保护到文旅发展，都能通过"一本账"实现运行状态全流程信息化管理，有效提升了社区治理和管理现代化，促进了公共服务和便民服务智能化的社区管理和服务的创新模式。

"比方说问题管控，像这些问题清单，专门有一个管理系统。此外走村入户也有专门的一个小程序，党员干部走访到每一个老百姓家里面，去上门了解情况，每去一户人家，就要在手机上面拍一张照片做一个登记，然后把他的家庭情况等信息填上去，走访完之后，把整个走访的情况展示出来。另外我们这边把企业数量这些工商信息也拉通过来了，工商部门那边给了我们一个类似于数据库的东西。"梅城数字治理指挥中心的工作人员介绍，一网通管的实施，不仅大大方便了管理人员，更为镇民提供了便利。

（二）梅城镇数字覆盖进程

1. "智能大脑"的超前预测

梅城镇推出"智在严州"方案，按照"1+4+X"模式全方位构筑数字古城。

图 7　梅城数字治理指挥中心实景

"1"，指梅城镇数字治理协调中心；"4"，指"爱上千年严州·数说严州，畅游千年严州·数游百景，守护千年严州·数化万物，发展千年严州·数惠万民"四大数字应用主场景；"X"，则指四大主场景之下的多个应用场景。

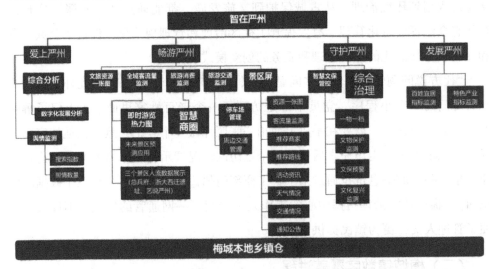

图 8　"智在严州""1+4+X"架构设计

而"智能大脑"是数字治理协调中心。协调中心创新探索"138"工作机制，即1个中心集中指挥调度，信息上报、指令下达、部门反馈三大步骤实现闭环反馈追溯，并在8分钟内进行事件应急联处，"最终，所有数据、所有事件、所有矛盾等均汇集到中心，为相关部门掌握情况并进行决策提供有效支撑。"四大主场景，则可以用四句话来概括：唐宋元明清，从古数到今；吃住玩乐行，一屏我都行；万物大互联，智慧小哨兵；镇企村社户，联筑复兴路。涵盖了古城的历史文化、社会管理、旅游体验等。

智能大脑在梅城镇中的应用体现在智能排水、智能消防、智能旅游等诸多方面，使用数字技术进行监测，有效应对多种突发情况。例如排水系统的"水务精灵"，通过定量监控，可以识别雨污混接严重区域，定期输出监控报告和分析建议，可供城建部门作为决策参考。梅城数字大脑智能排水系统已实现提前预警、及时处置，大大减少了内涝概率。

在消防等方面，工作人员这样说道："现场画面可以实时传输，还可以实时定位，像我们这个队员现在是在现场处置事件，实时定位一是可以保护自己，二是方便取证。"工作人员介绍，"那么如果遇到一些紧急情况，或者说是极端情况，有群体性事件或者冲突，就不需要那么多工作人员全部都到现场，带有执法记录仪就可以远程进行传播，就像直播一样，研判指挥人员等不需要去现场，在这边便可以进行调度。"

在旅游方面，游客通过高德地图，可随时得知梅城古城内的停车位信息；古街上的机器人酒吧和梅庄数字民宿，除了实现30秒内刷脸入住和退房，还可为游客提供全程管家服务和高端定制导游服务等。

2. "蛛网覆盖" "触手追踪" ——数字孪生的硬核数据监测与统计

梅城镇的古建筑、学校、医院等重要建筑上都安装了智能监测设备。由于梅城镇诸多建筑保留古香古色的韵味，许多木质材料相对易燃，梅城镇在重要建筑物上安装了可燃气体探测器、热解离子探测器、故障电弧探测器等消防设备，并通过接入指挥中心数字大脑的建筑物数据、周边视频、无人机视频以及消防设施等数据，实现火警事件的预警预报、秒级响应、动态可视、人员处置和闭环管理。

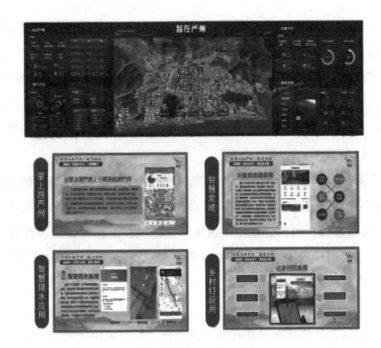

图 9　"智在严州"数字化应用场景

在古城保护方面，严州古城内的古城墙、偏石、方家大院以及古城外的南北峰双塔等 50 余处文保和历史建筑都有了全天候的监管保护，其中全国重点文保单位南北峰双塔实现 360 度全景远距离巡视，古城墙则实现了全范围的监测巡查。

工作人员解释了古城内的特殊摄像头："当你测试设备遇到麻烦，通过摄像头，就会有人来联系你；然后我们这条街上还装了智慧灯杆，可以进行报警，在灯杆上按一下，直接连通了公安系统，你有困难可以直接求助它。"古城街道上随处可见摄像头，在监测反映古城各方面情况的同时，也为周遭商铺提供便利。"这个监控可以帮我们防小偷啊，我们觉得很好的！""南酸果糕"店铺老板说。

梅城镇中著名景点南峰塔在重建后的 400 多年里，塔顶长出了几棵树，最醒目的一棵是已经一两百岁"高龄"的黄连木。这棵黄连木，树干基部合围直径 50—60 厘米，树龄在 120—250 年，成为南峰塔的一道奇观。黄连木的生长，与南峰塔几乎融为一体，同时也对古建筑造成影响。为了保护南峰塔，工作人员在南峰塔内部增设诸多摄像头和检测器，实时监测南峰塔的各项情况。

> 南峰塔这边我们做了一个模型，也是数字孪生的一部分，实时监测塔的沉降和倾斜。要监测很久，日积月累才会有效果，比方说它目前是有倾斜度数的，如果在这个度数的基础上出现了较大范围的波动，那么马上就会有报警信息。此外还有寻根记录，日常管理人员中有负责这部分的人上去定期检查，看一下有没有设备损坏，或者说乱丢垃圾的。

图 10　梅城街道上的智能摄像头　　　　图 11　梅城镇南峰塔智能监测器

（三）数字孪生的不足

经过调研发现，在实际操作过程中，仍普遍存在以下不足。

1. 缺乏系统的数字孪生理论、技术支撑和应用准则指导

目前在数字孪生模型构建、信息物理数据融合、交互与协同等方面的理论与技术比较缺乏，导致数字孪生落地应用过程中缺乏相应的理论和技术支撑。

2. 数字孪生驱动的应用产生的比较优势不明

目前数字孪生应用基本处于起步阶段，数字孪生在产品设计、制造和服务中的应用所带来的比较优势不明晰，应用过程中所需攻克的问题和技术不清楚。

3. 数据壁垒问题仍需克服

各部门之间权责不够明晰，构建数字孪生系统的工作人员在最新数据的使用权上存在滞后，导致实时数据的更新存在问题。

五、自下而上的数字生活：梅城民众生活的活化与变奏

（一）数字惠民，活化古城

1. "智能大脑"智治赋能

走访过程中发现，梅城镇的数字化功能应用已经覆盖至古城智慧党建、基层治理等方方面面。通过"PC 端+钉钉小程序+线下大屏"的结合，实现党员任务活动安排，全面展示全镇党组织工作情况与成果。"乡村钉""伊码办"等应用的普及，也从内而外地将数字技术送往千家万户，居民可以使用"乡村钉"解决过去路程远、过程多、办事难的问题，"伊码办"更是可以远程连线村镇妇联。

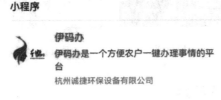

小程序

伊码办
伊码办是一个方便农户一键办理事情的平台
杭州诚捷环保设备有限公司

图 12　"伊码办"小程序

除此以外，古城的"智能大脑"，已实现智能排水、智能消防、智能旅游等方面的应用。古城的智能监测，可以及时发现甚至预防梅城镇中的突发情况，并迅速通过数字网络传递信息，帮助相关工作人员做出精准部署。

在旅游方面，梅城镇利用数字建模，计算景区未来 3 小时的人流数据，预测第二天游客数据，并对外发布旅游预测热力图，大力扶持村镇旅游业。"停车场

的设备情况和车辆进出情况都有记录，会记录下这个车是几点几分进入的，几点几分出去的，以及停车位还剩多少。"梅城镇党员服务中心的工作人员介绍"智能大脑"旅游应用的具体情况。

2. 智能厕所反映文明城市

梅城镇建立"厕所+"模式，打造智能厕所结合周围商铺、垃圾转运站、志愿服务站的新颖管理运营模式，在传统厕所的功能基础上更加人性化、更加长效化。

梅城镇智能厕所，关注到各类人群需要，设置人脸识别取纸机，在解决如厕者忘记带纸巾问题的同时实现节约用纸。智能厕所中的自动冲水功能，更加卫生方便，且厕所空间相对较大，也能够帮助到残障人士。同时，梅城镇智能公厕也考虑到如厕人员需求，设立第三卫生间，更加人性化、便民化。

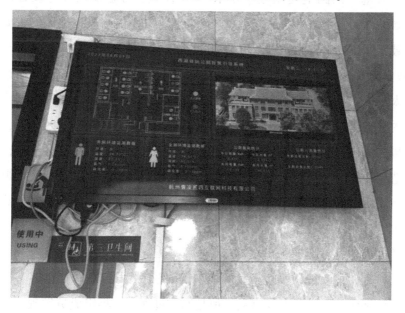

图 13　梅城镇智能厕所

"每天有 2000 多人去公厕，厕所的温度、湿度、空气指数，有传感器进行感应，检测到超标的时候会马上发送信息到指定的保洁人员那边。"智能厕所门口的显示屏会检测各时段如厕人数，检测厕所卫生情况，并设有空气质量自动调节功能，当公厕内的氨气、湿度、硫化氢等空气环境数据不达标时，环境监测系统会改变排气频率，不仅可以改善空气质量，还节能环保。

（二）数字乡村无法精准对接数字村民

1. 数字技术支持不对标数字需求

调研发现，虽然梅城镇中有诸多惠民措施，但是当地居民对于古城实施的各项数字技术并不了解，具体表现为无法充分利用数字乡村提供的便捷条件改善生活，使得许多以便民利民为主的数字技术不能真正实现全面惠民。

例如，古城中许多商家，虽然在古城发展带动下，转动生意头脑，但是无法充分利用古城的优势将获得利益最大化。古城数字体验馆、古城穿越等项目，虽然在"赶时髦"的路上使用数字技术、VR设施、可触摸大屏等设备，生动形象、惟妙惟肖，但是技术的最终落点缺乏新意，并不能与其他地区的古城产生差异化突破，即使技术较为先进，也会因为创新力不够致使游客缺乏兴致。

"我们需要的其实不只是这些先进技术，更需要平台和推广，我们这些商铺影响力太小了。"卖"树叶豆腐"饮品的老板娘对于古城中商铺种类同质化、经营方面内卷等诸多问题非常苦恼，"我们需要能把我们这些店铺区分开，让大家都有钱赚的那种技术。"调研中发现，在古城旅游区内，有四家汉服店，其他与汉服妆造相关的店铺也是不计其数；梅城特色的"豆腐包"遍布整条街道，品类稀少，同质化严重，且许多店家年纪偏大，不善经营，导致小成本低收入的行业越发内卷，无形中增加了生活压力。

2. 务实的数字技术掺入"花架子"

千鹤村是"妇女能顶半边天发源地"，三星街大力打造"妇创客、千鹤嫂"，旨在利用数字化运营进行电商直播。但是调研过程中，小组成员发现，三星街诸多店铺虽然装潢雅致，却大门紧锁。"她们不常来的，你们看不到了。"环卫工人告诉小组成员，"妇创客"的经营并不是持续的，久而久之产生了许多问题，导致很多直播店铺关门歇业，部分"千鹤嫂"对该行业失去兴趣与耐心，只是偶尔营业。

在连续三天的等待后，小组成员发现仅有少量店铺开门。其中，以核桃雕刻工艺直播间为例，制作核雕的"千鹤嫂"手工绝佳，但是不善与人交流，面对上门的客人，她依旧对着抖音直播间直播自己的手工。缺乏人手帮助也导致她无法兼顾电商和上门的游客，使得商机流失。

数字技术虽然有效推广，但是对于更加深入民众的实施细节并没有做到细致的引导，成了数字乡村发展难的原因之一。

图14 "千鹤嫂"核雕直播间

图15 "妇创客"九仙石斛店铺介绍

（三）"原生"封锁：数字触手达不到的领域

调研发现，梅城镇集中发展的区域主要围绕古城，经营区域非常局限。许多在智能大屏中展现的区域，在现实的地域里实际并未开发。哪怕是在古城的商业街上，依旧有许多"死角"。小组成员观察到，古城除中心区以外，人群密集度直线下降，甚至没有开发利用的地域已经被荒废。而这些区域，被有意无意地围上围栏，很多原本可以充分利用的地区被忽略和封锁，包括地图上规划但实际未实施的区域，这也和上下城区开发不平衡关系密切。虽然逐步开发古城是必要流程，但是在发展中兼顾细节也是重中之重。

六、数字乡村发展中的问题与建议

在调研过程中，我们发现了一些当地存在的数字发展困境，主要分为五个方面：存在数字壁垒，有信息外包的情况，对数字化的构想与实际效果上下不一致，数字信息技术不普及，数字信息使用不充分。这些问题影响着数字信息技术的走深走实。

（一）梅城数字化发展中的困境

1. 数字壁垒

（1）政府部门内部信息不对称

建德梅城政府各个部门之间存在数字信息不对称的情况，有的部门主管数字信息，而其他部门对这方面的数据接触极少，通常需要经过一套专门的程序调取数据，流程复杂烦琐，不利于数字信息及时有效的沟通以及发挥作用，因此实际上，数字信息没有完全展现出它的价值。

（2）政府与民众间传达不畅通

建德梅城政府部门大力发展数字信息，但经过实地调研，发现政府收集的数字信息在民众日常生活中的实际使用极少，且大部分民众不了解数字信息在建德梅城的存在及其使用方法。可以说，这样的数字信息无法达到其本来的发展目的。在调研过程中，问及民众对数字化的感受，大部分都回答道："好像没有感受到数字化。只知道街上路灯上挂的像探头的什么东西，就监控那种，那个是政府安的，就抓小偷的。"可见他们对数字化了解不多。

2. 信息外包

数字乡镇实践发生的根本动力在于数字技术的不断变革。但由于不高的技术水平与较高的数字信息需求的矛盾，建德梅城的部分数据会由其他公司和部门完成，并只有通过购买才可以获得，高技术企业作为城市智能治理平台技术供应的主体，其技术资源的占有状况直接反映了其在技术领域的话语权和控制力，而在地方政府辖区内不同企业技术资源的集中或分散状况，则能够显著影响政府对技术企业的依赖程度，继而对政企合作关系模式的选择产生影响。这导致信息不全面且效率低下，这样的情况，也很有可能在将来引发政企纠纷，使梅城的数字信息获取更加困难。

3. 上下不一致

政府数字治理进程中，传统形式主义顽疾与数字技术"联姻"，在不完善的体制机制下，滋生了数字形式主义。与传统形式主义相比，数字形式主义更具系统性、复杂性、隐蔽性。经过走访调查，发现梅城政府存在上层领导期望过高，而下层领导由于受到客观条件的限制（如发展数字信息的预算、技术水平等），为了达到目标选择了模式化和模板化，盲目模仿其他数字城镇的建设，虽也有其独具特色的地方（如利用数字信息测量两个塔的高度），但总的来说建德梅城存在模仿的误区。

4. 技术不普及

在梅城调研的过程中发现，当地居民多数为中老年人，这类居民具有较少接触智能产品、较难接受新鲜事物、反应能力较弱等特征，向他们科普数字信息的知识比较困难。让他们学会运用数字信息则更有难度。

5. 使用不充分

民众在日常生活中，对数字信息使用少。一方面，梅城当前的数字化发展无法做到人人数字化、事事数字化。而另一方面，许多 App 和数字框架的建设，只是停留在农村问题的表面，并没有与农村的现实情况相结合，特别是在没有对乡村治理的具体特征和细节进行深入研究的情况下，就仓促地进行建设，从而导致乡村数字治理中的许多创新都只是表面现象，流于形式。因此如今民众使用少。该项技术的落地还需要更贴近民众。

（二）梅城数字化发展后续建议

1. 切忌形式主义

规制数字形式主义，发挥数字技术在政府治理中的赋能效应，需要对"数字

101

热"进行"冷思考",多管齐下综合治理,消解数字形式主义,充分释放数字治理红利。认清数字技术的本质,正确处理政府数字治理和现实需求之间的关系,平衡数字技术的潜在价值与风险,把握政府数字治理的初衷和尺度,认识到数字技术是手段,为民服务才是真正的目的。投入了大量资金和技术的数字孪生应该为民众服务,而不仅是收集数据。各平级部门间、上下部门间要联动起来。提供数据共享服务,同时更要简化、优化共享和操作程序。

（1）数据标准化与整合

制定统一的数据标准和格式,推动各系统的数据标准化。通过制定数据接口和数据交换协议,实现不同系统之间的数据整合和共享。这样可以打破数据壁垒,实现跨系统的数据流通和共享。

（2）数据共享与协同监管

建立数据共享机制,促进不同部门之间的数据共享。同时,建立跨部门的数据查询和分析功能,提供全面的监管数据支持。

（3）数据治理与管理

建立完善的数据治理机制,对数据进行规范管理和监控。包括数据质量管理、数据安全管理、数据权限管理等方面。通过建立数据治理机制,可以确保数据的准确性、完整性和安全性,降低数据壁垒的风险。

（4）政策引导与支持

通过政策引导,提供激励和支持,推动各部门之间、部门与外包公司间的协作与合作,打破数据壁垒,实现信息的无缝流动。

2. 完善信息外包制度流程,加强管理

与有关科技公司合作的同时,要将风险防范意识贯穿始终,并明确流程、风险种类及防范措施,政府平台要主导,要掌握商业平台的所有信息。

3. 推动数字孪生从单向管理转向双向互动

在这个过程中加强人才培训和引进,让民众在数据化中更好地发挥作用。

近年来,随着数字信息的兴起,大批学生研究此类方向,相应地也培养了一批人才。但是大多数毕业生不愿意选择乡镇,因为相比城市,乡镇基础设施较差，再加上缺乏相应的人才引进优惠政策，而这些是大多数学生较为关注的。因此，为了推动数字城镇发展，建德梅城古镇需要通过多种方式，如社会招聘、校企合作等，引进大量专业人才，制定相应的人才引进政策，吸引更多的优秀人才，从而提高数字信息服务人员的素质，推动乡村振兴。

首先，要创新管理模式，着力引进一批专业的管理团队，运用创意产业的思维充分利用好梅城现有数字资源。其次，分部门、分工种引进安排数字信息专业人才，并对人才规范化培训，提升其专业素养和综合素质。最后，需要数字化人才深入梅城的居民中去了解情况，做好数字信息的宣传工作，丰富他们的数字化知识，提高他们的数字化运用能力。从而促进数字化信息的双向良性互动。

4. 以民众日常生活需要为本

中国式现代化的本质要求之一是发展全过程人民民主。数字乡村建设关键在"人"，高质量推进数字乡村建设应当以村民为中心，建立数字乡村多元主体协同共建机制。

数字技术最终还是服务于人，应该采用多样化的技术满足不同人群的行为习惯和需求，而不是绑定在单一的一种数字技术上。对古城的保护当然不可或缺，但也应更多地以人民群众的实际需求和真实问题为起点来进行规划和建设。例如，不仅要围绕民众打造场景化应用，更要简化使用程序，提供便民服务，拓展可应用的空间。除此以外，民众也应积极适应新的数字化发展。

5. 注重隐私保护

在后期，把数据用起来的同时，还要注意隐私保护，数字技术的运用要给民众留有空间，但是基本的数据安全底线要遵守。可分阶段分级分类开放，数据分为无条件开放、有条件开放和不予开放三种类型。政府部门应该加强对于外包机构的监管，建立透明、规范的数据采集和使用机制，并向公众披露相关信息。此外，适当提高外包公司泄露数据隐私的违法成本，如果违法成本较低、处罚较轻的话，就难以形成威慑力。

七、结语

自卡尔·波兰尼在《大转型》中首次使用"嵌入"概念以来，"双向运动"中的社会与经济关系便成为市场力量崛起后的经典命题。随后，格兰诺维特在与新制度主义对话中，重新梳理了这一命题，并在调和"实质论"与"形式论"中强调："行动者既不是像独立原子一样运行在社会脉络之外，也不会奴隶般地依附于他所属的社会类别赋予他的角色。他具有目的性的行动企图实际上是嵌在真实的、正在运作的社会关系系统之中。""嵌入"遂成为新经济社会学展开的立论之鹄。改革开放以来的中国，市场在加速经济发展的同时，也无情地割断人们之间的伦理纽带，经济与社会之间的张力成为当代中国场景下嵌入讨论的核心议题。

尽管格兰诺维特提出"镶嵌"的"问题"，但镶嵌的"理论"一直缺席。为此，研究者一方面回溯嵌入的理论源头，关注卡尔·波兰尼的最初文本，在互惠、再分配与市场经济中探寻嵌入的元问题。另一方面则关注新场景、新视角之下的嵌入实践，对嵌入概念进行拓展。在横向维度，基于格兰诺维特结构嵌入与关系嵌入，朱金与迪马吉奥进一步细化嵌入类型，将其分为结构嵌入、认知嵌入、文化嵌入、政治嵌入；在纵向维度，探究嵌入的发生可能，其中最为典型的便是"嵌入式自主"概念的讨论。在纵横维度的基础上，嵌入的场景分析不断深入。

正如吉登斯所言："脱嵌是将社会关系从彼此互动的地域性情境中'脱离出来'，并穿越不确定的时空范围而得到重构。"这种脱离与嵌入包含着"耦合"与"解耦"的双重过程，嵌入是作为系统耦合的一个环节，它具有系统性、情境性，而非单一性。因此，在场景中讨论嵌入，是分析嵌入过程的关键。当下，数字技术的介入，嵌入场景从"经济—社会"转变为"经济—社会—技术"的三维场景。借用拉图尔提出的行动者网络理论，将介入人的行为与互动的物质体视为"行动者"，技术也成为影响嵌入的重要因素。正是由于技术要素的融入，使嵌入讨论有了新的空间。

综上所述，在技术不断发展的现实下，以建德梅城为代表的乡村抓住机遇发展数字化，但仍然有不完善的地方。在调研过程中发现，建德梅城主要以古城发展为中心，结合数字技术进行新时代改良，在多方面均取得有效成绩，且数字投影技术和智能大脑均属领先。然而在考虑到民众的具体需求方面，梅城镇数字孪生计划依旧有不完善的地方，无法精确测量感知到民众的具体需求，且在部分领域仍存在未完结、未处理、未整顿。但作为数字乡村排头兵，建德梅城在未来不断深入数字化改革，便有机会助力数字乡村发展新局面的构建，实现梯度嵌入。

参考文献

［1］丁晶晶 . 浙江省数字乡村建设经验及几点思考［J］. 农村经济与科技，2021，32（21）：213-215.

［2］景跃进 . 数字时代的中国场景：数字化改革的政治意义［J］. 浙江社会科学，2023，317（1）：38-42.

［3］赵家旭，李立，赫连晓西 . 从"美丽村镇"到"幸福生活"——萧山戴村、建德梅城景观生态建设带动下的乡镇蜕变［J］. 浙江园林，2021（3）：84-86.

［4］单婉嫣 . 乡村振兴背景下古镇的保护与开发策略——以建德梅城为例［J］. 中国商论，2022，862（15）：161-164.

［5］马超峰，薛美琴 . 梯度嵌入与数字反哺：数字乡村建设中新农人的数字转化逻辑［J］. 西北农林科技大学学报（社会科学版），2023，23（3）：11-19.

［6］杜伟杰，李俊锋 . 深化数字孪生应用 提升城市大脑能力［J］. 信息化建设，2023，293（2）：46-48.

［7］李丽莉，曾亿武，郭红东 . 数字乡村建设：底层逻辑、实践误区与优化路径［J］. 中国农村经济，2023，457（1）：77-92.

［8］王英伟 . 技术权力、政企依赖与城市智能治理平台建构模式选择——基

于城市大脑的比较分析 [J]. 电子政务，2023，244（4）：106-116.

[9] 黄新华. 数字形式主义的表征、根源与规制 [J]. 国家治理，2023，390（6）：31-35.

[10] 李妮，陈敬敬. 农民主体性视域下乡村数字治理如何从"云端"走向"基层" [J]. 四川行政学院学报，2023：1-14.

[11] 丁京. 迈向整体智治：中国式现代化背景下的数字乡村建设 [J]. 西华大学学报（哲学社会科学版），2023，42（3）：40-49.

指导教师：王喆

兰溪诸葛村：数字经济背景下
传统村落活态保护与文旅开发的探索

尤琼睿、马嘉彤、刘鑫玥、金奕璇、潘昕雨

一、绪论

（一）研究背景与研究意义

每座古村落都是一部厚重的书，不能没等我们去认真翻阅，就让这些古村落在城镇化的大潮中消失不见。2019 年 9 月 16 日，习近平总书记在河南新县考察时指出，中国成百上千年历史的传统村落，是传承中华优秀传统文化的有形载体。如何保留传统村落风貌、活化利用各具特色的宅院民居，成为传统村落保护与发展的一个重要命题。在数字经济下，互联网、大数据渗透人们的生活，致使人们的习惯发生改变，夜态经济飞速发展，传统古村落发展与保护迎来了新的机遇，同样也遇到了许多困境。

诸葛村作为拥有 600 余年历史的传统古村落，保留有传统江南民居建筑群，拥有丰富的古建筑资源，其中含有元明清三个时期的特色民居。村落呈九宫八卦形布局，在中国古建筑史上尚属孤例，1996 年被国务院列为重点文物保护单位。① 中央纪委监察部网站 2015 年表示，诸葛村作为诸葛亮后人的聚集地，诸葛氏"静以修身 俭以养德"的家风家训在村中得到良好的传承发展。1995 年，浙

---

① 《诸葛村志》编纂委员会编《诸葛村志》，西泠印社出版社，2013，第 17 页。

江兰溪市诸葛村依托村内古建筑、以诸葛家族文化为底蕴的人文资源开始大力发展旅游业，经过 20 多年的努力，诸葛村每年门票收入 2000 多万元，旅游综合收入上亿元，走在古村落保护与开发前列。如今数字经济飞速发展，诸葛村传统旅游业营收模式逐渐落后于其他村落，同时面临着古村落整体保护、基层治理、时代发展创新不足等一系列困境。

本文以诸葛村为个例进行深入调研，聚焦古村落的保护与发展，从古村落本身结构、整体保护举措、乡镇基层治理在保护古建筑中的作用、数字背景下时代为古村落传统发展模式带来的机遇等多个角度展开分析并提出建议，对同类传统民居的保护与发展具有借鉴意义，为乡村旅游助力乡村振兴提供新思路。

（二）国内外文献综述

1. 古村落整体保护：综合视角与保护策略探讨

在乡村振兴战略背景下，传统民居保护形势日益严峻，保护是开发的前提，开发是为了更好地保护与传承。[①] 在如今传统村落的保护中所遇到的困境主要有三方面：一是从古村落建筑本身出发，古建筑整体保护本身具有复杂性；二是在古村落保护过程中，静态古迹的活态保护不足，大多古建筑有闲置等情况，未能盘活古建筑给古村带来新的生机；三是在开发过程中则出现了古村落开发与保护模式基本定型，古村落开发资源缺口大的问题。

（1）古建筑整体保护具有复杂性

学者吴琼[②]研究发现整体保护的重要性，传统古村落是由古建筑群组成的，文物古建筑群是整体价值大于单体价值的，所以古村落要做整体保护。《西安宣言》将"整体性"的内涵进一步扩大，文化遗产周边环境是指邻近文化遗产或影响文化遗产重要性与独特性的一部分。对于整体性保护范围李先逵[③]认为，并

---

① 蔡晨璐、詹伟鹏：《乡村振兴背景下平潭传统石厝民居的保护与发展——以青观顶村为例》，《智慧农业导刊》2023 年第 3 期。

② 吴琼：《文物古建筑群整体保护研究——以山西省古村镇中的文物古建筑群为例》，硕士学位论文，北京建筑大学建筑历史与理论系，2009，第 6 页。

③ 李先逵、向明：《关于中国民居建筑文化保护与发展的思考》，《中华民居》2023 年第 1 期。

不是单一地只保护建筑物的实体，而是为了最大限度维持古村落的历史风貌，对古建筑群以及其周边能够构成当地文化的一切进行整体保护，包括经济、政治、物质实体与非物质文化等多方面。一砖一瓦、一草一木皆是文物。在其他国家早有整体保护的相关研究与举措，苏格兰自然遗产局发布的白皮书表示，河流、湖泊、野生动植物栖息地、山地、石墙、牧场和树篱，所有这些与农事活动相关的自然物或人造物，统统被纳入传统村落和乡村景观保护的范畴之中。布林·格林曾在其著作中释义"整体保护"，通常包括对乡村自然景观、动植物栖息地以及各种人造景观、历史建筑等的保护或守护。整体保护的广阔性增加了传统古村落保护的难度。

据我国文物局官方网站相关报道显示，新中国成立以来我国大部分古建筑面临年久失修、人为破坏、缺乏基础设施等问题，需要重修，重修必然会改动古建筑原有风貌，无法完全还原古建筑，因此导致古建筑的不可逆的历史破坏。文物保护中心周乾也认为保护与重修之间存在不可调和的矛盾，重修需要考虑到"整体格局、历史真实性、文物质量、文物群关联度、艺术性"等问题，这些问题都使得古建筑的整体保护具有很高的复杂性和难度。

基于现有研究，对如何解决整体保护广阔性、复杂性等问题，不少学者提出了自己的观点与思考。如温佳琪、唐梓琳[1]认为对于这类整体建筑群，先进技术的使用不可或缺，将古建筑变为数据永久保存在互联网上也是一种最新的保护方式，对古建筑整体进行三维激光扫描获取精确数据，也便于保留原有细节，对安全隐患进行分析，一旦受到不可逆损毁也能有修复的可能。李晓虎[2]认为"再利用原则"也有助于古建筑文物群修复重建，遵循真实性、整体性、可识别性、可逆性原则，保证建筑物新建存真。

（2）静态古迹的活态保护

古迹"活化"是一种关于文物保护的"微循环"，它让静态的文物得以动起

---

① 温佳琪、唐梓琳：《乡村振兴视域下古建筑的保护与开发——以山西省平遥古城为例》，《美与时代》2022 年第 1 期。

② 李晓虎：《空心化背景下的开平碉楼与村落再利用研究》，硕士学位论文，广州大学建筑与土木工程系，2019，第 60 页。

来，在外表"更新"的基础上，把建筑的商业、观赏功能进行更深层面的改造，把历史建筑再利用，强化公众参与度，同时为公众带来最大效益。而《经济日报》报道数据显示，如今古村落大多房屋用途仍以居住为主，少部分开发为商铺、民宿、观赏房屋等作为活态保护。其原因主要是有关保护村落古建筑规定对古民居发展活态保护不够灵活、专项措施较少，如2021年国务院办公厅印发《关于在城乡建设中加强历史文化保护传承的意见》中表示对于文物古建筑群中的民居建筑，应当保留原住民，延续使用现状。我国《文物保护法》规定：文物建筑"不得改变原状"。不改变"原状"最常见和最安全的办法就是执行"冻结"。对于有人居住的文物建筑，人的活动必然会对文物建筑本体产生一定程度的影响，例如铺设管线、储藏物品……对此需要对室内空间进行少量改动等。这就要求"不改变文物建筑原状"具有一定的灵活性，在保护和维持文物建筑安全与原真性前提下，应当允许有限度地改造以适应居民的生活。关于活态保护，英国白皮书曾强调对传统村落的文化景观和自然保护采取复合式的"补丁"模式和保护策略，是英国传统村落保护的重要特色。依据这一策略，英国对传统村落的保护通常不会将古建筑从自然保护区简单迁移或隔离，而是尽量保持传统村落与其周边自然生态长期形成的共生关系，让传统村落建筑发挥其在自然保护区可持续演进中的积极作用。

基于现有研究，国内学者也注意到了活态保护在文物中发挥的重要作用，并基于研究实际提出了一些建议。如张晨[1]提到以原型思想对古村落进行保护：基于原型的传统村庄园林规划研究与实践，古建筑村落保护修复保存着眼点要在于开发集体记忆，传承地域文化特征，符合地方民众的生活方式和心理需求，增强其在园林规划中的可操作性。龙彬、路斯奥[2]在对大足玉峰村的研究中也提出"修旧如旧"的古村落保护方法：传统村落建设需要在维护原有建筑的前提下进行，因此要注重对于传统建筑的保护，在此基础上对其进行适当的改造、功能置

---

① 张晨：《原型思想在古村落保护设计中的运用——以烟台市河北崖村为例》，《上海包装》2023年第5期。

② 龙彬、路斯奥：《乡村振兴背景下古村落保护与活化研究——以大足玉峰村为例》，《文化创新比较研究》2022年第6期。

换与活化再利用，结合现存建筑肌理梳理并设计村落场所空间节点，增加部分符合现代社会需求的功能区，在保护历史风貌的同时，还能成为村民和游客的公共交流空间，坚持"整体保护、系统展现、合理开发、延续利用"，促进良性循环，保持长久生命力。通过改善村落和传统建筑的现代功能，以保持村落和传统民居的气氛和活力，而不是固定的博物馆式静态保护。①

（3）古村落开发与保护模式固化

中国的古村落旅游开发至今，已有发展较好的古镇成为开发模式的样本，如李枝秀②将发展模式分为四种：乌镇模式——景点式、婺源模式——景观式、丽江模式——分区式、新天地模式——杂糅式；国内一诺农旅开发公司 2020 年将中国古村落完成现代化发展改造分为"先重新定位，将主题确定，打造特色民俗文化主题品牌；规划时注重品质情景营造打造历史梦境；运营时着力打造体验型、开放型文化综合体"这几步，从而完成传统古村落角色转变，形成"1+N"发展格局。据《经济日报》2019 年的数据显示，我国古村落开发商多集中于中坤集团、中青旅集团、成都文旅集团，其开发模式已经成熟，同时也面临僵化问题，古镇开发千篇一律，而新的开发商如南京雨润集团、一德集团等多选择效仿已成熟的商业运作模式，力求稳健而缺乏创新。如今我国大部分古村落、古镇会选取其中一到两种进行模仿开发，此类举措为他们提供了成功范本，同时也带来了标本化、景点化、商业化严重和同质化过于严重等问题。

在保护模式上，我国传统古村落主要实行名录保护与挂牌保护制度。而这两种保护模式仍有不够完善之处。对于名录保护制度，冯骥才③曾发表文章表示质疑，对于我国对传统村落的"名录保护"，是否可以"包打天下"？还有没有"名录保护"涉及不到的领域，是否需要其他方式来辅助？对于挂牌保护制度，传统村落挂牌的举措，虽然能引起人们对传统村落保护的关注和重视，使传统村落作为优秀传统文化一部分，更为名正言顺，但在具体实施过程中，有部分村落

---

① 李晓虎：《空心化背景下的开平碉楼与村落再利用研究》，硕士学位论文，广州大学建筑与土木工程系，2019，第 50 页。

② 李枝秀：《古村落保护模式研究——以江西为例》，《江西社会科学》2012 年第 32 期。

③ 冯骥才：《传统村落保护的两种新方式》，《人民日报》2015 年 6 月 19 日第 1 版。

出现了传统村落挂牌变成互相攀比的工具，村落间争面子而缺乏实干的现象。由此可见，我国古村落开发与保护模式上仍存在较大的上升完善空间。

(4) 古村落开发资源稀缺

在古村落开发中资源缺口使开发更加困难。如陶华强[1]认为开发古村落比一般村落对财力、物力、人力的要求更高，在开发过程中对古建筑的评估也需要更多资源。2021年，新华社消息认为古村落开发中缺乏专项资金保障和专业管理人才是根本性问题。国务院办公厅2021年印发的《关于在城乡建设中加强历史文化保护传承的意见》指出开发资金来源单一，表现为：政府财政资金保障不足、村落融资渠道有限、社会资本流向村落力度不够。改建修复原有古建筑、新建符合整体村落风格的新建筑、对旅游基本设施的建设均需要大量资源投入。2019年《经济日报》报道，小规模、零散的村落大量投入资源与商业价值回报不成正比，而仅靠村民自身难以实现较好的保护，地方政府对这些地方缺乏重视，致使许多古村落未能较好落实开发与保护。从人力资源角度来看，"空心村"制约着古村落发展。兰仙平与兰石财[2]调查发现，村落中青年与儿童稀少，村中人家屈指可数，房子也多数年久失修。若没有原住民的参与，就无法实现"活"文化的展现，古村落旅游资源的开发与保护也就失去了灵性和参与性；而以村集体为开发主体的村落，专业人才匮乏、管理水平低下，管理层的思想难以跟上时代前进的步伐，更无法满足游客日益增长的新鲜的需求。

因此，合理支出、增加收入、引进人才是解决问题的重点。杨喜人、黄履香[3]认为在资金紧缺状态下应建立古建筑分层次保护制度，明确重点保护建筑，有计划地保护好珍贵的古建筑。加强多方合作，通过政府牵头，企业投资，村民入股成立农村经济合作社或股份有限公司，多举措、多途径落实修缮资金：发展

---

① 陶华强：《论古村落的保护：现状、困境及策略——以耒阳市寿州古村落保护为例》，《安徽工业大学学报》2022年第39期。

② 兰仙平、兰石财：《古村落旅游资源开发与保护的困境及对策研究》，《环渤海经济瞭望》2019年第7期。

③ 杨喜人、黄履香：《乡村振兴战略下古村落古建筑保护与开发研究——以南雄市乌迳镇新田村为例》，《古建园林技术》2021年第6期。

种植、养殖业，培育特色农产品，打造文创品牌；在不影响古村古风处新建商业街、文化广场、酒店客栈等项目，发展绿色产业，增加古村集体收入，并把部分利润用于古村落古建筑的修缮。

本文从整体保护难度、活态保护现状、保护与开发模式固化、古村落开发资源稀缺四个角度综合探究古村落保护策略，为国内古村落保护策略创新、破除僵化提供新思路。

2. 乡村基层治理与协调：多元主体与共治对策

村落的保护与开发离不开基层治理，当村落的保护与开发遇到困境，那必然在村落的基层治理上也能找到蛛丝马迹。相对于传统村落里的村民，政府、企业属于外界不可抗力因素，它们在参与传统村落基层治理的过程中，对传统村落的保护和发展有着深远的影响。

（1）政府角色：责任、导向与挑战

目前，学界有关传统村落保护与发展中政府这一主体的研究，主要集中在传统村落保护中政府公共服务能力的提升和政府职能转型的研究。如曾令泰[1]认为在传统村落保护与发展过程中，充分发挥政府职能有利于明晰传统村落的产权，解决所有权、经营权和收益权之间的关系；而完善企业管理机制、健全政府监管机制，实现公开公平的披露信息和足够的监督沟通，是保障村民在传统村落保护发展中收入公平的基础和前提。通过研究国内部分传统村落旅游开发中政府行为的典型做法，有学者关注到政府的态度和导向作用对传统村落旅游开发的商业化程度影响巨大。政府的政策和战略定位是传统村落旅游开发的先决条件，对传统村落旅游发展起着至关重要的作用。[2] 然而作为传统村落产业政策、保护法规的制定者，以及硬件设施、资源调配等基础建设的管理者，政府部门更为关注的是地区宏观经济发展延续以及社会认同度。[3] 地方政府往往更加重视经济增长和政

---

[1] 曾令泰：《广州从化传统村落保护与发展中政府职能研究》，博士学位论文，华南理工大学建筑历史与理论系，2018，第183页。

[2] 谢雯娟：《传统村落旅游开发中政府行为研究——以高安市贾家古村为例》，硕士学位论文，南昌大学公共管理系，2023，第42页。

[3] 刘玢、左俊玮：《基于利益主体的江西赣南古村落再生发展模式研究》，《企业经济》2018年第12期。

绩，愿意将有限的资源投入更容易取得经济效益和政绩的方面。传统村落保护的人力财力缺口依赖于地方政府的重视和投入，是否能解决传统村落保护的"最后一公里"问题，取决于地方政府对政策的执行力度。① 李松志②认为，虽然中央出台了《历史文化名城名镇名村保护条例》等文件，相关省区市也出台了《传统村落保护条例》之类的文件，但部分地方政府部门和基层干部对传统村落的真正内涵和历史文化价值认识不够，对传统村落深入挖掘、主动申报缺少积极性。

从责任政府理论角度来看，政府应充分认识发展传统村落旅游业的重要性，通过立法、宣传和教育为其发展创造制度条件和社会氛围，同时建立协调有效的领导机制，通过政策导向，大力引导企业市场发挥作用。政府在传统村落的旅游开发中要成为积极主动的倡导者、引领者、推动者，通过政策和战略与市场发挥协同作用，通过示范引领来激励企业充分发挥市场调配资源的作用，成为积极主动落实政府政策的实践者。③

（2）企业承包：商利与民利相互掣肘

企业承包模式是因资金和管理经验缺乏，地方政府制定政策，对村落发展进行统筹规划和任务部署，并向社会进行招标投资项目，引入旅游产业相关的专业公司或集团，将传统村落的经营权和管理权（无旅游资源所有权）交由专业公司来完成，并监管开发行为。在此合作关系下，既可以满足企业通过资本运作获利的需求，也为村庄发展建设、传统村落物质空间的保护提供了资金技术支持，满足政府的需求，达到双方共同获益的效果。④

在企业介入传统村落保护与发展的过程中，由于企业投资是市场化的一种行为，不可避免地产生短期行为，往往产生对村落村民利益的忽视、对传统村落公

---

① 高翔、李建军：《传统村落保护：实践困境与制度缺陷》，《华南农业大学学报（社会科学版）》2019 年第 5 期。

② 李松志、李敏、李澜：《传统村落保护与发展的困境和路径》，《社会科学动态》2023 年第 1 期。

③ 谢雯娟：《传统村落旅游开发中政府行为研究——以高安市贾家古村为例》，硕士学位论文，南昌大学公共管理系，2023，第 40 页。

④ 杨晟、徐怡、陈丹祺、李素琴、詹子玙：《多元主体参与下传统村落的共治模式的实践与探索——以苏州太湖东山 3 个古村落为例》，《农村经济与科技》2019 年第 8 期。

共资源的过度消费以及企业经营面对市场风险退出随意等问题。曾令泰[1]认为，由于政府没有清晰界定产权，企业在传统村落的市场化保护与开发中起着主导支配作用，作为经营者出于经济利益、追求利润的角度考虑，实行垄断经营，往往把企业看成了传统村落的主人，把村民当成安置的对象，限制村民参与保护和发展活动。而村民作为传统村落的资源拥有者，其主要愿望就是尽可能参与村落开发活动，突破企业的重重限制，通过低价拉客、不合理经营等行为与企业展开竞争。企业和村民以各自利益为出发点的行为，并没有使各自利益达到最大化，相反导致传统村落旅游的形象受损，导致企业与村民的利益冲突，出现了利益分配不公平，既影响了旅游企业收益，也损害了村民收益。利益协调不均造成村落居民的生存压力增大，收入不稳定，经济风险增加，贫富差距也易被旅游业中经济收益的不同所拉大。[2] 目前在古村落再生发展实践中，重经济发展、轻监管权的现象较为普遍，这使得监管部门存在监管权限不明、责任不清等现象。针对此类问题，刘玢[3]指出应在古村项目运作过程中，将监管责任落实到具体的部门，监管的内容也应细化至具体的决策。但需要注意的是，在各类政企合作项目实践过程中，政府拥有实践中大多数重要决策的绝对控制权。这也造成政府因承担过重的开发任务，反而降低了其应行使的监督等其他职能的效率，使得企业无意承担更多的投资风险，从而降低了项目开发的效率。

（3）多主体参与：传统村落的共治

詹国辉[4]在研究中指出，传统村落所涉及的几个行动主体——村民（个体性的村落物质与精神文明的保护与传承者）、基层政府（组织性的村落物质文明与精神文明规制者与保护者）、开发商（以营利为首要导向的市场主体）和游客（以分享价值为导向的市场主体），他们通过相互作用构成利益相关者的行动框

① 曾令泰：《广州从化传统村落保护与发展中政府职能研究》，博士学位论文，华南理工大学建筑历史与理论系，2018，第159页。

② 马振：《基于旅游市场困境对宏村旅游可持续发展的探讨》，《现代商业》2017年第22期。

③ 刘玢、左俊玮：《基于利益主体的江西赣南古村落再生发展模式研究》，《企业经济》2018年第12期。

④ 詹国辉、张新文：《乡村振兴下传统村落的共生性发展研究——基于江苏S县的分析》，《求实》2017年第11期。

架。政府的利益需求侧重于"公共利益",希望通过对村落进行适当规划和业态调整,更高效地利用并延续传统村落的文化资源,提高土地集约化利用率,进一步引导各村落实现可持续发展的目标;村民的利益需求侧重于"生活环境质量"和"经济收入的提高";企业利益需求侧重于通过市场运作、外部投资来获得经济回报。共治发展模式下村落在保存传统村落物质文化的同时,要注意制定合理的利益分配机制,保障各方参与主体的利益,强化其对村落开发的参与度和认同感。[1] 政府、村民、企业是传统村落保护发展中的三个主要参与主体,处理好三者关系,明确利益分配、权责义务,确立科学合理、良性互利的运行机制是做好传统村落保护发展的关键。[2] 刘玢[3]也提到,为更好协调各利益主体的制衡关系,有必要让各实践参与者深刻理解文化附加价值对于推动区域经济的重要性。

本文将政府、企业、村民多个主体作为切入点,对三者参与传统村落保护与发展存在的困境进行分析,探讨多主体之间的利益冲突与制衡,为传统村落的基层治理提供一些思路。

3. 新时代新思路:古村落可持续发展路径探究

思路决定出路,创新孕育变局,互联网时代的兴起,数字经济时代的到来,社会的新发展阶段对古村的保护发展提出了新要求,为古村落保护与开发也提供了新机遇。如何在传统的发展模式中找到新的出路适应新的发展潮流,其破局之关键归根结底为"创新"二字,新时代下传统村落的保护与发展措施的创新多集中在数字赋能、IP 打造和宣传营销三个方面。

(1)"夜经济"发展:挑战与机遇并存

目前,有关文献研究表明随着休闲旅游的兴起和民众生活水平的显著提高,"夜经济"逐渐成为地方经济新的增长点和发展方向。但现有研究认为我国夜经

---

① 杨晟、徐怡、陈丹祺、李素琴、詹子玙:《多元主体参与下传统村落的共治模式的实践与探索——以苏州太湖东山 3 个古村落为例》,《农村经济与科技》2019 年第 8 期。

② 李莎莎:《"美丽乡村"背景下的鹤壁市传统村落保护与发展研究——以王家辿村为例》,硕士学位论文,郑州大学公共管理系,2017,第 31 页。

③ 刘玢、左俊玮:《基于利益主体的江西赣南古村落再生发展模式研究》,《企业经济》2018 年第 12 期。

济发展仍有较大提升空间，如学者郑自立[①]认为我国"夜经济"发展水平较低，品质亟须提升，其主要体现在三个方面。

我国"夜经济"未充分利用现有资源，导致经营内容同质化、空壳化。[②] 作为"夜经济"主要形式之一的夜市经济普遍停留在传统的吃喝功能，整体存在产品单一，缺少地方文化特色，供应的产品、形式、经营内容等同质化严重问题。[③] 即使是旅游景区，也存在未利用好现有旅游文化资源、夜间无特殊游览项目、夜晚营业商铺较少、与周边业态融合度不够、各场景之间的"关联度"和"黏合度"不高[④]等现象。另外，许多"夜经济"产品的生产活动，都未能很好地将社会主义先进文化元素注入产品特质之中，新的现代文化元素运用也不够，对年轻人的吸引力不大。[⑤]

传统与现代服务业类经济活动发展不协调。"夜经济"有着悠久的历史文化渊源，但我国"夜经济"领域的服务业还是以住宿、餐饮、仓储、交通运输等传统服务业类经济活动为主，金融、保险、信息、科研、文化创意等现代服务业类经济活动占比相对较低，二者之间表现出发展不协调的特征。[⑥]

相对于蓬勃兴起的夜间消费需求，很多地方"夜经济"发展的条件和能力仍有很大提升空间和发展潜力。"夜经济"在拉动经济，激活区域活力的同时，也存在不少短板。在知识产权方面，新时代的"夜经济"结合互联网平台进行的宣传营销中不乏抄袭模仿、发布虚假信息等现象;[⑦] 在基础设施建设方面，服务于"夜经济"的公共出行系统、垃圾清运、停车、便民设施等行业的配套服务还不够，"夜经济"相关信息与智慧旅游信息平台尚未完全实现互联互通;在

---

① 郑自立：《文化创新推动"夜经济" 高质量发展的理论机理、多重困境与对策建议》，《广西社会科学》2021 年第 1 期。

② 戴福细：《肇庆夜市"走胃更要走心"》，《西江日报》2023 年 7 月 17 日第 6 版。

③ 许礼清：《掘金夜经济》，《中国经营报》2023 年 7 月 3 日第 D01 版。

④ 张瑞华：《文旅融合背景下哈尔滨夜间旅游产品开发研究》，硕士学位论文，黑龙江大学旅游管理系，2021，第 60 页。

⑤ 同①。

⑥ 同①。

⑦ 同①。

监管方面，对食品安全、环境污染、质量隐患等问题的监管与反馈仍有待完善。[①]

真正具有竞争力的夜间经济，应以文化为灵魂，以旅游为纽带，以"夜经济"为载体，将"夜经济"与当地历史文化、民俗风情、旅游资源有机结合，相辅相成、相得益彰、相互促进，推动文化、旅游与"夜经济"的融合发展。[②]同时不断完善城市服务保障，提供精细、贴心的夜间管理，优化夜间经济营商环境，完善基础配套设施，推动文化与"夜经济"融合发展，破除"夜经济"发展约束，推进新型城镇化建设，提升地区文化软实力。

（2）文旅 IP 打造：挖掘互联网平台的多领域协同潜力

目前学界关于文化旅游产业 IP 这一议题的研究，主要集中在 IP 的打造与传播方面。在内容为王的文旅新时代，IP 成为活化特色文化资源、促进传统文旅产业现代化转型的新动能。[③]

浅尝辄止、缺乏系统性是目前许多景区存在的普遍性问题。文化旅游 IP 作为包含大量内容、需要多维系统支持的综合体，并非浅尝辄止、囫囵吞枣的简单塑造。目前很多景区暂时无法做到注重各种体验系统的综合，没有强化系统性，导致规划欠缺系统性，对 IP 的解读停留在浅层次，无法帮助感兴趣的游客进行深入解读，或是出现游客愿意为 IP 消费却找不到可以用来消费的旅游产品这样的尴尬情景。[④] 且不少 IP 的存在偏于静态，体验感不强，对年轻人缺乏吸引力。[⑤]

虽然文化旅游 IP 打造成功的案例不少，但是目前旅游 IP 在传播过程中仍存在 IP 神化、泛化、粗浅化，宣传不足、渠道不够，偏于静态、体验感不强等误

---

① 粟丹琪：《文旅融合背景下湖南长沙"夜经济"高质量发展探析》，《商展经济》2023 年第 15 期。
② 周义龙：《文旅融合视域下"夜经济"的实施路径与发展策略》，《价格理论与实践》2022 年第 5 期。
③ 江凌：《文旅新业态的生成机制、发展逻辑与高质量发展路径》，《贵州师范大学学报（社会科学版）》2023 年第 3 期。
④ 李云霞：《文化旅游 IP 塑造对策研究》，《江苏商论》2023 年第 2 期。
⑤ 余建文、严世君、卓建青：《溪口古镇"夜游"留客构建旅游新业态》，《宁波日报》2022 年 7 月 27 日第 8 版。

区，令人担忧。①

从传播形式上看，部分文化旅游产业 IP 传播主要通过抖音短视频、微信微博的图片和文字等基础的新媒体传播手段进行，文化 IP 下的电视节目、纪录片、游戏等较少，缺乏与受众的互动，因此文化品牌形象传播的辐射范围从受众到路径方面都受到了一定限制。从传播内容上看，部分文旅 IP 的开发只是对于传统文化的再传播，并没有赋予其时代下的新内涵。②

在特色乡村 IP 的发展处于国内旅游产业加速期，创新发展是传统村落旅游资源核心的当下，需推动以旅游为支点的多产业互动，将 IP 的优势与传统特色村落的资源互为联动，体现共同价值，进一步激发 IP 主题乡村的可持续发展动力，③ 从而实现社会效益和经济效益的双重统一。最重要的是，文化产业 IP 的发展必须做到以社会主义核心价值观为引领，将 IP 内容与社会主义核心价值观进行有机融合和广泛传播，使"价值理念+日常生活"成为当前文化产业 IP 发展链条的主线和核心，使 IP 产品能够成为社会主义核心价值观传播的有效载体。④

同时要利用好互联网平台，以 IP 为核心，文学、游戏、音乐、影视、动漫等多领域开放、融合、协同发展，实现文化产业中文化价值与产业价值的相互赋能，让其建筑、手工艺、文物等通过被赋予时代化符号的方式"活起来"，将古代和当代更加自然地结合起来，以实现受众对于文化 IP 内容的深度共情，⑤ 实现历史传统与现实时尚的有机结合。

（3）文旅宣传营销："媒"难纾困解忧

在全媒体时代，信息传播更具快捷性、互动性和体验性。但是目前的乡村旅游新媒体传播不够深入，呈现出表面化特征。在乡村旅游传播过程中，部分现有

① 李云霞：《文化旅游 IP 塑造对策研究》，《江苏商论》2023 年第 2 期。

② 王艺硕：《新媒体语境下布达拉宫文化 IP 的发展现状和开发构想》，《山西科技报》2023 年 7 月 10 日第 B07 版。

③ 张玉蓉、王晓晓、冯晶磊、史珺、钱金钰：《珠海传统村落文旅产业的创新与发展研究》，《大众标准化》2022 年第 12 期。

④ 林峰：《文化产业 IP 发展的困境与对策》，《中国国情国力》2017 年第 8 期。

⑤ 王艺硕：《新媒体语境下布达拉宫文化 IP 的发展现状和开发构想》，《山西科技报》2023 年 7 月 10 日第 B07 版。

新媒体宣传较模糊，线上宣传缺乏特色，宣传内容比较零散，缺乏特色文化，不了解游客需求，导致游客线上体验差，难以在游客心目中留下深刻印象并激发其旅游期待，① 这是目前乡村旅游新媒体传播效果有限的重要原因。具体将从营销渠道、营销内容、营销管理三方面阐述。

在营销渠道方面，不少乡村旅游景区有基本新媒体营销平台配置，但在平台运营上，并未达到相互引流，仅是各自为政，凭借不同新媒体平台的特性，形成自己的新媒体营销传播体系，维持正常运营，处于新媒体营销的起步阶段。②

在营销内容方面，乡村旅游新媒体平台不少存在"单一"问题。一方面是平台展示信息方式的"单一"，其多数依旧采用"文字+图片"的 2D 模式，缺乏立体感，③ 传统村落特色、风景、文化等资源的展示不足，成为文旅宣传市场的痛点之一；另一方面是平台内容的"单一"，部分景区出现各新媒体平台相互搬运的情况，内容同质化，未充分发挥各平台优势等问题。

在营销管理方面，赵文丽④关注到了部分乡村旅游官方网站零互动、更新慢的问题。姚又豪⑤则发现不少乡村文旅营销缺乏品牌意识，没有系统的品牌营销策略，营销传播管理松散，因而缺乏品牌影响力和传播力。

以"媒"为介，找准服务乡村振兴战略的切入点和着力点，是主流媒体在推动乡村振兴过程中的使命和责任。⑥ 以"互联网+"为核心的新型运营方式在新时期尤为凸显。传统古村落的保护与发展可以积极利用影视音平台、网络直播、社交媒体等途径创新旅游推介形式，增强信息传播力，助力乡村旅游地精品品牌建设；也可以利用大数据、云计算、数字旅游等技术建设智慧文旅平台，实

---

① 胡荣熙：《新媒体背景下乡村旅游传播分析》，《国际公关》2023 年第 12 期。

② 姚又豪：《基于新媒体平台的乡村民宿产业营销策略研究》，硕士学位论文，吉首大学，2023，第 5 页。

③ 姚又豪：《基于新媒体平台的乡村民宿产业营销策略研究》，硕士学位论文，吉首大学，2023，第 6 页。

④ 赵文丽：《新媒体背景下乡村旅游传播困境研究》，硕士学位论文，郑州大学，2018，第 23 页。

⑤ 姚又豪：《基于新媒体平台的乡村民宿产业营销策略研究》，硕士学位论文，吉首大学，2023，第 27 页。

⑥ 刘晓丽、张梦振：《一镇一风情：乡村文旅融合的主流媒体讲述——以〈湖南特色文旅小镇〉系列宣传片为例》，《传媒论坛》2023 年第 6 期。

现客源地和游客画像、消费行为的精准对接，全面提升旅客服务体验。[①]

以文旅深度融合发展为契机，从顶层设计、产品供给、营销推广等多方面入手，可以充分发挥文化和旅游消费的引流、提升作用，不断做大、做强、做优文旅经济。

本文将以数字经济为背景，着眼于中国传统古村落如今发展中所遇到的创新困境，对当下古村落夜经济发展困难、IP 打造不足、数字经济下文旅宣传营销模式转变三个问题进行重点探讨，深入挖掘内嵌其中的中国古村落发展逻辑和保护机制，并尝试为数字经济背景下中国传统古村落发展破局建言献策。

（三）研究方法

本文以中国传统古村落保护开发中的典型村落诸葛村为个案，围绕古村落整体保护、基层治理、时代发展创新三个版块，分析在乡村振兴背景下中国传统古村落保护与发展问题。以质性研究为主要方法，针对不同版块的议题特性，选择不同研究方法作为支撑。针对古村落整体保护和基层治理问题，调研组成员采用民族志的研究方法，深入诸葛村当地走访，汇总了近 11 万字的田野调查资料；并对诸葛村村委会相关成员进行了三个多小时的深度访谈，涵盖诸葛村古村落开发保护各个部门，整理出近 5 万字的访谈资料。针对时代发展创新不足问题，调研组成员又以"游客"身份深入走访临近诸葛村的后起之秀网红村庄——游埠进行研究对比，同时对村落文化建设、基础设施建设、食宿发展、古建筑保护现状等进行观察记录。研究方法间相互补充和印证，为本文提供了足够的情境和意义。

表 1　访谈对象信息表

编号	性别	职位	访谈时间
A1	女	昱栈员工	6. 23

---

① 江凌：《文旅新业态的生成机制、发展逻辑与高质量发展路径》，《贵州师范大学学报（社会科学版）》2023 年第 3 期。

编号	性别	职位	访谈时间
A2	女	昱栈员工	6.23
A3	男	澹明轩老板	6.23
A4	男	诸葛村书记	6.23、6.24
A5	男	融媒体陈书记	6.23
A6	男	厚德居老板	6.23
A7	女	酥饼老板	6.23
A8	女	智圣公司负责人	6.23
A9	男	市委宣传部代表	6.23
A10	男	市农业农村局代表	6.23
A11	男	市文旅局代表	6.23
A12	男	诸葛镇代表	6.23
A13	男	丞相祠堂队长	6.24
A14	男	木牛流马老板	6.24
A15	女	兰溪牛肉面老板	6.24
A16	女	诸葛八卦村导游	6.24
A17	女	芡实糕老板	6.24
A18	男	诸葛村清洁工	6.24

二、传统村落架构下古村落保护与开发的藩篱

对建筑风俗进行保护是传统村落发展的重要前提，而天灾人祸等各种各样的原因都有可能导致其被破坏。诸葛八卦村凭借其得天独厚的地理条件和稳定的宗亲血缘关系将村落完整地保存了下来，在一批批诸葛后人的保护下，历史文化在漫长的岁月中得以传承。然而，随着诸葛村被世人发现，政府等管理部门介入后对古建筑的严苛保护也成为村落开发的巨大障碍，村领导人和村民的思想桎梏也使得村落难以进一步发展。

（一）古村落保护与居民需求的权衡

诸葛八卦村作为罕见、完整的古建筑群，被金华市政府以古村落"整体保护"策略纳入历史文物的范畴，古建筑和整体村落得到了最完善的保护。但调研过程中发现，现在的房屋成了村民个人居住的不动产和文物的集合体。当村民遇到相关问题时，村委会不再有最高受理权，而必须上报，在一层层审批后由上至下派遣维修员来处理。对政策最基层的落实者——村委会来说，严苛的保护规定，使房屋的修缮、村庄的改建等问题变得更加复杂。

保护工作部分限制村庄的基本设施建设，这不利于改善当地群众的居住条件，最终造成人民群众的生活质量难以得到有效的提升。[①] 调研中我们了解到，在严密的村庄保护逻辑下，这类严苛措施并没有得到村民的普遍认可，除了日常生活不便，旅游业、商业也举步维艰。村民在迫切期盼村庄发展的心境下，提出不改变房子建筑而建设新型游乐项目的想法，酥饼老板 A7 提出："其实我们更向往的是免费游玩，该收的景点门票收一下，这个是最合理化的。"作为村民与政策的中间人，诸葛村书记 A4 无奈地表示"工作很难做，两边都不讨好"，政策压力促使书记遵守保护工作至上的发展道路，而如何平衡好村民的心态对管理人员提出了更高要求。

（二）古建筑保护与村民社会参与的互动缺位

调研发现，村民虽在诸葛八卦村中扮演商户、居住者、保护者等角色，但其对于村内的公共事务参与度较低。随着集体经济缺失，在一个渐呈原子化社会结构的村庄中，村庄社会关联日益消解。[②] 诸葛村"人人都是文保员"及景区收入村民共享等政策，使得村民与村庄的联系相较于其他村落更为紧密。但经实地走访后发现，当前诸葛村"空心化"严重，村内成员以中老年人为主，民宿澹明

---

① 黄胡洁：《古村落保护性开发的政府管理问题研究》，硕士学位论文，长安大学公共管理系，2021，第 24 页。

② 吴毅：《小镇喧嚣》，生活·读书·新知三联书店，2007。

轩老板 A3 称，村内一些房子几年来没见过有人进出。据诸葛村书记 A4 介绍，为了更好地平衡活生态村落与发展，村内实行"一户一宅"措施，即村民在新村里建设房屋后，将老房收归集体进行统一修缮。由于村落无法满足居民充分就业的需求，年青一代村民在城市安居，人口的置换和原住民的大量流失，将导致古城文化主体的转移和失落。[①] 诸葛村目前面临着人口流失及村庄活力降低的窘境。

除此之外，村民在村庄的治理方面参与度也在降低，除对一些基础规划和自己相关的政策有所了解，对公共事项了解有限。调研中了解到，村内每年有两次诸葛八卦村特色的祭祖大典，但一些当地人在结束之后，才得知活动的举办。作为村中发展主力的青壮年，例如民宿老板、商铺店主等都认为村民有信息滞后、参与度不高的现象。酥饼老板 A7 提到即使自己有意见也不会向村里反映，而村里也不会对意见有所回应。

对于古村落未来发展以及国企接管带来的变化等问题，民众感知较弱且大多表现出无所谓的态度。"之前的村企和现在的国企，他们实施差不多的方案，对我们来说没什么不一样"，昱栈员工 A1 说。调研发现，村民往往被动接受村内发展政策调整，诸葛村书记 A4 提到面对 2023 年旅游公司将村内店铺租金翻倍的情况，村民虽对政策不满，但只能在进退之间抉择。

（三）传统村落环境与新市场引入的发展窘境

调研发现，当前诸葛八卦村存在旅游发展资金短缺的问题，旅游公司对村内发展投资谨慎。作为全国文保单位，诸葛八卦村在文物保护过程中需要大量资金维持修缮工作，除了政府给予的补贴，村内还需将部分旅游发展收入投入保护建设。目前景区发展权移至旅游公司，村落所获投资仍然较少。

投资对旅游经济行为具有明显的刺激性，能够很好地引导刺激各种市场主体的旅游经济行为，旅游业想要获得长远稳定发展，需要注重市场力量的应用。目前诸葛村内与村外投资都遇到瓶颈，虽有投资者尝试在村内投资，如澹明轩、昱

---

① 刘帅婕：《浅析黄河流域古村落保护中的村民参与——以山西省 S 村为例》，《经济研究导刊》2019 年第 3 期。

栈、木牛流马等商户，但调研过程中我们了解到村内对于商户门店装修风格要求较高，同时缺少对投资者的重视，致使投资者逐渐退出村落。据木牛流马老板A14介绍，村内对于颇具实力的投资者毫无关注，他正考虑从中撤资到更有潜力的地方继续发展。这种投资难、持续难的现状难以支持正值转型之际的诸葛村完成可持续发展的目标。

除此之外，诸葛八卦村的主景区之外虽设有上塘商业街，但大多是以改建自家房屋一楼作为店面，除去个别节假日游客较多，平时几乎没有生意。商业街兰溪牛肉面老板A15提及，截至当天下午三点，饭店一天只卖出两碗面。实地走访也注意到一些店铺下午五点就因客流稀疏而关闭店面。商业街芡实糕老板A17提到，村庄门票严重限制了游客路过并消费的可能。现如今，诸葛村如果继续维持产业现状，将难以依靠旅游业有所盈利。

与此同时，我们对距离诸葛八卦村不远的新晋"网红村"游埠的商业街进行了对比调研。游埠主打具有特色的"早茶文化"，以"早点来游埠"为宣传口号，木桌木椅小河边，江南风味十足，许多游客千里迢迢赶来在早上五六点吃一份当地早点。调研发现，游埠景区的范围较小，不需要门票就可以直接进入景区，有多个进出口，自由度高，狭窄的两条小巷两侧布满各种特色小吃店，店面经过部分改造，整体建筑风格被保留。在小吃店中间穿插了免费参观的历史文化馆。旅游商业街结构完整，经济价值可观，且并未采取整村迁出模式。

古村落保护发展目前有四种模式：乌镇模式——景点式、婺源模式——景观式、丽江模式——分区式和新天地模式——杂糅式。"活生态古村落"作为诸葛村的发展理念，使其发展模式受限，难以模仿上述成熟的旅游模式，而需要在实践中不断摸索。调研中我们了解到，诸葛村此前对分区和杂糅模式进行过实践，但受阻于资金和完整的策略，目前尚未有更清晰的规划。但诸葛村领导者认为，应该把握自己的优势，找到与市场衔接的地方。

三、多主体参与式的基层治理中的利益协调与共享

在多主体参与式的基层治理过程中，政府、国企与村民三方之间容易产生矛

盾，对古村落的保护和开发产生了一定程度的负面影响。根据利益相关者理论，在旅游地经营管理方面，应同等考虑政府、诸葛八卦村村民、国企这几个利益相关者的诉求，制定较为合理的利益分配机制，努力保障各方参与主体的利益，以做到利益公平共享、共同负担，并争取实现对各自权益的最优化，增加其对村落发展的参与度和认同感。

（一）政策导向和文旅发展的互动与制约

1. 领导理念的断层：文旅发展进退维谷

调研过程中我们了解到，目前兰溪市政策变动较快，对诸葛八卦村文旅发展的重视度较过去有所降低。1992 年，新华社发布报道讲述诸葛亮后人的去向，主要聚集在浙江省建德、兰溪、龙游三个市县，其中兰溪市诸葛村是最大的诸葛后人聚集点。报道发布后，全国各大媒体纷纷转载，诸葛八卦村开始有了名气，也引起了政府的重视，旅游业慢慢发展了起来。经过访谈，小组成员发现在兰溪市政府领导班子更替的过程中，在文旅政策的落实上出现了一些问题，对景区未来的发展方向规划不清晰。据诸葛村书记 A4 介绍，兰溪市要建设新时代典型工业城市，由此，发展方向全面转为工业。文旅产业在这一阶段的发展上方向性与持续性较差。

2. 工业生产的重视：文旅经济陷入窘境

兰溪市有着深厚的工业基础，政府一直以来十分重视工业发展，2022 年兰溪市政府制定了打造"新时代典型工业城市"的目标。此后，政府着力于高质量引进龙头企业和重大项目，进一步做大做强新能源、新材料、生物医药和现代纺织等主导产业。一个合理的产业规划对一个地方产业的发展具有举足轻重的作用，科学合理的产业规划布局能够有效地推动地区优势产业的发展，从而促进地区经济的可持续增长。[①] 兰溪市目前在产业规划方面忽略了对个别特色区域的细致规划。一些地区对历史文化资源的开发只停留在了表层，难以开发出真正具有

① 汪雪：《乡村产业振兴中乡镇政府职能履行研究》，硕士学位论文，西南政法大学，2023。（原文丢失）

深厚底蕴的旅游文化产品，导致当地旅游资源没有真正转化为市场竞争优势，有文化底蕴却无产业发展、有融合基础而无融合深度。兰溪市文化和广电旅游体育局在 2022 年工作总结及 2023 年工作计划中指出，兰溪市文旅项目缺芯少核，总体呈现重大特大项目少、关联度低、引领性弱、投资结构不合理、发展活力欠缺等特征，兰溪市文旅项目市场份额占比小，对全市经济贡献度偏低。

（二）经济效益与社会接受度的平衡探讨

调研了解到，门票是诸葛八卦村较大的收入来源之一，景区门票价格为 90 元，儿童、老人、学生可享五折即 45 元的优惠价格，除了诸葛村股民固定的一人一张免费票，景区门票没有其他优惠。目前，诸葛村的景区开发、经营管理、景区住宿餐饮等配套服务、宣传推广、旅游配套设施建设、新拓展旅游项目或景点的建设、景区财务管理与收益分配等，均由兰溪市文化旅游发展集团有限公司专门成立的兰溪市智圣旅游管理有限公司作为运营主体负责。经了解，村内曾经对高价门票费有计划革新，但企业承包后，诸葛八卦村景区就一直延续过去的门票收取模式。诸葛村书记 A4 提到，由于旅游公司每年需要给村内保底的几百万元收入，因此在经营压力下尚未对门票模式做出改变。调研发现，不少村民认为门票定价过高，劝退大量游客，如景区内一位酥饼老板 A7 说："现在的一些旅游地方不都免费的吗？诸葛八卦村不仅收门票，而且它收的算是比较贵的。你（指门票价格）把人都赶出去了，这让我们怎么做生意呢？"旅游景区门票价格的制定，应该根据当地的经济水平、产业状况、景区的发展实际情况来综合考虑，而不是"一刀切"[①]。据融媒体陈书记 A5 介绍，门票为游客进村内消费增加了成本，同时影响到投资者与游客，如何平衡好短期利益与长远利益是他们正在考虑的问题。当前，诸葛八卦村游客的缺失已经影响到了村民的经济收入。

除了较高的门票价格，诸葛八卦村景区门票的管理也缺乏合理性，存在过于死板严格、工作人员信息不协调等问题。在调研时，本团队在正规平台购买五张

---

① 何芙蓉、胡北明、黄俊：《旅游景区门票价格影响因素研究——基于全国 222 家 5A 级景区的实证分析》，《价格月刊》2020 年第 5 期。

诸葛八卦村景区电子门票，但在标有诸葛八卦村景区入口的路口被景区员工拦住，称其不接收电子门票，只认同纸质门票。协商无果后，团队返回游客服务中心，通过购买的电子门票成功进入景区。据游客中心相关工作人员解释，电子门票具有纸质门票相同效力，可以凭电子门票进入景区，景区老员工此举系其本人对电子票的不认可。与此同时，调研发现景区有多个无须买票即可进入村内的小路，且晚上五点过后门票口工作人员下班，进入景区畅通无阻。如何解决景区内部管理不规范的问题，需要旅游公司进一步合理规划。

（三）政企合作治理下的民生保障与情感诉求

1. 景区管理界限模糊：居民生活层层加码

诸葛八卦村拥有景区资产产权，这有效避免了景区在开发中可能因为产权不统一带来的开发阻力。调研发现，尽管实现了所有权和经营权的分离，但在景区日常管理中，仍面临职责划分不清、政府与企业相互推诿等问题。诸葛镇代表A12指出，在处理诸如充电桩等基础设施需求时，各方往往推卸责任，导致效率低下、实施进程缓慢。由此，各单位的工作之间相互独立，执法主体无法明确化，最终成为工作落实的程序阻碍。[①]

在调研过程中发现，管理边界的模糊不仅降低了行政执行力，也为居民生活增添了不便。例如，上塘古商业街的芡实糕老板A17反映，她家商铺屋顶的修缮请求长时间未获处理，丞相祠堂队长A13同样提到部分已完工的设施如路灯迟迟未投入使用。总体而言，明确职责划分和可操作管理规则的缺位，不仅影响村民的正常生活，也成为村庄发展的显著障碍。

2. 村民情感欠缺考量：局部利益受到损害

在传统古村落旅游开发的过程中，政府和市场各司其职，互为补充并不可或缺。企业的加入引入了灵活资金、专业管理和先进运营方式，有助于推动地方经济发展。然而诸葛八卦村景区在宣传和鼓励村民参与方面欠缺对其利益和情感诉

---

① 黄胡洁：《古村落保护性开发的政府管理问题研究》，硕士学位论文，长安大学公共管理系，2021，第23页。

求的考量。调研显示，景区所获收益多用于村落维护，剩余资金则每月分发给村内老人。政府希望将景区的收入更多投入村落保护，但这一模式引发了与村民间的矛盾①，因村民未能在村落发展中获益，导致当地民众虽对于文物遗产有较强的保护意识，但参与古村落旅游开发的意愿不高。

旅游业发展常伴随与当地居民的利益冲突，旅游资本的积累在某种程度上依赖于村民部分利益的让步。② 诸葛村景区的运营和发展由智圣公司负责，脱离了宗族社会的管理模式，门票管理也更为严苛。调研中发现，诸葛村村民每年可获得两张免费门票用于亲友探访，但即便因办喜事等原因邀请外村人进村，也没有门票优惠。上塘古商业街的芡实糕商户 A17 提到，自己试从景区另一入口通行却被拦截，即使用标准的诸葛话沟通也无效，最终提供身份证以确认身份。目前仅有在诸葛村景区居住的客人可由各民宿相关工作人员接送而免除门票费用，但在实际落实的过程中，仍存在对接不到位、信息不一致、沟通困难等问题。诸葛村厚德民宿老板 A6 提到，"我们自己的客人只是来出差，就在我们民宿住一下。问可不可以不买门票，管理人员说不行，后来发展到我们需要申请，然后商家必须要到那边（景区门口）去接，从摄像头看到是我们商家来接的才可以"。此种严格的门票管理显示景区在政策设定中缺乏对村民和商户实际需求的考量。

2022 年末，全国各地旅游业逐渐回暖。随着大环境客流量的回升，2023 年，景区管理方将景区内商铺的租金翻一倍收取。然而景区的客流量并未如期迎来大幅增加，芡实糕老板 A17 表示："6 万（元）一年，现在生意哪有这么好做的。"兰溪牛肉面老板 A15 也表达了不满情绪："店面租金 2023 年要翻一倍，明明人也少了，他收租金还收得贵。"逐渐流失的景区游客与巨额商铺租金，旅游公司在面对村内短暂回暖的旅游业时，将经济效益置于群众情感接受度之上。目前村民的不满不仅聚焦于情感反馈，也将矛头指向原地踏步的发展规划，芡实糕老板 A17 直言："景区要是引流引得好的话，大家都不会没有生意做，而受这种苦。"

---

① 黄胡洁：《古村落保护性开发的政府管理问题研究》，硕士学位论文，长安大学公共管理系，2021，第 24 页。

② 郭亮：《旅游资本影响下的基层治理：冲突与应对——基于 K 市 S 镇的调研》，《求索》2022 年第 3 期。

村民的利益夹在保护与发展之间，在双方日益膨胀的当下，生存空间正逐渐受到挤压。

四、互联网生态下乡村文旅的迷失

对于传统古村落而言，数字赋能文旅产业、"互联网+"等新形态为其提供了新的发展思路，但其自身的保护与发展又受到外界不可抗力因素和传统村落架构的限制。因此，在互联网生态加持的当下，传统村落的保护和发展中挑战与机遇并存。

（一）时代风口的停滞："夜经济"陷入困局

调研发现，目前诸葛八卦村"夜经济"发展陷入困局。晚上八点左右，村中大部分店铺已关门，商业街行人往来较少，村落中毫无"夜经济"生气，潜在的夜间消费需求难以带动对夜间经济的建设，其发展受到较大的限制。一方面，诸葛八卦村服务于"夜经济"的配套基础设施不够完善，虽第三方企业制订了夜景灯光打造的计划，但受其全国文保单位身份影响，其他各方面的夜间开发受到层层审批等限制。另一方面，村庄内的产业发展较为滞后，难以吸引游客并带来后续收益。丞相祠堂队长 A13 提到，诸葛村目前没有夜生活也无法发展夜生活，而目前所建设的夜间灯带并不能带来游客，有吃喝聊产业才能带来游客，但这样易影响住在村内的老人。另外，调研时了解到诸葛村内产品服务也有较大的局限性，仅停留在美食、非遗、民宿等较为传统的服务业类经济活动，现代服务业类经济活动几乎没有，"夜经济"与智慧旅游的结合受到限制。

（二）宣传营销薄弱单一：文旅外宣蓄势"待"发

自 20 世纪 90 年代起，诸葛八卦村不断通过传统媒体宣传来扩大知名度。调研了解到，诸葛村策划尝试过"诸葛后人游上海"活动，并在卫视投放广告，吸引了大量游客前来参观。将乡村生活高频持续地输出吸引游客关注，进而产生的网上流量资源就是乡村旅游的财富。① 当前互联网时代的到来，给诸葛八卦村的宣传营销带来挑战，出现新媒体平台利用率低、宣传薄弱单一等问题。

调研发现，诸葛八卦村虽有"两微一抖一官网"的基本新媒体营销平台配置，但截至 2023 年 9 月，内容最新更新时间为 2022 年 11 月 3 日，即"诸葛八卦村景区"在官方网站发布《以演促练防未然 以练促训筑防线》一文。各个官方平台均存在更新时间慢、频率低、与受众互动较少等问题，且缺乏利用传播手段所构造的传播矩阵，各个平台相互独立，仅官方网站对其他官方账号进行引流。

市委宣传部代表 A9 指出，互联网时代村落文旅发展更多的是通过自身营销，而非传统广告与电视渠道，宣传营销应该自下而上，利用民众自发的事件营销创造热点。乡村旅游要充分借助融媒体的合力优势，实现乡村旅游的多媒体展示与旅游内容的多媒介推送，积极与互联网深度融合。② 而目前诸葛村面临着营销内容影响力及传播力欠佳等问题，与互联网深度融合存在隔阂。据芡实糕老板 A17 介绍，除官方平台，村内自媒体数量较少，少有村民主动自发去介绍村里的诸葛文化。这间接显示了村民与村庄联结疏松。在调研中我们发现，目前诸葛村内仅有一些跳广场舞的阿姨偶尔会拍摄抖音视频。从整体来看，诸葛八卦村文旅外宣重点问题在于缺少运营人才，缺少文化效应与经济效益的平衡。

（三）IP 打造赋能不足：品牌挖掘停滞不前

1. 诸葛 IP 打造深陷困境

诸葛亮作为诸葛村发展旅游业的核心要素，不断为村庄旅游发展注入活力。《2018 中国文化 IP 产业发展报告》指出 IP 即某种文化与产品之间的相互渗透，携带着清晰的辨识度和网络流量并且拥有强变现穿透能力。调研发现，目前诸葛村对诸葛亮 IP 的打造存在缺乏系统性、挖掘不够深入的问题。诸葛村书记在《文化活村，旅游兴村——诸葛村古村保护与旅游发展》中提到，目前诸葛村的

---

① 陈莎、邓俊淼：《移动互联网时代乡村旅游创新发展探讨》，《合作经济与科技》2023 年第 5 期。
② 同①。

旅游发展仍停留在资源性的观光旅游阶段，文化应用缺乏创新，缺少文化性、体验性内容，产品落后，人才缺乏，文化产业链还未形成。

现在不少地区都在牢抓诸葛亮这一文化IP。诸葛亮足迹遍及山东沂南、陕西勉县与湖北襄阳，各地均利用互联网宣传当地文创，发展旅游。例如山东以IP为核心，将智能机器人与IP联系，让文化价值与产业价值相互赋能，让诸葛亮IP"活起来"。与此同时，诸葛八卦村在历史传统与现实趋势的结合中迷失，市融媒体陈书记A5提到，诸葛村的文化有独特的地方，但目前还未找到和市场衔接的方式。

目前负责旅游开发的兰溪市智圣旅游管理有限公司因接触时间较短，在运营方面延续旧模式，未发展特色文化品牌，存在IP传播形式创新不足等方面的问题。如今的诸葛八卦村在旅游IP打造方面对三国文化利用不足，由此对文化IP的深入、创新打造与传播，是当下需要重视的议题之一。

2.IP产品开发落入窠臼

调研发现，村庄古商业街中有贩卖贴近村落文化的商品如孔明锁、孔明扇、芡实糕、金华酥饼等，但同质化问题严重。旅游产品的定位模糊，可能会导致消费群体并不足以支撑旅游村的正常运作，一方面增加了村内基础设施与环境的负荷量，另一方面也无法提升村民的收入。[①] 这导致游客的在地感不足，间接影响了重游率。创新性的匮乏不能唤醒消费者的购买欲望，一个好的文创设计应该注重的是地域产品本身的附加值。[②] 而芡实糕、金华酥饼等小吃作为整个长江三角洲附近共同拥有的特色，在大部分游客来自金华周边的情况下，独特性不足，没有产生附加于诸葛八卦村的额外经济价值，诸葛八卦村在这一方面需要有更深入的思考与实践。

---

① 黄胡洁：《古村落保护性开发的政府管理问题研究》，硕士学位论文，长安大学公共管理系，2021，第22页。

② 申云菲、钟靖玉：《洛阳"龙门石窟"具有地域特色的文创IP打造探讨》，《现代商贸工业》2023年第1期。

五、反思与重建：古村落活态保护与发展路径

（一）村落新格局和特色新产业的重塑

1. 培育多元主体，构建共治格局

基层政府需要充分发挥群众自治精神，要实现古村落的有效治理，必须培育多元主体，构建共治格局，充分发挥村民自治组织、企业、社会团体、行业协会的自律功能，实现政府治理和居民自治良性互动，夯实基层古村落治理基础。倡导村民共商共建，引导村民担当治理主体，参与负责日常的基础工作，充分发挥村民主人翁意识。不断提高村民的认知度、参与度、满意度，真正从村民受益角度出发进行古村落的开发利用，让村民真正感受到权利和红利，以实际得益来调动村民的积极性，方便更好地进行后续工作。对在村中经商营业的商户应当给予充分的支持，依照依法、自愿、有偿的前提，合理将空余用地、房屋流转给有经验的新型经营主体，让村民能够最大限度地行使经营自主权，充分利用村中资源。建立激励措施，如奖励制度、优惠政策等，鼓励村民积极参与村落建设和文物保护，对有突出贡献的村民给予奖励，激发其创造性和参与度。

2. 加大特色旅游招商力度，增强独特产业发展后劲

古村落的网红化不仅是为了追求短期经济利益，更重要的是为了传承和发扬古村落的文化，让更多人了解和认识。同时，也需要保持真实性和可持续性，避免盲目迎合热点和潮流，影响到古村落的原始风貌和文化内涵以及落入同质化之困。新媒体宣传部门要充分认识并发挥村落的独特性，通过结合当地的历史文化背景和审美认同，构建品牌形象。诸葛八卦村可以用诸葛亮文化作为主要素，让传统文化价值回归，融合当下潮流元素，打造文化名村。并围绕诸葛八卦村的主要 IP，推进全产业链开发，通过推广各类文创、当地特产等，吸引投资商加盟生产。围绕特色"诸葛后人聚居地"这一独特性进行引资，坚持缺什么招什么，与企业集团对接，精准招商。设置相应的对外商投资的优惠政策，鼓励具有当地

特色、融合新世代潮流、契合村落环境、具备"爆款"潜质的商户入驻仿古商业街。在不破坏诸葛八卦村整体性的前提下，对旅游景区门票收费范围进行调整，从游客服务中心至上塘商业区一线免费对外开放，分布特色商品、当地小吃、风俗体验等，不仅可以为游客提供缓冲空间，也能为商业街上的店家带来更多客流量。

（二）政策的接续与民意的协调

1. 延续领导理念，平衡政策导向

保持政策的相对稳定是维持公共政策常态运行、实现政策目标的前提和基础。在权力相对集中的政治体制下，地方主要党政领导任职的变动经常影响政策的连续性，甚至会造成"人走政息"和"朝令夕改"的现象。[①] 兰溪市政府应优化地方党委和政府的决策机制，在重要决策上广泛征求各界的意见，不断完善任期中重大决策责任追究机制。面对领导干部调整职务换届交替的情形，应充分考虑上任领导干部的执政理念和政策方针，做出适当延续和调整，从而保持政策下达与落实的稳定性和连续性。同时，兰溪市政府应平衡好工业和文旅产业的政策导向，明确各个产业的发展方向，制定合理的发展体系，调整倾斜的投资结构，通过立法、宣传和教育为文旅发展创造制度条件和社会氛围，挖掘兰溪市具有深厚文化底蕴的历史旅游资源，将其转化为市场竞争优势。

2. 明晰管理界限，切实考量民意

在诸葛八卦村景区日常维护修缮与经营管理的过程中，地方政府和企业应厘清职责范围和内容，明确各自分工，将责任落实到具体的部门，将内容细化到具体的决策，尽可能划清景区与村落的界限，例如参考安徽宏村的先进经验树立起"政府搭台、企业唱戏、村民参与"的科学开发理念，建立高效的纠纷解决机制。同时有关管理部门要提高办事效率和能力，打破信息壁垒，协调上下级工作对接，提高村民生活的便利性和满意度。针对诸葛八卦村景区门票价格制定和商

---

① 朱光喜、朱庆：《地方官员更替是否影响政策稳定？——基于 G 自治区地级市的实证分析》，《广东行政学院学报》2019 年第 1 期。

铺租金变动的问题，政府和企业应全方位综合考虑当地村民的经济水平、客流量以及景区实际的经营状况，制定合理恰当的门票价格和商铺租金，并且充分考虑村民的利益和情感诉求，广泛听取群众的声音，涉及重大公共利益的命令应当向村民透明公开，以科学性、民主性为原则对政策进行落实。最大限度减少村民眼前和局部利益受损的程度，将民意调查纳入景区日常管理建设的重要组成部分，提高当地民众对于古村落旅游开发的参与度和认同感。

（三）乘时代之风：把握机遇与时变

1. 拓展夜间消费，丰富娱乐体验

近年来，国家和省市地方高度重视夜间经济的发展，国务院明确提出"活跃夜间商业和市场"，多地也纷纷响应出台相关举措。相对于蓬勃兴起的夜间消费需求，诸葛八卦村"夜经济"发展的最大制约在于村内无夜生活。诸葛镇上的商业街，其夜间生活与消费情况优于诸葛八卦村。因此，破除诸葛八卦村"夜经济"发展制约，可从诸葛镇商业街入手，丰富商业街经营商品服务类型，挖掘当地民俗特色，结合当地旅游资源，增加夜间经济文化活动，完善基础设施建设，延长景区往返车站的公交运营时间，满足夜间在诸葛八卦村游玩、住宿的游客的娱乐、出行、消费等基本需求。同时，发掘诸葛八卦村文化旅游资源，开发夜间特殊游览项目，结合现代服务业类经济活动，吸引年轻力量进入村内。以把握"夜经济"机遇为引领，与诸葛镇共携手，以特色资源、民俗、历史为依托，与时俱进，推动文化、旅游与"夜经济"融合发展。

2. 诸葛文化 IP 的商业与价值维度整合

在内容为王的文旅新时代，IP 是活化特色文化资源、促进传统文旅产业现代化转型的新动能。[1] 诸葛文化 IP 可挖掘的内核包括历史渊源、医药领域、建筑特色、传统手工艺、团结协作等。当前其文化价值的开发却显得较为浅显，多元深层的文化价值尚未得到充分展现，挖掘的深度和广度有所欠缺。因此，我们要

---

[1] 江凌：《文旅新业态的生成机制、发展逻辑与高质量发展路径》，《贵州师范大学学报》2023 年第 3 期。

将诸葛 IP 发展中商业维度的价值转换与价值维度的商业转换相结合，既要实现对诸葛文化的开发利用，又要注重诸葛文化基因的传播孵化；延长 IP 产品的生命周期，拓展文化价值链，提高诸葛 IP 的文化意涵和内在品质，实现对民族传统文化的更新与重组，① 实现社会效益和经济效益的共赢。

3. IP 相互赋能与多领域联动

IP 的文化价值与各领域产业价值的相互赋能是互联网时代 IP 发展的趋势，故宫 IP、敦煌 IP 等顺势而变，火爆出圈，成为 IP 打造的标杆。诸葛 IP 多领域的协同发展，首先应拓宽 IP 新媒体宣传渠道，增加电视剧、纪录片等与 IP 联动的机会，提升 IP 与受众的互动感，以拉近 IP 与受众的距离，并提高诸葛 IP 关注度。其次应利用好互联网平台，让其建筑、手工艺品、文物等通过文学、动漫、影视、游戏等新型形式，被赋予时代化符号。②

4. 人才引入活跃宣传氛围

人才振兴是关键。强化文旅外宣营销专业人才，创新乡村人才引进机制。社会人才对于推动村落文化建设是不可忽视的重要力量。③ 诸葛八卦村应以建设专业宣传营销人才队伍为切入点，提高传统村落新媒体建设水平，提升新媒体平台更新频率、互动频率，推动传统村落优秀文旅资源创造性转化以及创新性发展。同时，诸葛八卦村村民也可以利用互联网平台，开设自媒体，自下而上渲染营销氛围，助力诸葛八卦村出圈出彩。

5. 数字技术推动文旅外宣

数字技术已成为推动文旅产业供给侧结构性改革的重要力量。"云娱乐""云直播""云看展"等新业态不断涌现。④ 因此，诸葛八卦村应加快建立适应数字文旅产业发展的法律法规、管理规范、行政条例、考核体系和产业统计体系

---

① 林峰：《文化产业 IP 发展的困境与对策》，《中国国情国力》2017 年第 8 期。
② 王艺硕：《新媒体语境下布达拉宫文化 IP 的发展现状和开发构想》，《山西科技报》2023 年 7 月 10 日第 B07 版。
③ 张宗芳：《广西传统村落优秀传统文化创造性转化的路径研究》，硕士学位论文，桂林理工大学马克思主义理论系，2022，第 38 页。
④ 戚帅华、李文渊：《为"诗和远方"插上"数字翅膀"》，《洛阳日报》2023 年 7 月 24 日第 2 版。

等，为数字文旅产业发展创造良好环境，进而可以更好融合传统媒体与新媒体，利用媒介新技术，促进新媒体与传统媒体的融合。促进乡村旅游产业的发展，开辟乡村旅游网络传播新路径，如旅游直播、旅游微电影等，提升游客线上线下体验，转变主体参与活动方式，推动文旅外宣。

六、结语

在互联网飞速发展的当下，古村落文旅进入数字化变革新时代，为传统村落带来了深层次的转型契机。然而，以诸葛八卦村为代表的古村落在发展过程中，暴露出环境治理僵化、多主体协同治理机制失衡以及文旅数字化创新路径不明等关键问题。本研究基于田野调研与深度访谈，聚焦这三方面展开系统分析，并结合国内外实践经验，提出针对性建议。

在发展环境方面，诸葛八卦村通过"整体保护"策略实现了环境的有效维护，但因管理规制过于严苛，导致治理结构固化、民众参与率下降，村庄"空心化"与资本引入力度不足等问题逐渐加剧。本研究提出应强化村民共建共治共享模式，提升村民对村庄治理的主体意识，构建更加平衡的利益分配机制，以实现村落的可持续振兴。

在多主体协同治理方面，村委会与智圣旅游公司联动管理初期虽促成了多方协作，但随着兰溪市产业政策的变化及治理结构权责不清，村内治理陷入"利益分化"与"发展情感失衡"的困境，甚至引发治理模式的瓶颈，诸葛八卦村在文旅发展中迷失方向并停滞不前。除此之外，旅游公司与当地情感联结淡薄，经营方式较不规范，多方治理主体导致村民生活层层加码，而市里重视工业的政策导向也困扰着村内发展。对此，本研究建议进一步优化治理边界，明晰权责划分，强化政府、企业、村民多方合作的协同机制，平衡各方诉求，提升村民对古村落文旅开发的参与度与认同感。

在互联网背景下文旅转型发展方面，目前诸葛八卦村正积极结合互联网构建"两微一抖一官网"的新媒体营销平台配置，但在"夜经济"与文创 IP 打造上存在产业链不健全、内容策划单一等短板。对此，本研究提议可以丰富商业街业态，深度开发诸葛亮文化IP，强化基础设施建设，增强夜间产业服务能力，并吸引专业化营销人才，以实现线上线下文旅体验的整合创新，推动文旅产业升级与品牌传播效应的提升。

综上，互联网文旅新发展为诸葛八卦村带来了新的挑战与机遇，但也由此陷入了新的困境。在这一现象下，诸葛八卦村有关部门应审时度势，面对复杂的治理环境，诸葛八卦村应积极应对，构建更加科学合理的治理模式和发展路径，推动文旅生态健康、有序、可持续发展。

参考文献

[1] 李枝秀. 古村落保护模式研究——以江西为例 [J]. 江西社会科学，2012（1）：238-240.

[2] 陶华强. 论古村落的保护：现状、困境及策略——以耒阳市寿州古村落保护为例 [J]. 安徽工业大学学报（社会科学版），2022，39（1）：47-52.

[3] 兰仙平，兰石财. 古村落旅游资源开发与保护的困境及对策研究 [J]. 环渤海经济瞭望，2019（7）：65-66.

[4] 孙明，周君璐. 江南古镇历史建筑的保护与古镇开发模式的研究 [J]. 安徽农业科学，2013（31）：12363-12366.

[5] 吴琼. 文物古建筑群整体保护研究——以山西省古村镇中的文物古建筑群为例 [D]. 北京：北京建筑工程学院，2009.

[6] 张超. 乡村振兴背景下传统村落文化保护性开发研究 [D]. 昆明：云南财经大学，2023.

[7] 杨晟，徐怡，陈丹祺，等. 多元主体参与下传统村落的共治模式的实践与探索——以苏州太湖东山3个古村落为例 [J]. 农村经济与科技，2019，30（8）：201-202+204.

[8] 刘玢，左俊玮. 基于利益主体的江西赣南古村落再生发展模式研究

［J］．企业经济，2018（12）：171-177．

［9］马振．基于旅游市场困境对宏村旅游可持续发展的探讨［J］．现代商业，2017（22）：46-47．

［10］谢雯娟．传统村落旅游开发中政府行为研究［D］．南昌：南昌大学，2023．

［11］李莎莎．"美丽乡村"背景下的鹤壁市传统村落保护与发展研究［D］．郑州：郑州大学，2017．

［12］曾令泰．广州从化传统村落保护与发展中政府职能研究［D］．广州：华南理工大学，2018．

［13］詹国辉，张新文．乡村振兴下传统村落的共生性发展研究——基于江苏S县的分析［J］．求实，2017（11）：71-84．

［14］李松志，李敏，李澜．传统村落保护与发展的困境和路径［J］．社会科学动态，2023（1）：41-45．

［15］高翔，李建军．传统村落保护：实践困境与制度缺陷［J］．华南农业大学学报（社会科学版），2019，18（5）：130-140．

［16］余建文，严世君，卓建青．溪口古镇"夜游"留客构建旅游新业态［N］．宁波日报，2022-07-27（8）．

［17］陈凤来．一湖碧水催生旅游新业态［N］．河北日报，2022-05-17（11）．

［18］刚罡．促进文旅消费 共享美好生活［N］．团结报，2023-04-29（5）．

［19］栗美霞．文旅业：助力我省消费市场回暖升级［N］．山西经济日报，2023-04-04（1）．

［20］李庭筠，罗邱戈，张金萍，程叶青．基于扎根理论的琼北火山地区传统村落新业态发展探讨——以海口市美孝村为例［J］．自然资源学报，2020，35（9）：2079-2091．

［21］朱琦．文旅融合视角下徽州传统村落业态品质提升研究［D］．合肥：合肥工业大学，2021．

［22］戚帅华，李文渊．为"诗和远方"插上"数字翅膀"［N］．洛阳日报，2023-07-24（2）．

［23］戚帅华．"夜文旅"火起来　"夜经济"亮起来［N］．洛阳日报，2023-06-27（1）．

［24］王燕，隋普海，殷晓彦，等．乡村文旅新业态模式构建的影响因素分析［J］．中国商论，2023（10）：29-32．

［25］江凌．文旅新业态的生成机制、发展逻辑与高质量发展路径［J］．贵州师范大学学报（社会科学版），2023（3）：144-160．

［26］李雯艳．辽宁乡村文旅融合产业外宣现状及发展路径研究［J］．农业经济，2023（5）：143-144．

［27］刘晓丽，张梦振．一镇一风情：乡村文旅融合的主流媒体讲述——以《湖南特色文旅小镇》系列宣传片为例［J］．传媒论坛，2023，6（4）：26-29．

［28］张玉蓉，王晓晓，冯晶磊，等．珠海传统村落文旅产业的创新与发展研究［J］．大众标准化，2022（12）：137-142+145．

［29］张宗芳．广西传统村落优秀传统文化创造性转化的路径研究［D］．桂林：桂林理工大学，2022．

［30］曹昌智．如何保护传统村落 留住乡愁［J］．城市发展研究，2021，28（4）：1-13．

［31］郭泾杉，卢凯．村落·融合·创新·共享——中国传统村落保护发展笔谈［J］．小城镇建设，2019，37（12）：8-16．

［32］吴天一．传统村落旅游产品转型发展研究［D］．上海：华东师范大学，2019．

［33］诸葛坤亨．文化活村，旅游兴村——诸葛村古村保护与旅游发展［C］//清华大学建筑学院，中国扶贫基金会，北京绿十字，如程＆借宿，寒舍旅游投资管理集团．在路上：乡村复兴论坛文集（五）·沁源卷．中国建材工业出版社，2019．

［34］范周．数字经济变革中的文化产业创新与发展［J］．深圳大学学报

（人文社会科学版），2020，37（1）：50-56.

［35］陆林，任以胜，朱道才，等．乡村旅游引导乡村振兴的研究框架与展望［J］．地理研究，2019，38（1）：102-118.

［36］冯骥才．传统村落保护的两种新方式［N］．人民日报，2015-06-19（1）.

［37］李建军．英国传统村落保护的核心理念及其实现机制［C］．中国农史，2017（3）.

［38］郑自立．文化创新推动"夜经济"高质量发展的理论机理、多重困境与对策建议［J］．广西社会科学，2021（1）：124-131.

［39］戴福钿．肇庆夜市"走胃更要走心"［N］．西江日报，2023-07-17（6）.

［40］许礼清．掘金夜经济［N］．中国经营报，2023-07-03（D01）.

［41］张瑞华．文旅融合背景下哈尔滨夜间旅游产品开发研究［D］．哈尔滨：黑龙江大学，2021.

［42］粟丹琪．文旅融合背景下湖南长沙"夜经济"高质量发展探析［J］．商展经济，2023（15）：112-115.

［43］周义龙．文旅融合视域下"夜经济"的实施路径与发展策略［J］．价格理论与实践，2022（5）：40-43.

［44］余建文，严世君，卓建青．溪口古镇"夜游"留客构建旅游新业态［N］．宁波日报，2022-07-27（8）.

［45］李云霞．文化旅游IP塑造对策研究［J］．江苏商论，2023（2）：76-80.

［46］王艺硕．新媒体语境下布达拉宫文化IP的发展现状和开发构想［N］．山西科技报，2023-07-10（B07）.

［47］亓光，魏凌云．整体视域下当代中国乡村政治生态的稳定性问题［J］．齐鲁学刊，2020（3）：82-90.

［48］林峰．文化产业IP发展的困境与对策［J］．中国国情国力，2017

（8）：37-39.

[49] 胡荣熙. 新媒体背景下乡村旅游传播分析 [J]. 国际公关, 2023 (12)：155-157.

[50] 姚又豪. 基于新媒体平台的乡村民宿产业营销策略研究 [D]. 吉首：吉首大学, 2023.

[51] 赵文丽. 新媒体背景下乡村旅游传播困境研究 [D]. 郑州：郑州大学, 2018.

[52] 李宇军. 文旅融合发展中的"文化-旅游""政府-市场""中央-地方"三大关系 [J]. 贵州民族研究, 2021, 42 (3)：171-175.

[53] 何芙蓉, 胡北明, 黄俊. 旅游景区门票价格影响因素研究——基于全国 222 家 5A 级景区的实证分析 [J]. 价格月刊, 2020 (5)：22-28.

[54] 郭亮. 旅游资本影响下的基层治理：冲突与应对——基于 K 市 S 镇的调研 [J]. 求索, 2022 (3)：99-106.

[55] 任中平. 重构双轨：我国乡村治理中单向治理的生成逻辑与困境破解 [J]. 党政研究, 2023 (2)：17-28.

[56] 林诗筠. 传统村落古建筑保护的村民有效参与度及影响因素研究 [D]. 福州：福建农林大学, 2021.

[57] 吴毅. 小镇喧嚣 [M]. 上海：生活·读书·新知三联书店, 2007.

[58] 刘帅婕. 浅析黄河流域古村落保护中的村民参与——以山西省 S 村为例 [J]. 经济研究导刊, 2021 (4)：26-28+84.

[59] 姚定. 投资支持旅游业发展路径分析 [J]. 营销界, 2019 (20)：97-98.

[60] 朱光喜, 朱庆. 地方官员更替是否影响政策稳定？——基于 G 自治区地级市的实证分析 [J]. 广东行政学院学报, 2019, 31 (1)：5-13.

[61] 黄胡洁. 古村落保护性开发的政府管理问题研究 [D]. 西安：长安大学, 2021.

[62] 汪雪. 乡村产业振兴中乡镇政府职能履行研究 [D]. 重庆：西南政法

大学，2023.

[63] 夏杰长，贺少军，徐金海. 数字化：文旅产业融合发展的新方向 [J]. 黑龙江社会科学，2020 (2)：51-55+159.

[64] 陈莎，邓俊淼. 移动互联网时代乡村旅游创新发展探讨 [J]. 合作经济与科技，2023 (5)：52-53.

[65] 申云菲，钟靖玉. 洛阳"龙门石窟"具有地域特色的文创 IP 打造探讨 [J]. 现代商贸工业，2023，44 (1)：49-51.

指导教师：戴颖洁

余杭径山村：数字赋能下的
乡村物流"最后一公里"运行模式探究

焦瑜、刘近桐、吴安琪、万雨萌、张唐溢

一、引言

（一）研究背景

数字乡村是指在农村地区应用数字技术和互联网等信息化手段，实现农业、农村经济和社会的数字化、智能化和网络化发展。数字乡村既是乡村振兴的战略方向，也是建设数字中国的重要内容。物流"最后一公里"是指从物流配送中心到终端用户，尤其是在城市郊区和农村地区最后一段距离的物流配送环节。乡村物流的"最后一公里"由于农村地区的特殊性，存在各种挑战和问题，需要进行深入调研以找出解决方案。

杭州作为中国电子商务之都，2022年网络零售额首次突破万亿大关，达到10496.3亿元。然而，在杭州部分农村地区仍存在物流"最后一公里"问题，这限制了电商的发展，影响了居民的网上购物配送体验。与城市相比，乡村的物流基础设施相对薄弱，物流网络覆盖不完善，再加上农村特殊的地势地形，配送能力有限。因此，需要研究合适的物流运行机制，以提高乡村物流的效率和服务质量，实现商品的最后一公里配送。

（二）研究意义

随着电子商务、直播平台的兴起，"快递进村""农产品进城"等政策的推进，乡村"最后一公里"配送问题亟待解决。中国政府网公布的数据显示，2021年全国乡镇快递网点覆盖率达98%，基本实现"乡乡有网点"的目标，但全国55.6万个建制村快递到村只占到50%左右，仍有一半的快递只能放在乡镇。许多物流企业在配送方面明确表示乡镇级或乡镇级及其以下村组级不提供配送服务。2022年中央一号文件《中共中央、国务院关于做好2022年全面推进乡村振兴重点工作的意见》指出，加快农村物流快递网点布局，实施"快递进村"工程，鼓励发展"多站合一"乡镇客货邮综合服务站、"一点多能"村级寄递物流综合服务点，推进县乡村物流共同配送，促进农村客货邮融合发展。如何实现"三农"相关商品的快速流通，关键是打通"最后一公里"配送渠道，以"物流"带动"商流"，扩大农产品的销售市场，提高农村居民生活质量，加快乡村经济大循环，对助力乡村振兴具有重要意义。

通过研究数字乡村物流最后一公里运行模式，可以促进乡村地区的农产品销售，通过拓宽农产品销售渠道，打破传统的销售模式和地域限制，使用电子商务平台、物流配送网络等方式，将农产品推广到更广阔的市场，增加农产品的销售量和销售额，提高农民收入，促进乡村经济发展。以径山村为例，其特色茶业在乡村物流的帮助下扩大了销售范围，促进了当地经济的发展；促进乡村物流最后一公里发展，可以便捷地为村民提供生活消耗品，满足个性化商品供应需求，建立高效的物流配送网络，可以减少村民收件取件以及退换商品所花费的时间精力等，提高村民的生活品质；乡村物流最后一公里的完善，还可以提供就业岗位，增加村民就业机会，带动相关行业的就业和经济增长。例如，物流配送企业的兴起将带动快递员、配送员等岗位的就业，同时也会促进农村基础设施建设和服务业发展，为农村居民提供更多的就业机会，并增加收入来源。

总之，研究数字乡村物流最后一公里运行模式对于推动乡村特色产业发展，促进乡村振兴，提升人民生活幸福感具有重要意义。杭州径山村以特色茶业为支柱产业，但当地不完善的物流体系阻碍了产业的进步，也使得当地居民的生活在快递物流方面多有不便，因此具有典型例子特征。研究杭州径山村数字赋能下的乡村物流最后一公里问题，对于解决全国未能实现物流网络覆盖的乡村提供实际解决案例，助推全国乡村物流网络的发展和完善。

二、研究方法

（一）实地调研法

1. 选点

本文选择调研的地址为浙江省杭州市余杭区径山村。此村庄在 2019 年 9 月 24 日入选第九批全国"一村一品"示范村镇名单。2020 年 9 月 9 日，被农业农村部办公厅公布为 2020 年中国美丽休闲乡村。这样的一个优秀村庄能年产优质"径山茶" 26000 余公斤，产值 1500 万元，同时随着径山寺名声鹊起，其他资源型产业也被带动发展，如"径山泉"饮用水以及一些农业产品。直播兴农在当下给农产品带来了更多的销售机会、提高了产品的知名度和品牌价值，同时也提供了更高效的物流配送方式。本文在探讨乡村物流问题时认为径山村具备一定的经济条件与基础建设条件，并且由于商品对外销售的促进，物流配送在此村具有重要性。出于对以上方面的考虑，我们认为径山村在物流"最后一公里"问题上具有一定的代表性与研究价值。

2. 基础条件

当地居民分布较为分散，村中多山路。

（二）实地访谈法

在径山村的物流调研中，我们通过直接与相关人员，如快递员、驿站管理员、村民、村书记，进行面对面的交流和访谈，获取了详细的信息，并深入了解了径山村物流的现状、问题和发展需求，为本文的研究与结论提供了依据。

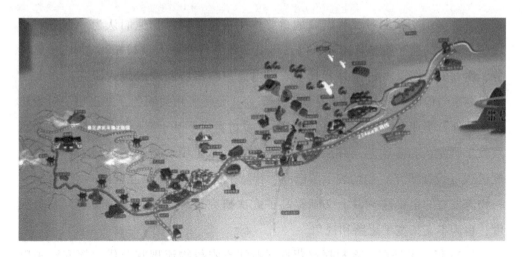

图1 径山村游客中心地图介绍

（三）文献分析法

通过查找"乡村物流""最后一公里""农村电商""数字赋能"等相关关键词，对有参考意义的文献进行阅览分析，并构建了研究思路，归纳总结对此次研究的有用信息，为本文奠定了理论基础。

三、文献综述

（一）国内文献综述

随着数字技术的广泛应用，数字赋能已经成为乡村振兴战略的重要组成部分。在数字赋能下，乡村物流"最后一公里"配送服务的问题成为乡村物流发展的瓶颈之一，因此，许多学者已对乡村物流的现状进行了探索。2023年，胡志钰在《乡村振兴视域下农村电商物流评价体系指标选取》中构建了四点一级指标，即农村电商物流基础设施、农村经济发展水平、农村电商人才要素、信息技术。本文也将借鉴此指标完成调查研究。

检索发现，2022年，倪燕的《农村电商物流融合发展助推乡村振兴的对策思考》等多篇文章都对农村电商的重要作用进行了思考，他们认为"促进农村发展最有效的途径就是利用互联网，将电子商务行业融入乡村振兴之中"，莫桂芳、谢莉更是在《乡村振兴背景下农村电商与物流协同发展模式研究》一文中以贵港市当地电商产品邮乐购为例展开研究，分析了相关问题，并提出了对策建议。此外，李炜卓、季秋、归耀城等的《乡村振兴下基于高校智慧物流平台的实践教学研究》和潘欣艺、许昌、戴茹嫣等的《基于用户需求的乡村农产品物流配送 App 设计研究》也均表示了电商、智慧平台、App 等"互联网+物流"对乡村物流发展的重要性。以上文献提高了此次研究过程对此方面的了解度和重视度，也为本文拓宽了思路和视角。

2023 年，王丹在《乡村振兴背景下浙江省农村物流现状及优化探究》中以浙江省为例，利用 PEST 分析法对其农村物流发展的宏观环境进行分析；胡志钰在《乡村振兴背景下陕西省农村电子商务物流发展现状及趋势》中立足于当前乡村振兴战略和数字化乡村建设宏观背景，通过数据分析和政策解读剖析农产品电子商务物流的发展现状和趋势；钱盈在《乡村振兴战略下农村电商物流"最后一公里"建设现状及策略》中对乡村振兴战略下农村电商物流"最后一公里"建设状况进行了系统研究；2022 年，秦瑞楠在《新时代乡村振兴战略背景下的农村电商物流发展现状及对策》一文中以中国农村电商物流为研究对象，系统分析了新时期中国乡村振兴发展战略背景下的农村电商物流发展状况。本文参考以上文献，大体得知了我国乡村物流现状，随着我国农村电子商务迎来良好发展契机和其规模不断壮大，对农村居民生产生活的影响效应日益凸显，农村地区物流行业发展趋势总体向好，且拥有广阔的发展前景。但与此同时，它在"最后一公里"的问题上也面临诸多困境仍待解决。

2022 年，曹玉姣在《乡村振兴背景下湖北农村电商物流发展研究》中运用问卷调查方法调研湖北省农村居民消费者对于农村电商物流的满意程度，以此深入了解农村电商物流发展中存在的问题及其成因。孙光友的《乡村振兴背景下农村物流发展问题研究》和张滨丽的《乡村振兴背景下农产品物流发展困境与对策研究》则从全国大视角下发现农村物流问题，并提出对策建议。由以上文章可见，基础设施建设落后、农村信息技术薄弱、物流企业发展迟缓、物流人才缺乏等问题在农村物流中普遍存在，本文将对以上困境在径山村中的现状进行调研并分析。

综合以上文献，众学者在探究现状与困境的同时也提出了相应的措施与对策，如孙兴友提出的"加强农村物流基础设施建设，构建高效的农村物流配送服务体系，加强县、乡、村三级物流网络节点建设，加快物流专业人才培养等方面，进一步发展农村物流服务"。此外，2022年，马萌在《乡村振兴战略下农村智慧物流建设研究》中提到，农村物流行业向智能化、自动化、信息化发展，因此除了传统物流建设以外，还应注重智慧物流建设。2023年，潘俊霖在《乡村振兴背景下社会工作助力武威市农产品物流效率提升和农产品电商发展研究》中指出需要发挥出社会工作者的作用，汇集社工力量，做好政策的引路人和倡导者。此类文献拓宽了本文对相关对策的思路。

（二）小结

综上所述，目前我国对于物流"最后一公里"问题的研究文献相对完善，但主要集中在城市范围内，很难细致到每一村落，因此本文认为到径山村进行实地调研，为农村物流发展现状增加一份参考是十分有价值的。经过文献检索和阅读，本文对数字赋能背景下的农村物流相关机制已有了解，在文章中将会因地制宜地根据径山村数字化状况，对宏观视角下的现有困境及解决路径进行微观分析和完善，并进一步通过访谈考虑可行性，以期为径山村村民完成一份可供参考的数字乡村物流发展模板，推动数字物流建设，助力乡村振兴。

四、数字赋能下径山村物流现状

2022年以来，径山村结合实际，打造以"数字+农文旅"为方向的"产业特色型"未来乡村。从村居环境、产业发展、乡风文明、乡村治理、人才培育等方面着手，聚力未来"产业、风貌、文化、邻里、健康、低碳、交通、智慧、治理"九大场景建设，实现生态环境、人居环境更加优越，农文旅产业融合发展进一步提升，乡村治理体系更加完善，村风民风明显改善，村集体经济、村民收入显著增长，打造成"乡愁可寄，未来可期"的"未来乡村"示范区。但根据实地调研结果来看，径山村物流"最后一公里"的问题在数字赋能下的改变良莠不齐。

（一）基本状况介绍

1. 物流量

根据了解，杭州径山村的快递服务除了顺丰外，其他快递公司都统一送至双溪村的快递驿站。根据访谈快递驿站的老板得知，该驿站已经建成五六年，集中签收和存放了周边共 5 个村的快递。随着数字乡村建设的不断完善，促进农村消费升级，进而扩大农村电商物流需求。如今该快递驿站每天平均收到 800 件快递，其中径山村的快递有 70—100 件。这些快递主要是由老年人通过拼多多等电商平台购买的日用品，价值不高。而较高价值的快递一般来自京东，每天也只有几个。

2. 物流站点经营形式

由于当地居民数字化意识薄弱、数字化技术缺乏等问题，并未形成智能农村电商物流系统，快递驿站的经营形式是自营，不依赖于村里的支持，经营目的主要为方便村民，但也需要到店自取。快递驿站的主要收益来源是存取费，这些费用通常是根据快递包裹的数量和重量来计算的，快递驿站的老板说："通常以百为单位，每一百件快递存进来，就会有一个存取的费用。"驿站与各个快递公司合作，为快递公司提供集中管理服务，提供便利。目前径山村互联网不能覆盖县、乡、村三级物流体系，在产品运输侧不存在智能管理运作系统，仅依靠人力。根据与快递员的交流，我们了解到，对于需要送货上门的情况，快递员只能尽力将货物送到客户家中，但额外费用由公司补贴，一般只有几毛钱，最高也只有 1.2 元。对于一些难以满足的客户，快递员也无法做出太多改变，只能尽力履行自己的义务。

3. 物流站点分布

径山村及其周围共有两个物流站点，顺丰速运以及双溪村的快递驿站，两个物流站点相距1公里左右。物流站点的分布通常会考虑地理位置因素。物流站点会选择在交通便利、靠近主要道路或交通枢纽的地方建立，以便更好地连接不同地区和运输路线，其中顺丰速运处于三路交界点，距离径山社区村委会4.7公里，步行1小时10分钟，骑行25分钟。物流站点的分布还会考虑到人口密度和需求的因素，双溪快递驿站位于居民聚集地，距离径山社区村委会4.3公里，步行1小时，骑行20分钟。

图2　径山村顺丰快递点运输工具

4. 居民寄取件形式

根据对游客接待中心工作人员的访谈得知，顺丰的快递可以送货到村里，"但只能送到人群聚集的地方，如果住得太偏远还是需要来自取"，而且每日有固定的时间，如一日两次，其他快递公司的快递则需要村民到快递驿站自取。根据对超市工作人员的访谈得知，供应商可以提供送货上门的服务，与物流公司无关，而当地的茶商、电商公司等私人企业，如果有足够大的需求量，可以和物流公司达成长期合作，有快递员上门送取。

（二）物流机制介绍

径山村的物流机制主要指电商物流，包括向外运输和向内接收两个方面。向外运输以茶叶对外销售的电商产业物流为主，向内接收主要指村民快递的日常电商购物收取。

1. 向外运输

通过对径山村的走访，我们观察了两个具有代表性的售茶基地，分别为径山村游客接待中心和茶仙子直播间基地。径山村游客接待中心有已经包装好的茶叶产品及副产品，并且具备小规模的仓储设施，目前的销售形式以线下游客购买居多，线上销售为辅，于2022年在淘宝注册了官方旗舰店，拓宽了数字化销售渠道。我们走访过程中了解到，他们曾经设立售茶直播间，每周有固定的直播时间来进行线上销售，但由于线下销售太过繁忙，人力不足以兼顾线上宣传、营销及销售，所以暂时放松了对线上经营的管理。线上售卖商品的运输以和物流公司合作来进行。

茶仙子直播间基地属于线上销售基地，基本上不会进行线下销售，他们每周有固定的直播时间来进行线上宣传，同时通过京东网店来进行茶叶销售，是当地保障电商物流供给的重要一环。

通过访谈我们了解到，该直播基地隶属于当地唯一一家电商公司，且工作人员为杭州电商公司派遣人员，数字化技术可以得到保障，为乡村催生了新业态、新模式和新型电商产品，为农村电商物流市场注入了新动力。可见在数字技术支撑下，径山村出现了电商直播带货等农村"数商"新业态，村民可以通过电商平台把优质产品向线上广大消费者直观展示，缩小了买卖双方的信息鸿沟，拉近了产品和消费者的距离，激发起消费者的购买欲望，增加了农产品销售量并实现有效带货。与此电商公司合作的配送公司会以每周一次的频率来收一批商品，以保证茶叶的新鲜程度，每批商品大概有一百个单位。配送公司在下单后会在48

小时之内发货，大大促进了乡村电商物流的流动。除了售茶基地外，村中有茶商向种茶的散户村民收购茶叶，然后统一进行包装储存并销售运输。

图3　　　　　　　　　　　　　　　　图4　径山村的电商基地

综上我们可以了解，到径山村向外运输的物流机制主要分为：集合和处理、仓储和包装、运输和配送、市场销售和推广四个方面。

2. 向内接收

物流中心或快递站点的分拣环节：在物流中心或快递站点，快递包裹会经过分拣处理。工作人员会根据包裹上的目的地信息，将包裹分拣到相应的区域或者配送线路。

快递公司的收寄环节：快递公司在乡村会设立收寄点或者合作点，接收乡村居民的快递包裹。这些收寄点通常位于乡镇或村庄的中心位置，方便居民寄送和领取快递。

最后一公里配送环节：理想状态中，分拣完成后快递包裹会被派送员按照配送线路进行配送。对于乡村地区，由于道路条件和交通限制等因素，快递公司通常会采取不同的配送方式，如摩托车、电动车、自行车等，将包裹送到乡村居民的家门口。但现实状态是由于快递站的收益和人力因素，村民的快递都需要自行前往收寄点收取快递包裹。此环节也是本小组此次调研最着重的部分。

通过大数据、物联网和区块链等数字技术赋能农村电商物流，有利于打造更高效、更便捷、更智能化的物流服务，实现降本增效，但以径山村实地状况来看，农村电商物流数字化运营显然尚未得到全面应用，仅仅在分拣环节提供了一些便利，送货方仍然依靠人力。

（三）数字赋能下径山村物流发展面临的困境

1. 农村电商物流融资能力差，缺乏发展资金

径山村仅有1600多人，人口较少，快递需求量相对低，这导致快递驿站的盈利非常有限。据径山村书记所述，在乡村建设一个快递驿站需要考虑场地租赁费用、装修费用、设备费用、人工费用等，且径山村主要对外农产品为茶叶，供应不连续不稳定，没有形成产业链，在此情况下难以寻求企业融资，缺乏初始资金的投资，更无法实现智能化、数字化运营。且由于径山村的快递量并不大，因此通过快递集中存取所盈利的费用并不足以反哺快递驿站的建设和运营费用，限制驿站长期经营和发展空间，成为农村电商物流建设和升级的障碍。

2. 物流企业发展迟缓，缺乏人才监管

径山村缺少专业技术人员，无法满足数字乡村电商管理。快递公司的多样性是使快递驿站统一化面临的困境。由于市场竞争激烈，快递公司数量众多，每家公司都有自己的运营模式、服务标准和操作流程，不同的快递公司有不同的合作条件、不同的信息系统、不同的包装流程等，得不到统一科学的经营，无人愿意做第一家进村的快递公司，导致农村电商物流发展速度难以提升，发展规模难以扩大，农村电商物流网络体系不健全，无法满足数字革新，影响了径山村整体电商物流发展。

3. 电商处于起步阶段，数字化意识薄弱

径山村的电商发展还处于起步阶段，仅有一家电商公司和尚未正式投入运营的淘宝旗舰店，发展一般。乡村茶农和茶企更习惯于传统的线下销售模式，通过游客集散处、茶叶专卖店等渠道进行销售，仍没有意识到时代大背景下数字化革

新的重要性，无心经营电子商务平台。线下茶产品销售占据整体销售的 90%，其中包括游客购买、企业定制和政府团购等，而线上仅占 10%。因此，目前径山村的电商发展对物流的需求并不是非常迫切，无法吸引物流走进"最后一公里"。

4. 农村电商物流基础设施滞后，物流网络体系不健全

由于径山村位于山区，地理环境复杂，村民居住分散且偏远，首先物流网点数量少且分布不均，道路环山距离遥远，硬件短板严重制约了电商物流效率的提高，偏远地区村民拿快递极其不便。此外乡村数字基础设施建设落后，数字技术可以满足基础应用却难以吸引电商平台入驻，也难以全面发挥电商物流服务，送货上门费时费力。

五、数字赋能下径山村物流优化对策

（一）正向村庄案例——以湖北省十堰市为例

1. 村庄的物流情况

十堰市农村电子商务发展迅速，县域开设村淘点 400 余个，6 个县市区全部成为国家级电子商务进农村综合示范县，在全省率先实现全覆盖。建成县级电商服务中心 8 个、乡镇电商服务站 107 个、村服务点 1066 个；培育"淘宝村" 4 个、"淘宝镇" 1 个。全市共有电商直播基地 20 余家、电商直播企业 4000 多家、综合电商平台 27 家，竹山县上榜 2020 中国直播电商百强县。

十堰市以亨运物流公司为主体试点，依托许家棚物流园新建区域快递分拣中心，利用客货两网，开通了五县二市客货双运班车，构建起十堰区域物流综合配送网，全力助推交通与快递融合发展。

依托数字化电商发展，十堰市建立了一个较为完整的物流体系，从向外输出农产品到朝内接取快递货物都有了有力的技术支撑，不仅促进乡村经济的发展，也大大提升了人民生活幸福感。从上述情况可以看出，电商发展和物流优化是相辅相成的，对于优化径山村物流具有重要的借鉴意义。径山村可以探索与当地特

色产业相结合的物流模式，提供定制化的物流服务，满足居民的个性化需求。通过电商和物流的有机结合，可以促进径山村的经济发展，提升居民的生活品质。

2. 村庄的发展路径

2021 年十堰市第一产业占全市 GDP 总量 9.64%，而十堰市县域第一产业比重仍在 20% 以上。十堰市政府确定了食用菌、生猪、茶叶、水果、黄酒、木本油料六大重点农业产业链，出台了《六大农业重点产业链工作指引》等一系列文件，制定出台了支持农业产业链建设的系列配套措施和政策，支持培育农业重点产业链建设加快发展。十堰市各县市区加大重点产业、特色产业培育，打造地方特色农业产业链。

"十三五"期间，十堰市冷链物流发展速度较慢，华西农商城等园区主要针对外地冷鲜肉、海鲜、冻鱼、冷冻食品的批发零售业务，真正为十堰市广大农村的水产品、药材、蔬菜等产品进行低温加工、存储、运输、配送等业务的冷链物流企业少。2021 年，国务院办公厅正式印发了《"十四五"冷链物流发展规划》，十堰市政府也开始布局衔接产地销地、覆盖城市乡村、联通国内国际的冷链物流体系，布局郧阳区供销社冷链物流物资储备中心、郧西县供销冷链物流配送中心、鄂渝陕（竹溪）农产品冷链物流配送中心、竹山县生猪冷链物流建设项目、丹江口市水产品加工冷链物流、佰昌农产品保鲜冷链物流仓配项目等项目，这些项目涵盖农副产品的加工、冷链仓储与物流配送等，项目建成后改善了十堰市农产品和居民生活物资冷链物流基础薄弱、储运配送效率不高的现状。从上述情况可以看出，政策支持在物流优化方面也发挥着重要作用。政府可以根据物流困境出台相关政策，提供资金和资源支持，推动物流企业与电商平台合作，加强物流基础设施建设，完善物流网络覆盖。

（二）因地制宜径山村物流优化路径

1. 大力发展电商产业，实现物流以出带进

径山村在农产品方面的发展路径以茶叶为主，曾通过茶业获得"亿元村"称号，但 2023 年发展减缓。通过推动径山村的电商发展，可以打造独特的电商

品牌，同时，电商平台可以提供更加灵活的销售方式，如限时秒杀、团购等，拓宽线上销售渠道，吸引更多的消费者，提高径山村茶产品的知名度和销售量。随着销售量的增加，物流需求量也会相应增加。

物流具有对称性质，即进出货物的数量相对平衡。在推动径山村电商发展的过程中可以通过建立物流配送网络，将进入径山村的上门寄件与外部的快递运输相结合。这样一来，当径山村的电商企业寄件时，可以顺带将外部的快递运进来，实现物流的平衡和优化。

随着特色电商的发展，径山村的经济也会得到提升。经济的发展将带动物流需求的增加，同时也会提高物流的效率和服务质量。随着物流规模的扩大，快递驿站建设费用问题也可以得到缓解，从而进一步促进电商的发展和物流的优化。

图 5　径山村游客中心宣传语

2. 政府支持，实现"电商+物流"双循环

基于径山村线上销售人力资源不足和物流企业缺乏人才监管等现状，径山村政府可以采取一系列措施来支持电商发展和物流优化，实现"电商+物流"双循环。政府可以提供资金支持，外聘专业直播团队，常驻线上直播间；培养专业监管人才，提高监管水平，促进物流驿站的建设和升级。

同时，政府和快递企业应加大投入农村电商物流服务网点，通过采取"邮快合作""快快合作""快商合作"等模式加快"快递进村"，增加网点密度，有效降低物流运输和配送成本，提高多级物流合作效率。

3. 发挥集体经济优势，以社会工作助力数字物流发展

在乡村物流最后一公里问题面前，村民内部可以发起物流互助计划，采用"社会工作+乡村振兴"或"乡村振兴+社会工作"的模式助推物流网络的完善，运用集体经济组织协调居民和农民合作社等组织，建立轮流物流配送体系。通过整合资源和力量，完善物流运输所需的交通工具等作为村庄的共有财产，并投入实际使用中去，以方便民众轮流运输。同时在活动制度上可以根据实际情况进行优化，参考当地村庄的快递收取量来制定轮岗频率；一些高龄村民、残疾人村民在存在物流需求的情况下，可以提出申请，对轮岗人员的选择提供实际建议，以实际情况作以调整，大力整合资源、打造平台、服务群众，发挥集体经济聚焦需求的"一公里"作用，以"小切口"挖掘"深服务"，"小支点"撬动"大变样"，携手促进人民福祉。在互助计划的推动下，促进物流最后一公里问题的解决，并且可以增强村庄的友好互助文化氛围，为打造素质村庄奠定基础，让我国乡村在提高生活便利的同时提高精神文化水平。

参考文献

[1] 倪燕. 农村电商物流融合发展助推乡村振兴的对策思考 [J]. 中国储运, 2022 (9): 164-165.

[2] 莫桂芳, 谢莉. 乡村振兴背景下农村电商与物流协同发展模式研究——

以贵港市邮乐购为例［J］. 中国物流与采购，2022（18）：71-72.

　　［3］李炜卓，季秋，归耀城，等. 乡村振兴下基于高校智慧物流平台的实践教学研究［J］. 物流工程与管理，2022，44（8）：152-155.

　　［4］潘欣艺，许昌，戴茹嫣，等. 基于用户需求的乡村农产品物流配送 App 设计研究［J］. 艺术与设计（理论），2022，2（8）：112-114.

　　［5］胡志钰. 乡村振兴视域下农村电商物流评价体系指标选取［J］. 中国储运，2023（9）：144.

　　［6］王丹. 乡村振兴背景下浙江省农村物流现状及优化探究［J］. 物流工程与管理，2023，45（2）：15-17.

　　［7］胡志钰. 乡村振兴背景下陕西省农村电子商务物流发展现状及趋势［J］. 中国储运，2023（8）：121.

　　［8］钱盈. 乡村振兴战略下农村电商物流"最后一公里"建设现状及策略［J］. 绥化学院学报，2023，43（9）：49-51.

　　［9］秦瑞楠. 新时代乡村振兴战略背景下的农村电商物流发展现状及对策［J］. 物流技术，2022，41（11）：18-21.

　　［10］曹玉姣. 乡村振兴背景下湖北农村电商物流发展研究［J］. 当代经济，2022，39（9）：66-71.

　　［11］孙光友. 乡村振兴背景下农村物流发展问题研究［J］. 全国流通经济，2022（20）：16-18.

　　［12］马萌. 乡村振兴战略下农村智慧物流建设研究［J］. 农业经济，2022（3）：133-135.

　　［13］潘俊霖. 乡村振兴背景下社会工作助力武威市农产品物流效率提升和农产品电商发展研究［J］. 中国物流与采购，2023（14）：36-37.

　　　　　　　　　　　　　　　　　　　　　　　　　　　指导教师：俞超

萧山大同三村：美美大同，数智赋能

王婧轩、黄陈思怡、卢婧宇、高馨蕊、刘少童、刘欣悦

一、绪论

（一）调研背景与意义

2017 年 10 月 18 日，在党的十九大报告中，提出了网络强国、数字中国、智慧社会的部署，首次提出实施乡村振兴战略。随后在《中共中央 国务院关于实施乡村振兴战略的意见》中首提实施数字乡村战略。2019 年 5 月，中共中央、国务院出台《数字乡村发展战略纲要》，明确数字乡村的定义和不同时间段的目标；首次提出"发展农村数字经济"。2020 年中央"一号文件"要求"开展国家数字乡村试点"，2020 年 9 月公示了全国 32 个省份、117 个国家数字乡村试点名单。数字乡村的身影在一次次人民的决策后逐渐清晰，既传承了数字中国建设的一般性，又明确了乡村领域建设的独特性。

数字乡村是伴随网络化、信息化和数字化在农业农村经济社会发展中的应用以及农民现代信息技能的提高而内生的农业农村现代化发展和转型进程，既是乡村振兴的战略方向，也是建设数字中国的重要内容。2019 年，中共中央办公厅、国务院办公厅联合印发《数字乡村发展战略纲要》，制定了我国数字乡村建设的中长期发展目标，明确到 2020 年，数字乡村建设取得初步进展；到 2025 年，数字乡村建设取得重要进展；到 2035 年，数字乡村建设取得长足进展；到 21 世纪

中叶，全面建成数字乡村，助力乡村全面振兴，全面实现农业强、农村美、农民富。

鉴于目前数字乡村建设尚处于初步发展阶段，本文能做到在某一方面有所深入探索，而难以实现对数字乡村建设全面整体的研究。因此，本次调研对数字乡村的阶段性建设进行侧重强调：乡村治理数字化是指充分利用数字科技手段，围绕乡村的社会、文化、生态、经济等进行治理机制和方法的数字化改造。主要内容包括智慧政务、智慧党建、智慧村务等。乡村治理作为乡村建设中的强政治性元素，通过拉近政府与群众的关系，进行更深入全面的沟通，对往后的乡村建设具有领头作用。

数字乡村对推进城乡一体化进程、有效解决"三农"问题、促进农业全要素生产率提升、推动农村现代化转型、提升农村治理的智能化、破解乡村振兴难题有着重要的战略意义。有助于缩小城乡之间的"数字鸿沟"，推动深入构建乡村治理体系。数字乡村建设为乡村振兴和农业农村现代化注入了全新动能，其内容涉及方方面面，为百姓生活带来了极大的便利和切实的好处。对数字乡村的建设进行实地研究是了解数字乡村实际成果的首要方法，通过调研可以发现数字化设施是如何切实改善村民生活、如何推动农业农村现代化发展进程的。同时，在调研中还能发现在实际运用中出现的问题和不足。因此，实地调研与访谈在探究数字乡村建设发展现状中具有重要意义。

（二）调研对象及问题

本次调研的地点为杭州市萧山区楼塔镇大同三村，在实地调研过程中采用了随机抽样和滚雪球式抽样，选取 15 位村民、5 位村干部，共 20 名调研对象，针对以下方面的数字乡村建设内容进行探究：

1. 当地政府的数字乡村建设成果体现在哪些方面？
2. 当地村民的数字乡村体验满意度如何？
3. 未来当地的数字乡村建设有哪些规划？

二、文献综述与成果综述

（一）国内数字乡村建设总体情况

乡村振兴包括产业振兴、生态振兴、文化振兴、人才振兴、组织振兴等方面，数字乡村则包括未来党建、未来医疗、未来健康、未来低碳等方面。

数字乡村建设的基本架构主要由乡村数字基础设施、乡村数据资源、乡村数字产业化、乡村产业数字化和乡村治理数字化五个方面构成。数字乡村的建设关键点在于"三生（生产、生活、生态）、一治（乡村治理）、一经济（乡村数字经济）"，即要重点去抓乡村的生产、生活、生态和乡村治理体系的数字化，同时采用数字经济的模型构建乡村的数字经济业态，通过商业模式加平台加后续的运营的方式，实现数字乡村架构的落地实践。

根据中央网信办信息化发展局、农业农村部市场与信息化司共同指导，农业农村部信息中心牵头编制的《中国数字乡村发展报告（2022年）》，近年来乡村数字基础设施建设加快推进，截至2022年底，5G网络覆盖所有县城城区，实现"村村通宽带""县县通5G"；乡村数字化治理效能持续提升，全国六类涉农政务服务事项综合在线办事率达68.2%；数字惠民服务扎实推进，利用信息化手段开展服务的村级综合服务站点增至48.3万个，行政村覆盖率达到86.0%。总的来看，数字乡村发展取得阶段性成效，实现了"十四五"良好开局。

1. 数字乡村方面的研究

关于"数字乡村"这个概念是近几年才提出来的，最早是在《乡村振兴战略规划（2018—2022年）》中出现，所以目前在我国关于数字乡村的研究尚且不算多。郭红东、陈潇玮在《建设"数字乡村"助推乡村振兴》一文中指出："数字乡村是指乡村依托数字经济的发展，以现代信息网络为重要载体，以数字技术创新为乡村振兴的核心驱动力，实现乡村生产数据化、治理数据化与生活数据化，不断提高传统产业数字化、智能化水平，加速重构经济发展与农村治理模式的新型经济形态。"而李青通过分析黑龙江省数字乡村建设中存在的问题，提出了健全数字乡村建设统筹管理机制、完善信息基础设施建设、健全数字资源整合共享机制、提高乡村数字平台支撑力、加强数字乡村建设要素保障等建议。同时赵早关注于乡村治理向开放式、协同性、精准性和前瞻性的模式进行转型的趋势，从而指出信息设施建设滞后、数据开放水平低、要素保障能力不足及法律法规建设滞后的一些已经和即将面对的治理问题。另外楼智慧等通过分析数字乡村建设嵌入乡村治理的内在逻辑及数字乡村建设嵌入乡村的治理模式，阐述了乡村治理模式转型升级的必要性。

2. 数字治理方面的研究

随着数字技术的飞速发展与进步，我国学者在数字化治理方面的研究也越来越多，这些研究主要是围绕着数字治理模式进行展开。戴长征、鲍静通过社会形态演变分析，对数字政府治理的趋势进行判断，提出数字政府治理必然向"智慧"政府治理转变的论断。颜佳华、王张华认为数字治理是对传统的"电子政务"的一种提升，数字治理概念的提出，不仅使电子政务从技术层面上升到治理层面，而且将数字和治理两方面进行了较好的融合。数字治理既能够反映真实的治理实践活动，也是信息通信技术实用于政府内外行政过程的产物，更是将信息技术的效用从政府组织内部延伸至外部的过程。使用数字治理在一方面可以对政府组织的内部进行"赋能"，另一方面也可以对政府组织外的公众进行"赋权"，使得公众能够充分利用信息技术所开辟的通道参与政府决策，这也使得相关决策具有一定的民主性，也让政府管理走向"以公民为中心"的治理转型之路。王洛忠等通过对国内数字治理的情况进行研究，认为国内数字治理研究经历了从概念体系引进网络治理，从政府治理能力建设到智慧城市治理再到智慧乡村治理的步步推进。

3. 技术发展方面的研究

国内在对数字治理总体进行研究的同时，也对具体采取的相关技术进行了研究，张春华提出了大数据可以为数字乡村治理现代化赋能这一观点，增强治理的科学性，提升治理效率，从而实现乡村治理的整体性、前瞻性与精细化。毛高杰认为需要从技术、认知和治理机制的内在逻辑出发，建立更加具有实践意义的大数据等新兴信息技术赋能的乡村治理机制。所以需要加大相关新兴信息技术的基础设施建设，创新乡村治理的现代化内涵，完善相关的数字技术赋能机制，实现新兴信息技术赋能的乡村治理可持续化发展。李小伟认为大数据需要融入乡村治理的过程中，推动治理的民主化、科学化、现代化与法治化。郑军南、徐旭初则提出要通过加强顶层设计、引导村庄分类推进、加强技术应用、加快信息基础设施建设，以及相关配套设施的建设去推动数字乡村的建设与发展。陈红认为在乡村治理的过程中去采用数字化技术能够提高对乡村的精准有效治理，因此需要通过大数据来整合各方面的信息资源，建立大数据平台和符合乡村实际的政务服务平台，以此来构建乡村自治、德治和法治相结合的乡村治理体系。

（二）数字乡村研究成果综述

《中国数字乡村发展报告（2022年）》（以下简称《报告》）全面总结回顾2021年以来数字乡村建设取得的新进展新成效，力求让社会公众能够全面准确了解数字乡村发展给乡村产业、人才、文化、生态、组织振兴带来的新变化。

2021年全国数字乡村发展水平达到39.1%，为后续阶段的推进铸就了一个稳定的基础。一是乡村数字基础设施建设加快推进。农村网络基础设施实现全覆盖，农村通信难问题得到历史性解决。截至2022年6月，农村互联网普及率达到58.8%，与"十三五"初期相比，城乡互联网普及率差距缩小近15个百分点。二是智慧农业建设快速起步。数字育种探索起步，智能农机装备研发应用取得重要进展，智慧大田农场建设多点突破，畜禽养殖数字化与规模化、标准化同步推进，数字技术支撑的多种渔业养殖模式相继投入生产，2021年农业生产信息化率为25.4%。三是乡村数字经济新业态新模式不断涌现。农村寄递物流体系不断完善，农村电商继续保持乡村数字经济"领头羊"地位，乡村新业态蓬勃兴起，农村数字普惠金融服务可得性、便利性不断提升。四是乡村数字化治理效能持续提升。"互联网+政务服务"加快向乡村延伸覆盖，2021年全国六类涉农政务服务事项综合在线办事率达68.2%，以数据驱动的乡村治理水平不断提高。五是乡村网络文化发展态势良好。乡村网络文化阵地不断夯实，网络文化生活精彩纷呈，中国农民丰收节成风化俗，数字化助推乡村文化焕发生机。六是数字惠民服务扎实推进。"互联网+教育""互联网+医疗健康""互联网+人社"、线上公共法律与社会救助等服务不断深化，利用信息化手段开展服务的村级综合服务站点共 48.3 万个，行政村覆盖率达到 86.0%。七是智慧绿色乡村建设迈出坚实步伐。农业绿色生产信息化监管能力全面提升，乡村生态保护监管效能明显提高，农村人居环境整治信息化得到创新应用。八是数字乡村发展环境持续优化。政策制度体系不断完善，协同推进的体制机制基本形成，标准体系建设加快推进，试点示范效应日益凸显。经过三年多的持续推动，"数字革命"正在农村这片广阔沃土引发一场深刻的社会变革，为全面推进乡村振兴、建设农业强国、加快农业农村现代化持续提供新的动能。

三、大同三村基本情况

楼塔镇大同三村，地处杭州市萧山区最南端，东与诸暨次坞镇接壤，南与大同二村相邻，西靠楼塔仙岩山。村内青山环绕，秀峰林立，大同溪流淌其中，楼佳线、杭州绕城西复线高速公路穿村而过。全村辖大同坞、中央坞、路下院三个自然村。区域面积 3.305 平方公里，农田 943 亩，山林 1567 亩，农户 517 户，人口 1806 人，2021 年村级集体可分配收入 172.91 万元，村集体经营性收入 96.14 万元，村民人均年收入 31627 元。2012 年以来，大同三村先后被授予区级"先进基层党组织""美丽乡村示范村""美丽庭院创建先进村"、浙江省"善治村"等荣誉称号。村内建有文化礼堂、村民文体活动中心，设医疗服务站、老年食堂、特色产品展卖部、老年活动室、图书馆、书画室等，为村民提供各项服务。此外，还建有清心廉社工作室、"美美大同"数智治理工作室，凸显了以人为本的治理理念。大同三村还设有党群服务中心，占地面积 3.915 亩，建筑面积 1396 平方米，以一站式便民服务大厅为依托，设置了环境卫生、拆违控违、公共设施、农民建房、党建群团、安全信访维稳、民政救助、劳动保障、残联老龄等岗位，是为当地村民满足日常生活需求和完善信息服务的主要场所。

四、大同三村数字技术使用概况及数字治理发挥效能情况

（一）大同三村数字技术使用概况

1. "美美大同"小程序

"美美大同"的名字取自费孝通的"各美其美，美人之美，美美与共，天下大同"，以家庭为治理单位，蕴藏着"齐家"的文化内涵。"美美大同"乡村数字治理是以"村民端+后台管理"的产品形态，"徽章+仙岩币"两大体系引导和激励村民自主参与到乡村治理中。大同三村根据实际情况，从村民、村庄、村情中提炼出与村民日常生活、行为规范密切相关的十个方面设计成徽章。分别是"不越矩""相濡以沫""让三尺""吾爱吾老""主人翁""新时尚""爱洁净""养性怡情""行善积德""平安是福"，提倡村民遵纪守法、友爱和谐、整洁卫生、热心公益。美丽乡村建设不仅要村美、民富，更要群众精神富足。在经济建设发展的同时，教育引导村民群众弘扬中华优秀传统美德，在社会生活中讲诚信、守规矩，讲权利、尽义务，自觉弘扬践行社会主义核心价值观，展现出新时代的农民风貌。此外，每枚徽章都有四个等级，分别是"无—铜—银—金"。村民通过学习每日学法一题、积极参与评选活动、拍照上传庭院照片就能获得仙岩币，积累仙岩币到一定数量升级为徽章。而如果有违法、铺张浪费、家庭纠纷等负面行为，则会扣除一定的仙岩币，降低徽章等级。

2021年6月1日，"美美大同"数字乡村治理系统正式上线，在大同三村先行先试，2022年3月，完成了全镇推广覆盖。"美美大同"数字乡村治理系统共录入7193户，共25482人，已认证激活6997户。激活率和覆盖率均超过97%，月均活跃户数2520户，活跃度达35%。

"美美大同"数字治理系统使治理成本更节约，一年多来，义工活动发起83次，村民参与人数达到396人次，保洁费节约16万，村级务工支出节约近6万。数字使治理信息更公开，村民的参与轨迹全记录、上传的图片全公开、每家获得

的徽章全可查。数字使参与机会更均等，村里发起的义工、巡防等各项活动都在线上报名，遵循先来后到、公平公正的原则，村民们都有机会参与到务工活动中。数字使治理方式更智慧，家庭徽章获得遵守"做到才得到"规则，徽章每次升级与仙岩币关联，徽章可升级可降级甚至摘除，均由数字化自动完成，相比传统"手工记，开会评"不仅省时省力而且客观公正。

2. 智能监控系统

（1）防落水

大同三村在2022年的乡村示范建设过程中为全村设置了智能化监控系统，其中包括村民日常活动区域的监控及防落水监控系统，共安装了12个5G监控摄像头，这些摄像头可以完成自动捕捉、跟踪及放大缩小等功能，清晰监控到村民的行为动作与人身安全，为村民的各项活动提供及时的监管与保障。其中设置的5个防落水监控摄像头，当有移动的物体出现在监控范围区域内，监控摄像头便会及时捕捉并跟踪移动物体的运动轨迹进行实时监控，直至物体移动到监控范围区域外。

（2）交通

大同三村依托的公路主要为杭州绕城西复线高速公路、楼佳线。这些道路皆被改造为黑色硬化路面，道路拓宽修复平整，且在两旁种植树木、改善绿化，并对路面进行及时养护，使车辆行驶通畅。在村内道路方面，目前的道路已改造成柏油路面双车道，配有清晰的路面标识，各条道路平整完好。在村庄的入口处设有交通标识，为来往的村民及过路驾驶车辆提供路线指引。此外，村内设置有5个停车场，共有停车位50个，停车场整体以生态地砖和黑化路面为主，具有清楚的停车标线，且免费开放。

同时，在村内设置的12个5G监控中，包含两个非机动车道的路面监控抓拍，通过此监控可以实时反映通过该路段的非机动车数量与驾驶员佩戴头盔的情况。监控覆盖的不仅是村内的道路，绕城高速的路面情况也可以通过监控系统及时调取查询到。

3. 其他数字设备

（1）医疗体验机

医疗是数字乡村建设关注的一个切身难题。村内高龄老人数量较多，青壮年劳力多外出务工，中国老龄化的浪潮在乡村已提前到来。时刻关注身体动态，进行基础疾病的考察和规避，是民众长久性解决医疗疾病问题的有效方式。政府考虑到这一点，加强了对前期疾病检测的关注，购入专业医疗级医疗体验设备，并依据诊疗一体化原则，配备相应的基础药品柜来搭配使用。

（2）宣传大屏

影视化传播是最低门槛的传播方式，是针对乡村受众的有效方式。在人群密集地设置宣传大屏，定制化政务视频传播，对村民文化素养的熏陶和村民文化的集中宣传有直观效果。

（3）共用无人机

先进机械设备的引进对数字化工作有如虎添翼的效果。大同三村村委会联合附近村庄合力开展机械化设备更新工作，增添了一台无人机设备，具体工作内容包括定时巡飞以检测不当农业行为、不当交通行为、日常化农业监测等。在科技的助力下，村委会精减人力，把工作内容集中化、核心化，做到科技赋能智慧乡村。

（二）数字治理发挥的效能

1. 党建工作

（1）智能大屏

大数据、物联网、人工智能等新一代数字技术向纵深发展，人类社会正经历从工业化向数字化的技术范式转移，建立数字化政府是行政体系上转型的反应。《关于加强数字政府的建设指导意见》进一步指出，要把数字技术广泛应用于政府管理服务，推动政府智能化、数字化运行。加快转变政府职能，建设法治政府、廉洁政府、服务型政府，推进国家治理体系和治理能力现代化。大同三村会议室通过使用电子屏幕进入无纸化会议的现代会议模式，与传统会议模式相比，无纸化会议具有安全、高效、节约成本等多种优势。该模式有效节省了会议材料变动、传递产生的时间和人工成本，实现了高效的信息交流与共享。同时节约了纸张资源，实现绿色环保，降低了办公成本。此外，无纸化会议还提高了会议材料的保密性，有助于加强数据安全管理，大幅度降低了数据安全风险。

（2）数据驾驶舱

"美美大同"数据驾驶舱是大同三村全面提高乡村治理数字化水平，真正实现数字造福民生的又一重要举措。数据视窗将日常运行数据通过 43 个维度集结成四大模块十六个子模块在驾驶舱中呈现，真正做到数据小时刷新，一屏感知运营。利用"5G+"技术，结合人机交互、人工智能等技术，支撑乡村智能化监控。接入摄像头后实现道路监管、违规行车整治、防溺水警告等功能。不仅让社会治安防范措施延伸到村民身边，推进社会治安防控体系建设，而且帮助村委会解决监管难、追溯难的问题，大幅度降低了人工成本。一项项数据不仅增加了村干部工作的透明度，更提高了村民参与乡村治理的积极性和共享治理成果的满意度。

2. 居民生活

（1）仙岩币兑换

村民在"美美大同"小程序中参与活动积累的仙岩币可在兑换点进行商品兑换，将数字治理聚焦到村民日常生活之中。积分制治理的优点在于，为乡村治理提供了一套标准化的行为规则体系；但问题在于，积分评定会增加主观因素的干扰，积分核算会增加基层工作负担。而"美美大同"系统则实现了积分治理与数字化的有机结合，村民通过微信小程序就能够直接参与，较好解决了这两大问题。"仙岩币"的获取、徽章的升级等可通过这个系统自动操作完成，情况随时可以查询。可以说，数智化技术的运用，极大避免了人为因素的干扰，节约了治理成本，从而为积分制治理的有效实施提供了必要的技术支撑。

（2）村民自治

大同三村在推进"美美大同"数字化积分治理体系的过程中，充分运用村民自治手段，增进了村民对这一全新治理模式的认可。通过多方座谈协商，广泛征求村民代表、党员、乡贤等的意见，形成了既符合村庄实际，又获得居民广泛认可的"徽章"设计、徽章升级规则以及仙岩币计分规则。在具体运作机制上，将村民参与作为这套体系正常运转的关键一环。如"门前三包"与"美丽庭院"

等模块，农户的仙岩币获取与徽章升级主要依赖于自主拍照上传，而这些自主上传的照片是否真实有效又主要依赖其他农户的自发监督。有关村内的环境卫生、基础设施等问题，村民可以通过"美美大同"小程序进行及时监督和表达意见诉求，让监督行为变得轻松快捷。村干部接收信息后可以快速处理整改，让村民切实感受到自己的话语效果。同时，将"我爱我村，村中美丽观察员"功能接入基层治理平台，引入更多镇级以上力量和资源。正是通过坚持村民自治的基本框架，不断提高了农民对"美美大同"治理体系的认可。数字监督平台让群众意见在第一时间被接收，更多痛点难点问题能在第一时间被解决，大部分矛盾纠结能在村级层面得到妥善化解。完善了基层小微权力规范管理机制，助推基层综合治理能力现代化。

3. 乡村治理内生活力

随着城镇化的推进，农村大量青壮年劳动力外出务工，乡村呈现"空心化"的现象，乡村治理和发展的主体流失。数字空间作为乡村治理实体空间的延伸，可以突破原有的时空限制将多元治理主体汇聚在同一空间中，使分散在各地的村民能及时了解和掌握更多村务信息。拓宽了村民自治的广度和深度，充分保障个体知情权和参与权。数字空间中不同主体的话语权可以充分表达，从而有效推动自我监督、自我管理和自我服务。同时，数字承载的社会交往功能可以强化村民的集体认同感，通过小程序发布的村集体活动可以及时传递给每一位村民，增强村民参与集体活动的积极性。数字空间有助于增强在外务工青年对村庄的感情联结和价值归属感，唤醒乡村记忆，塑造村民的村庄共同体意识，增强村民的凝聚力。

4. 总结

推进数字乡村既是乡村振兴的重要举措也是建设数字中国的重要内容。大同三村数字治理赋能乡村治理，涵盖数字监督、综合治理信息化、智慧党建、"互联网+政务服务"、"互联网+医疗"等诸多内容。通过推行基层大数据监督平台，使小微权力运行更趋于透明，提升制度运行刚性和权力制衡韧性。以数字化治理优化网格治理，将事件处置在早、化解在小。为维护农村社会治安提供有力支撑，增强基层治理的敏捷度。将组织生活、理论学习等内容搬上"云端"，提升基层党组织党务工作管理效率和科学化水平。形成新型医疗健康服务业态，提升乡村医疗服务的普惠性，提高老年人生活质量。"美美大同"不追求立竿见影，在于春风化雨。乘上数字化，用好积分制，在美丽建设到美丽经济之路上，开启一场从"很美"到"恒美"的幸福之旅。

五、大同三村数字治理中出现的问题

（一）老年人的"数字鸿沟"

数字鸿沟是指由不同性别、年龄、收入的人在接近、使用新信息技术的机会与能力上的差异而造成不平等进一步扩大的状况，具体表现在接入沟、使用沟与知识沟三方面。接入沟的差距主要取决于信息基础设施（包括电脑、手机、网络等）状况、经济实力和政府决策等；使用沟的差距主要取决于技术界面的友好性和使用者的数字技能；知识沟的差距主要取决于使用者自身，包括获取知识的速度、效率和运用数字技术改变现实生活的能力。而其中代际差异是数字鸿沟的重要表现形式，即老年群体和青年群体在信息科技接受程度、使用频率和知识掌握上存在的巨大差距。

在接入端上，无论是使用非移动网络的比例还是移动互联网的比例，老年人均明显低于年轻人，老年网民的普及率远不及年轻网民。在使用端上，由于存在数字技能短板，老年人在搜索引擎、App 安装、微信使用等方面的比例也明显低于年轻人。在知识端方面，数字信息技能的缺失和日益信息化的社会使得老年人无法获得基于信息化的各种服务，老年人对信息科技相关的生活掌控能力下降，因而造成新的社会排斥和不平等，如网络问政过程中，经常出现老年人集体失声的现象。

在调研访谈的过程中，也发现不少老年人面临数字鸿沟的困境，当询问是否知道并使用过"美美大同"的小程序或兑换过仙岩币的问题时，部分老年人表示自己对于智能手机的操作并不熟练，对小程序的功能了解不全面、使用频率较低。并且也表示村里的年轻人基本都在使用这些数字化程序。

（二）配套设施建设

数字乡村建设过程中除了要做好扎实的基础建设，相关的配套设施建设也需要足够的重视。配套设施作为满足居住需要而与开发项目配套建设的服务性设施，关键是要从实际出发，考虑到居民生活的各方面去进行配套设施的设置与建设。在此次调研过程中，发现大同三村存在配套设施设置欠缺的情况。

大同三村在建设数字化乡村时，创办了"美美大同"小程序，并设置了仙岩币的兑换制度，这一措施方便了村民的日常购买，提升了数字化的参与度，但相关仙岩币的实际兑换报销点设置却为小程序发挥其效能带来一定程度上的阻碍。大同三村将兑换报销点设置在了楼塔附近，而楼塔相对于居民生活点的距离较远，一些店铺的经营商家想要进行报销需要花费一定时间到达楼塔进行业务操作，同时也会造成店铺较长时间无人看管的状况。基于兑换点过远的现实情况，很多商家选择不去使用仙岩币的兑换制度，从而不再愿意承担兑换点的责任。

（三）技术人才不足

乡村治理数字化转型需要专业化程度高、数字素养水平高的领军人才，但目前我国农村数字化相关技术人才存在严重稀缺。第五次人口普查农村人口约为80739万人，第六次人口普查农村人约为67415万人，第七次人口普查农村人口约为50978万人。在近三次的人口普查中，我国农村人口呈下降趋势，从数据可以看出，近20年以来有大量的农村人口进城。分析其原因，主要是为进城找工作，而进城的人口中又有大量年轻劳动力。这也导致留下的村民老龄化严重、网络运用能力差、信息技术能力有限，数据处理和信息服务人员欠缺。

大同三村同样存在老龄化严重、技术人才稀缺的问题。在调研走访的过程中，发现村中活动的大多为老年群体，经过询问后得知，村里的年轻人基本都出去上班工作了，等到晚上下班才返回村内。所以，村内能够操作使用相关数字化智能设施，如无人机和监控系统等设备的技术人员并不多。

六、大同三村数字治理困境的解决措施建议

（一）提升村民使用意愿，共创"美美大同"

乡村治理现代化要注重治理理念的人本化，更好释放数字技术的治理效能需要转变传统理念，激发乡村发展活力。基层政府、村委会要坚持以人为本的价值导向，引入数字技术时要立足村庄社会结构。符合当地风俗文化及村民生产生活习惯，避免陷入"表面数字化"的陷阱。要充分考虑村民的实际需求和使用体验，聚焦民众需求和回应。将村民视为终端用户，重视情感治理，提升公共服务供给的精准度。"美美大同"小程序在升级过程中，应充分听取村民意见，加入更多与生产生活相关的实用功能。对于兑换点合作商户结算困难的问题，要完善商户兑换机制，提高商户兑换的便利性和灵活性，实现村民与商户共赢。在逐步扩大小程序使用范围时既要确保不同村落的普适性，又要根据实际情况具有针对性。树立开放性、系统性、整体性的治理思维理念。

（二）提高村民数字素养，破解"数字鸿沟"

对于村民而言，要多渠道、全方位提升其数字素养，积极发挥村民的主体作用，激活乡村治理内生动力。一方面，要加强对村民的技能培训，提升其数字操作能力和数字安全意识，使村民能够更加熟练地使用智能手机进行沟通协作，线上建言献策、办理业务等。另一方面，要格外关注农村老年人等弱势群体的特殊需求，对平台进行适老化改造，增强老年人数字资源供给。如，大力倡导家庭内部的"数字反哺"，引导晚辈辅导老年人合理使用数字媒介。还可以依托社区，充分发挥广播电视媒体的宣传作用，由基层工作人员和志愿者向老年群体普及相关知识。积极推动老年群体融入数字时代，弥合"数字鸿沟"，避免农村老年人成为"数字遗民"。

总之，数字化改革的出发点和落脚点在于让人民群众的生活更加便利、更加美好。充分发挥技术的工具性作用，让数字技术和乡村治理深度融合，创新乡村治理方式。实现从技术理性到制度理性的跨越，最终达到价值理性的目标。推动乡村高质量发展，助力实现中国式现代化。

（三）加强人才队伍建设，赋能乡村振兴

为解决村内技术性人才不足的现状，加强乡村治理过程中数字化人才的建设是极为需要的。一方面加大对乡村内本地人才的培育力度，通过与科研院校合作来培养数字化治理的专业人才，将互联网与数字化的课程知识加入本地教育系统中，进一步提升村内干部的数字化管理水平。同时，也需注重网络线上课程的学习，打破时间与地域的限制，利用碎片化时间不断完备自身的数字化知识体系。另一方面通过完善乡村自身的基础化建设，吸引具有数字化专业技能的个人和团队前往乡村，提供更全面的数字化治理上的技术支持。而本地的村干部与相关技术人员也需与外部资源创建紧密的联系，不断学习，提高相关的技术性技能，从而进一步提升本地乡村的数字化建设。

七、结论与展望

此次调研实践主要围绕数字化乡村治理中所取得的成就和出现的相关问题进行实地访谈与后续的分析工作，并且针对所发现的问题进行探讨，提出对应的解决措施和对策。数字化乡村治理是利用信息化在推进乡村治理体系和治理能力现代化中的基础支撑作用，从而构建出新型的乡村数字治理体系，数字化让乡村社会充满新活力，更加和谐有序，提升了广大农村居民的获得感、安全感与幸福感。

在实地考察时，我们发现数字化治理在乡村的实际运用中也存在一些问题，如居民老龄化导致的数字鸿沟问题、相关配套基础设施建设不完备不充足，以及乡村中技术性人才短缺等。而针对具体问题提出的解决措施，可以在大同三村未

来数字化治理的建设中得到有效落实和改善。大同三村作为地处于浙江杭州萧山区南端的一处村落，景色宜人、环境优美，依靠所创办的"美美大同"小程序和相关数字化监管系统，使村里整体的基础建设得到改善的同时，也为村民提供了生活上的便利。大同三村的数字化治理能够发挥作用，主要通过数字化设施与村民之间的互动而紧紧相连，数字化影响人的发展，而人也能促进数字化乡村治理的有效开展。数字化治理为大同三村带来了新的发展机遇，同时也存在治理不完善的一方面，希望我们的调研可以为问题的解决提供一些新的视角。

因此，此研究报告为破解大同三村数字化治理中产生的相关问题提出以下几条建议：一是吸引更多的技术性人才，通过人才队伍的建设，提升数字系统管理者的综合素质和发展眼光；二是完善相关的乡村基础设施建设，为数字化治理提供完备的硬件设施；三是破解村民的"数字鸿沟"，特别是提升广大村民的数字素养，加强村民与相关数字设施设备的黏性，培养村民数字设备的使用技能；四是采取因地制宜的措施，充分挖掘大同三村的乡村特色，结合当地特色与当地实际情况开展相关的数字化治理道路。

经过此次的实践调研，我们相信，在未来的中国，乡村一定是建立在数字化上的乡村，村民们的生活一定是享受着数字化便利的生活，未来的中国乡村一定更加美好，村民们一定更加幸福。当然，此次调研还存在很多不足之处。数字化乡村治理是一个复杂综合的模式，也是一个需要广泛讨论的大话题，由于团队的综合能力有限，并不能对数字化乡村治理进行全方位的研究，这还需要在今后的学习中去进一步论证分析。

参考文献

［1］曾亿武，宋逸香，林夏珍，等．中国数字乡村建设若干问题刍议［J］．中国农村经济，2021，436（4）：21-35.

［2］宋灵灵．路径依赖理论视角下的乡村治理数字化转型——以德清县五四村为例［D］．杭州：浙江工商大学，2022.

［3］郭鑫．乡村振兴视域下数字乡村建设研究［D］．石家庄：河北师范大学，2022.

［4］蒋泽坤．数字经济对乡村振兴影响研究［D］．石家庄：河北地质大学，2023.

［5］安林丽，韩瑞泽．乡村振兴背景下省会石家庄数字乡村建设的路径与策略研究［J］．石家庄学院学报，2023，25（4）.

［6］吴合庆．乡村振兴视域下数字乡村建设政策的创新与扩散逻辑［J］．天津师范大学政治与行政学院，2023（6）：102-106.

［7］毕伶俐．数字经济助力广东民族地区乡村振兴的路径和策略研究［D］．广州：广东技术师范大学，2022.

［8］闫燕燕．数字鸿沟视域下老年人数字边缘化问题研究［D］．太原：山西财经大学，2023.

［9］李超颖．数字鸿沟视角下老年群体移动互联网使用研究——以呼和浩特市赛罕区 X 社区为例［D］．呼和浩特：内蒙古大学，2022.

［10］滕露．数字鸿沟·原乡观念·城市偏见：贵阳市随迁老人数字揉入困境研究［D］．贵阳：贵州民族大学，2022.

［11］吴波．乡村数字治理的运行机理和实施路径［D］．杭州：杭州电子科技大学，2022.

［12］范娜．"数字化"赋能乡村治理——中国人民大学专题调研组走进运城看发展［N］．运城日报，2023-08-28（6）.

［13］唐贺愉，叶湄，施静媚．数字乡村背景下缙云县鱼川村文化数字活化策略探析［J］．智慧农业导刊，2023，3（16）：73-76.

指导教师：曾海芳

萧山梅林村：新时代数字乡村建设探索

张乐瑶、夏可盈、徐雯、郭朗文 、冯钰欣 、林彦廷

一、研究背景

2022 年 10 月 16 日，中国共产党第二十次全国代表大会召开，二十大是在全党全国各族人民迈上全面建设社会主义现代化国家新征程、向第二个百年奋斗目标进军的关键时刻召开的一次十分重要的大会，也是中国特色社会主义事业发展、实现中华民族伟大复兴历史进程的重要里程碑，对后续中国建设和发展起到提纲挈领的作用。大会作出以中国式现代化全面推进中华民族伟大复兴，加快建设网络强国、数字中国，全面推进乡村振兴、加快建设农业强国等重大战略部署。

数字乡村建设是实现乡村振兴的重要举措，是实现农业农村现代化的重要途径，也是建设数字中国的重要内容。有关"数字乡村"的概念提出和发展有迹可循。2018 年，中央一号文件《中共中央 国务院关于实施乡村振兴战略的意见》提出"数字乡村"概念；2019 年，中共中央办公厅、国务院办公厅印发《数字乡村发展战略纲要》，把数字乡村作为全面实施乡村振兴的战略方向，并提出"数字乡村是伴随网络化、信息化和数字化在农业农村经济社会发展中的应用，以及农民现代信息技能的提高而内生的农业农村现代化发展和转型进程"。2019 年 12 月颁布的《数字农业农村发展规划（2019—2025 年）》也将"建设乡村数字治理体系"列为"推进管理服务数字化转型"的五大任务之一。2020

年，中央网信办、农业农村部等七部门联合启动国家数字乡村试点工作。2023年《中共中央 国务院关于做好2023年全面推进乡村振兴重点工作的意见》指出，全面建设社会主义现代化国家，最艰巨最繁重的任务仍然在农村。世界百年未有之大变局加速演进，我国发展进入战略机遇和风险挑战并存、不确定难预料因素增多的时期，守好"三农"基本盘至关重要、不容有失。并提出"深入实施数字乡村发展行动，推动数字化应用场景研发推广"。数字乡村建设着重于以数字化、信息化和智能化为手段，提高乡村数字化治理能力，实现农业农村的现代化转型。

基于中国复杂特殊的现实国情和数字技术飞速发展的现状和趋势，如何将技术应用到实际一直都是我们关注和探讨的焦点。中国地域辽阔，各省之间差异较大，个中情况不尽相同。习近平总书记在浙江省工作期间，在总结浙江经济社会发展经验的基础上，全面系统阐释了进一步发挥浙江发展的"八个方面的优势"，提出指向未来"八个方面的举措"，即"八八战略"。浙江省一直以来坚持习近平总书记的"八八战略"理念方针，坚持一张蓝图绘到底、一任接着一任干，加大投入、迭代政策、完善机制。这20年来浙江省在经济、文化、生态等多方面都取得了重大建设成果，对推动乡村振兴、实现农业农村现代化能够提供有益的借鉴和成功的经验。得益于浙江互联网大省和数字经济发展先发地的良好发展环境，浙江数字乡村建设具有独特的优势和良好的基础，已经走在了全国数字乡村建设的前列。数字乡村建设起步早、基础实，省委、省政府在2003年就作出了"数字浙江"建设的决策部署。2003年以来，浙江深入实施新型城镇化战略和乡村振兴战略，把城乡协调发展作为一个有机整体统一筹划，加快城乡一体化进程，城乡区域深度融合。2022年，全省数字农业农村发展水平达68.3%，连续4年位居全国首位。"千万工程"作为"八八战略"的重要组成部分，提出之时指的是"千村示范、万村整治"，经过20年的发展深刻改变了浙江乡村面貌，推动了实现"美丽乡村+未来乡村+共富乡村"的美好前景，绘制出"千村引领、万村振兴、全域共富、城乡和美"的"千万工程"新画卷。正值"千万工程"20年之际，选取"千万工程"的起点——浙江省萧山区瓜沥镇梅林村作为调研对象，探索数字乡村的建设之路和成功经验。梅林村作为"浙江省未来乡村""浙江省美丽乡村特色精品村"称号获得者，建立了八个全省第一，包括全省第一个村级"共同富裕"指标评价体系、第一个乡村未来居展厅、第一个村级电力（低碳）服务驿站等，在数字科技应用、乡村治理体系、乡土风貌改善等方面有深刻的见解，为广大乡村的数字化总结出了一系列行之有效的措施。

二、文献综述

（一）关于数字治理的相关研究

任彧、朱洪波①认为大数据在社会各领域的高效运用，使人类社会发生了一场数字化大变革。结合数字治理与乡村治理的实例分析，认为大数据、人工智能等数字技术嵌入国家治理意味着一种新的治理理念、组织结构和治理能力的嵌入。它将重塑治理结构与决策过程，实现由政府独大的治理转向多元共治、由封闭性治理转向开放性治理、由官僚科层制转向扁平化结构，实现由传统公共决策转向民主与科学的决策的转变。陈端②研究认为数字治理体系和数字治理能力现代化是国家治理现代化的内在要求，数字治理能力将内嵌在国家竞争力体系之中发挥越来越大的作用，并以新的技术手段和运行机制为国家治理现代化提出新要求，提供新支撑，需要形成以国家治理为核心，行业自律、平台治理和社会监管广泛参与的立体化治理体系。魏钦恭③通过对数字时代创新社会治理的研究认为，着力实现社会秩序与活力的有机统一，是当下面临的重要理论和现实问题。无论数字技术如何变革，技术的关联性并不能取代社会的连接性，数字社会治理的核心仍然是如何组织社会，治理的目标是如何让数字技术创造更加美好的生

---

① 任彧、朱洪波：《大数据嵌入乡村治理的价值、困境与出路》，《昆明理工大学学报（社会科学版）》2019年第5期。

② 陈端：《数字治理推进国家治理现代化》，《前线》2019年第9期。

③ 魏钦恭：《数字时代的社会治理：从多元异质到协同共生》，《中央民族大学学报（哲学社会科学版）》2022年第2期。

活，治理的方向是正视异质性并实现共生性。数字技术赋能社会治理是推进社会治理体系和治理能力现代化的重要趋势，以数据为驱动力，数字技术既可以向政府赋能，促成整体智治的现代政府新形态，也可以向社会赋能，增强多元主体参与社会治理的能力和意愿，促进社会治理共同体的形成。数字技术在一定程度上重塑了政府、社会和市场主体之间的关系，赋能多元主体"多跨协同"的治理机制。

（二）关于乡村数字治理的相关研究

李利文[①]调查发现，乡村数字监管存在"数制"模糊化、"数质"悬浮化、"数治"碎片化和"数智"内卷化问题，突破这些制度与技术之间不协同的"数滞"困境，需要从制度建设、数据采集、机制设计和效果评估等方面进行综合性改革，方能真正推进乡村综合治理体系和治理能力现代化。冯朝睿、徐宏宇[②]研究认为，中国数字乡村建设作为新时代解决"三农"问题的全新方案，是乡村振兴的必然举措，也是提炼中国乡村治理理论的试验田。然而现在存在城乡数字鸿沟难破除、农业数字化转型难推进、乡村数字治理体系难形成等现实窘迫，基于此提出推动政策高效落实，主要包括构建顶层设计——基层执行——试点反馈的三维框架，夯实数字环境，升级基础设施"硬件"与信息服务"软件"，推进产业振兴；技术嵌入赋能数字农业与乡村新业态，促进治理有效；以多元协同治理模式推进乡村治理现代化四条路径破解数字乡村建设壁垒。沈费伟[③]研究认为，数字乡村内生发展模式主要由数字产业模式、数字治理模式和数字服务模式组成，其实践逻辑表现为探索数据赋能驱动、推动技术创新应用和依靠平台整合发展。未来需要坚持问题导向，深化数字乡村内生发展模式的改革创新；坚持统筹推进，注重数字乡村内生发展主体的协同联动；坚持因地制宜，分类指导数字

---

① 李利文：《乡村综合整治中的数字监管：以 D 村经验为例》，《电子政务》2020 年第 12 期。

② 冯朝睿、徐宏宇：《当前数字乡村建设的实践困境与突破路径》，《云南师范大学学报（哲学社会科学版）》2021 年第 5 期。

③ 沈费伟：《数字乡村的内生发展模式：实践逻辑、运作机理与优化策略》，《电子政务》2021 年第 10 期。

乡村内生发展的规划建设；促进人才培养，推动数字乡村内生发展的适应动力，最终真正实现乡村振兴的高质量发展。崔元培、魏子鲲、薛庆林[1]等研究发现，乡村数字化治理从敏捷治理、多规合一、多元协同角度充分发挥数字技术创新知识、信息等溢出效应，可加快乡村现代化发展步伐。并进一步提出弥合城乡数字鸿沟、强化数字化规则适配能力、发挥数字技术引导效用、构建多元主体联合机制、加快数字基础设施建设的"十四五"时期乡村数字化治理取向，以求提升乡村数字化治理水平，推进乡村高质量发展。丁波[2]研究认为，数字空间的乡村治理运作改变了乡村治理的内容和形式，突出体现为完善村民协商自治、促进治理权力多元化、构建村民集体身份认同，数字治理以治理信息化为基础，提高了乡村治理效能，但也会产生数字负担，增加治理成本。因此，数字治理要合理运用数字评价系统，以改善村民生产和生活为目标，提升村民的"数字素养"，不断缩小城乡"数字鸿沟"。

（三）相关概念界定

1. 乡村振兴战略

乡村振兴战略是习近平总书记于 2017 年 10 月 18 日在党的十九大报告中首次正式提出的重大战略部署。农业、农村、农民问题是关系国计民生的根本性问题，十九大报告提出要始终将解决好三农问题作为全党工作的重中之重，同时提出乡村振兴战略"产业兴旺、生态宜居、乡风文明、治理有效、生活富裕"的总要求。2018 年，中共中央、国务院发布中央一号文件即《中共中央 国务院关于实施乡村振兴战略的意见》；同年 3 月，时任国务院总理李克强在《政府工作报告》中提到大力实施乡村振兴战略；2021 年 1 月 4 日，国家发布中央一号文件《中共中央 国务院关于全面推进乡村振兴加快农业农村现代化的意见》；2 月 25 日，国务院直属机构国家乡村振兴局正式挂牌。

---

① 崔元培、魏子鲲、薛庆林：《"十四五"时期乡村数字化治理创新逻辑与取向》，《宁夏社会科学》2022 年第 10 期。

② 丁波：《数字治理：数字乡村下村庄治理新模式》，《西北农林科技大学学报（社会科学版）》2022 年第 2 期。

2022 年是巩固拓展脱贫攻坚成果同乡村振兴有效衔接的关键一年，2022 年 3 月 5 日，十三届全国人大五次会议《政府工作报告》提出要大力抓好农业生产，促进乡村全面振兴。乡村振兴的基本原则为坚持党管乡村工作，农业农村优先发展，农民主体地位，乡村全面振兴，城乡融合发展，人与自然和谐共生，因地制宜、循序渐进。同时，乡村振兴战略还强调巩固和完善农村基本经营制度，加强农村基层基础工作建设，实施数字乡村建设发展工程，加强乡村公共服务、社会治理等数字化智能化建设，推进乡村数字治理。

2. 数字乡村

数字乡村是伴随数字技术的飞速发展而兴起的新概念，囊括农村数字经济、数字治理、数字产业等多方面。数字乡村建设是实现乡村振兴战略不可或缺的重要一环。

当前学界对于数字乡村提出了相似但略有差异的概念和定义。沈费伟[1]等认为，数字乡村建设是一种遵循以人为本、开放共享、整体协同的治理理念，以数字技术为工具，对乡村生产、生活、生态等方面进行数字化重塑的建设模式。这从乡村治理的角度对数字乡村下了定义。中共中央办公厅、国务院办公厅印发的《数字乡村发展战略纲要》中指出："数字乡村是伴随网络化、信息化和数字化在农业农村经济社会发展中的应用，以及农民现代信息技能的提高而内生的农业农村现代化发展和转型进程，既是乡村振兴的战略方向，也是建设数字中国的重要内容。"

综上，数字乡村可以理解为是将网络、信息、数字等现代技术应用于三农领域，从而给农民的生产、生活方式和乡村整体发展现状带来颠覆性优化改变的乡村发展方式。

3. 数字化

郑磊[2]曾将城市数字化转型定义为"由数字技术和数据要素驱动的城市发展

---

[1] 沈费伟、叶温馨：《数字乡村建设：实现高质量乡村振兴的策略选择》，《南京农业大学学报（社会科学版）》2021 年第 5 期。

[2] 郑磊：《城市数字化转型的内容、路径与方向》，《探索与争鸣》2021 年第 4 期。

模式与实体形态的结构性转变"，这是指运用数字技术和数据要素来改变城市，这和农村基层治理的"数字化"具有异曲同工之意。朱锐勋①则在分析政府数字化转型时提及电子政务平台、政府网站以及"互联网+"、大数据、人工智能等内容。据此，本研究提到的数字化，诠释为"运用互联网、人工智能等数字技术开展某项工作，将实体资料、线下工作转化为数字信息、进行线上处理"比较合适。

4. 数字治理

关于数字治理理念，最早可追溯到 1978 年由乔瓦尼·杜尼在意大利最高法院召开的会议上提出的具有未来主义观点的数字行政法概念，其核心是电子文档具有法律价值。早期的数字治理通常被等同于"电子治理"，被认为是在电子商务和电子政务概念之后出现的概念，是在数字时代政府治理顺应时代的产物，其治理的目标群体主要是政府、公民和企业或相关的利益团体，其关注点和价值内涵经历了电子政务、数字政府、电子治理三个阶段。

在"动态"历史演进过程中，数字治理经历了"数字时代的治理"和"数字治理时代"，作为一种新型治理模式，它经历了一个复杂的演进过程。而关于数字治理的概念通常会追溯到英国学者帕特里克·邓利维的《数字时代的治理理论》，他认为，数字治理产生于新公共管理的没落和信息社会发展的交汇点，并从信息社会特征、信息技术手段和数字治理目标这三个方面对数字治理问题进行了探讨。

2008 年竺乾威教授对帕特里克·邓利维的数字治理理论系统译介的《公共行政理论》一书出版，让数字治理相关研究开始进入国内学者的研究视野。中国的数字治理发展尚不成熟，其主要聚焦于数字国家治理、数字社会治理、数字城市治理、数字经济治理、数字文化治理和舆情治理这五大关键领域。当前数据安全风险与日俱增，不仅关系到国家安全、公共利益和个人权利，也对全球数字治理构成新的挑战。因此，党的十九大以来，党中央、国务院高度重视数字化转型

---

① 朱锐勋：《政府数字化转型与电子政务深化发展面临的挑战与对策》，《行政管理改革》2022 年第 2 期。

问题,通过"数字中国"战略,在全球范围内开展数字化转型路径的探索。加快数字化转型和数字治理,有利于增强政府管理能力,提高政府执政合法性和透明度,更好地解决当前社会发展所面临的问题,更好地为人民服务。

5. 乡村治理

乡村治理是指通过对村镇布局、生态环境、基础设施、公共服务等资源的合理配置和生产,促进当地经济、社会发展以及环境状况改善,提升村民物质生活水平和精神文明水平,不断加强基层治理。

国内关于乡村治理的研究始于 20 世纪 80 年代对西方治理理论的引入,此后学界日益关注乡村治理相关领域的问题,并从多维视角展开了关于乡村治理的研究。从乡村治理机制的角度,俞可平[①]认为,乡村治理是调用公共权威对社会公共事务进行规范和管制,实现既定的公共利益和政治目标;从发展实践的角度,贺雪峰[②]认为乡村治理是指如何对中国的乡村进行管理或中国乡村如何进行自我管理从而实现乡村社会的有序发展;从乡村治理维度的角度,张润泽等[③]认为乡村治理是涉及政治、经济、文化、社会等元素的全面治理,应以更宏观的视角观察乡村生活,不能单纯拘泥于民主化治理的村民自治;从乡村治理主体、内容、机制的角度考量,党国英[④]认为乡村治理是政府与村庄里权威组织共同为村民提供社会公共产品的活动;而从国家治理现代化视角来看,乡村治理是国家和乡村社会接触过程中形成的各种关系的总和。新时期,党和国家颁布《关于加强和改进乡村治理的指导意见》《中共中央关于坚持和完善中国特色社会主义制度推进国家治理体系和治理能力现代化》等多项决议对乡村治理作出重要指示,致力于推进乡村"治理有效",实现乡村全面振兴。

6. 乡村数字治理

2019 年《数字乡村战略发展纲要》明确指出,数字乡村是伴随网络化、信

---

① 俞可平:《治理和善治引论》,《马克思主义与现实》1999 年第 5 期。
② 贺雪峰:《乡村治理研究的三大主题》,《社会科学战线》2005 年第 1 期。
③ 张润泽、杨华:《转型期乡村治理的社会情绪基础:概念、类型及困境》,《湖南师范大学社会科学学报》2006 年第 4 期。
④ 党国英:《我国乡村治理改革回顾与展望》,《社会科学战线》2008 年第 12 期。

息化和数字化在农业农村经济社会发展中的应用，以及农民现代信息技能的提高而内生的农业农村现代化发展和转型进程。

张丙宣[①]等从"技术—权力"的角度，分析数字技术驱动下乡村权力关系、社会机制和公私领域的演变内涵；沈费伟[②]等从"技术—制度"的角度，研究数字技术与治理制度的互构内涵，包括对治理理念、制度规范、组织网络等内涵的理解。在此基础上，武小龙[③]对乡村数字治理的概念界定如下：乡村数字治理是指在现代信息技术的驱动下，以县域为治理单元，统筹推进大数据、物联网、云计算等技术在数字党建、互联网政务、惠民服务、智慧农业等方面的运用匹配和融合，从而实现乡村公共事务的精细化治理、智能化应对与科学化决策，推动乡村治理机制重构和农业农村数字化转型的严谨过程。其具体包含三个层次：在微观层次上，乡村数字治理作为一种新的治理工具，更多地体现在数字技术对乡村多元治理主体的赋能和影响；在中观层面上，它可以作为乡村治理的一个治理过程，其表现在数字技术与政务、农业等各个乡村场景的匹配、融合和共生；就宏观层面而言，它可以被看作一场治理手段的变革，通过数字技术对乡村原有治理结构和权利制度进行重构，并最终完成对乡村社会的数字化改造。

三、研究问题与研究方法

（一）研究问题

综合上述文献综述可以发现，乡村振兴战略和数字乡村建设一直是政府及学术界关注的热点话题，在乡村数字化赋能取得成效的同时，学界缺少对乡村居民个体感受和乡村发展预期的分析，而以宏观角度探寻乡村治理战略模式的较多。

---

① 张丙宣、任哲：《数字技术驱动的乡村治理》，《广西师范大学学报（哲学社会科学版）》2020 年第 2 期。

② 沈费伟、叶温馨：《数字乡村建设：实现高质量乡村振兴的策略选择》，《南京农业大学学报（社会科学版）》2021 年第 5 期。

③ 武小龙：《数字乡村治理何以可能：一个总体性的分析框架》，《电子政务》2022 年第 6 期。

另外，战略落到实处的基层治理与建设也是乡村振兴的重点与难点。基于此，本小组对乡村振兴发展二十载，取得优异成绩和经验的梅林村进行实地考察与研究分析，探寻其数字化发展之道，研究其发展历程、发展中的问题以及经验，以求为梅林村自身发展提供建议，为正在路上的数字化乡村建设提供样本。

（二）研究方法与设计

本文采用深度访谈的质性研究方法。质性研究方法针对乡村调研具有很大优势，在深度访谈的研究方法中，容易发现量化研究由问卷、实验法所不能捕捉到的细节，且更具有可操作性，有效规避了乡村人口老龄化对文本阅读的调查障碍。以村民群体和相关人员为访谈对象，了解梅林村的数字乡村建设是如何解决问题、创造经验的，以及在这个过程中政府与居民的协调与合作，将目光落到宏观政策与居民个体幸福感上来。

访谈对象的抽样分为两种。

第一种是梅林数字乡村建设的相关工作人员，并未进行抽样操作，而是通过实地交涉与联络，选择出对梅林村情况了解较深且愿意接受采访的梅林建设专业人士，包括梅林乡政府网格员和梅林美好生活中心的讲解员。主要询问数字乡村建设措施、未来发展方面的有关问题。

第二种是村民群体，采用滚雪球的抽样方法获取样本，通过抽取 3—5 名村民进行深度访谈，再由经过访谈的研究对象介绍新的研究对象，进一步选取有效样本。在研究期间，共先后对 10 人次进行了深度访谈（5 名老年居民，3 名中年居民，2 名未成年居民）。对该类村民群体的访谈主要从其自身生活感受出发，询问其对梅林乡村治理与数字化的了解程度，对居民生活的影响以及对梅林乡村建设的建议。

表 1　村民基本信息表

编号	性别	年龄	受教程度	居住时间	是否党员
1	男	30	本科	18 年	否
2	男	65	小学	从出生起	是

编号	性别	年龄	受教程度	居住时间	是否党员
3	男	72	初中	40多年	否
4	女	58	初中	从出生起	否
5	女	66	未知	40多年	否
6	男	12	小学	12年	否
7	女	16	高中	16年	否
8	男	46	本科	18年	是
9	女	42	硕士	1年	是
10	女	69	未知	从出生起	否

四、浙江经验与梅林经验

（一）数字梅林乡村建设路径与模式

1. 数字治理

20多年来，梅林村始终牢记习总书记的殷殷嘱托，赓续红色血脉，全力发展"美丽乡村+数字乡村+共富乡村"一体的乡村新图景，构建引领乡村振兴的生态、生产、生活共同体，不断书写争创共富乡村先行示范新篇章，持续输出共同富裕的"梅林经验"与"梅林模式"。

通过打造特色村居、完善基础配套、建设低碳乡村，梅林村建成慢行步道、景观村道、生态河岸等设施总长16公里；致力于建设低碳乡村，创新实施"低碳智能乡村建设125模式"，在全省率先打造乡村"未来居"展厅、村级电力（低碳）服务驿站、村级光充储一体化系统等设施，以"双碳大脑+电力服务"实现对光伏发电、企业供电、农户用电情况的智能分析和预警管控。村内企业浙江爱迪尔包装有限公司投资建成面积约1.4万平方米的光伏电站，年发电量约128.4万千瓦时。

发展数字农业，建设气象站、土壤站，在草莓园、美丽田园等处安装户外太阳能监控摄像、六合一传感器等电子设备，实现农作物生长图像、湿度、温度、肥力等数据实时呈现。

升级数字服务，以"数字智能"为核心，搭建健康、低碳、治理等专题的50个数字应用"小切口"。线上线下齐发力，在线上打造融家头条、邻里帮、文e家等20余项功能为一体的"沥家园"手机端，而在线下建设智慧医疗站、数字跑道等，通过"沥家园"微信小程序实现线上线下的贯通互联。经过两年多的发展普及，按照"一户一注册"原则，梅林村"沥家园"用户已达1021人，基本实现户级数字服务全覆盖。

同时，突出德治引导，线下打造了全省首个村级智慧慈善工作站，线上开辟"沥家园"智慧慈善通道，累计募集善款39万元，让帮扶成为常态，进一步彰显文明风尚。

2. 数字生活

22年来，梅林村以村容整洁、规划有序而著称。同时，梅林致力于焕活全域风貌，推进宜居品质，努力建设作为数字社会的基本单元——未来乡村。

不打烊的无人超市、24小时开放的图书室、周末放映最新大片的影厅，以及智慧老年食堂、智慧医疗站……在梅林村，改变乡村生活方式的新名词新事物，如今正逐一化为现实。

"当数字融入梅林人生活的'神经末梢'，智慧触手可及。"在打造美丽乡村的同时，梅林村融入数字化元素，建设智慧乡村。通过搭建全村覆盖的数字网络基础设施，提供快速、稳定的网络连接，使村民享受到与城市相当的网络服务。

美好生活中心致力于公共空间建设，与周边邻里共享共建美好生活。在美好生活中心建设了乡村影院，通过数字电影放映和各类文化活动，拉近了邻里之间的距离，增强了社区文化的凝聚力。

鼓励村民通过数字化平台加强邻里之间的互动和交流。推行数字化社区管理系统——"沥家园"，方便村民在线办理各类业务，参与社区公共事务的决策和管理。在"沥家园"小程序开辟"政务指南"模块，为省、市、区、镇四级事项提供办事指南，递推政务服务网上办、村里办。实现"沥家园"社会积分挂钩村规民约，涵盖垃圾分类、庭院整洁、志愿服务、健康打卡、邻里互助、行为规范等各个方面。村民积分可兑换为相应礼品，其数字身份可作为银行授信、评优奖励的依据。截至目前，村民累计获取"沥家园"社会积分1423万分，兑换积分869万分，兑换礼品价值14.5万元，极大地调动了村民的积极性，"线上小积分"成功撬动"社会大治理"，在村中形成了良好的循环。

聚焦大健康理念，以数字化手段为依托，开启智慧医疗，努力提升梅林人生活幸福感。推行数字化健康管理。通过建设远程医疗服务平台，村民可以通过手机或电脑在线咨询医生，进行健康评估和预约挂号，村民如果要去其他医院办理住院等服务，也可以在医疗站方便快捷地预约、转院等。此外，村里还引进了智能健康监测设备，如智能手环、智能体温计等，帮助村民实时监测自身健康状况。这些举措提高了乡村居民的健康水平，实现了健康资源的合理分配和共享。

深入实施数字化应用场景的落地与升级，用公治、公用、共享、共创，让梅林的一切变得更实时、更普惠、更幸福、更未来。未来，在打造共富梅林现代化基本单元新标杆的征程中，梅林人奔竞不息，勇立潮头，形成可复制可推广的数字乡村建设经验，为共富梅林插上数字翅膀。

（二）梅林数字化搭建措施与服务

1. 管理视角：聚焦人文关怀

多年来，梅林人牢记习近平总书记的殷切嘱托，瞄定"共同富裕"的目标，奋力书写"共同富裕"美好社会的"梅林答卷"。

多年来，梅林村以服务优质著称，本着为人民服务的宗旨，从村民衣食住行方面入手，致力于幼有所育，学有所教，病有所医，老有所养，弱有所扶，行有所畅。

从推出"沥家园"平台到现在基本全面覆盖到整个梅林村，从简单功能到现在集成式多应用平台，"沥家园平台基本包含了你想要知道的有关梅林村的大部分内容"。

"沥家园"是浙江瓜沥镇自主开发的一个基层治理平台，在上面每天有各种各样的信息发布，村民可以快速、方便地获知各种信息。同时这也方便管理人员快速统计村民的情况等，有效做到了上下互通。

聚焦大健康理念，除了方便的医疗站之外，梅林村还给村民中高血压、高血糖人群发放了智能检测设备，从 2021 年发放设备到现在，梅林村成功检测并规避了 3 例急性高血压引发的疾病。

2. 村民视角：打造现代化宜居村庄

打造现代化数字乡村，在"沥家园"平台上，村民可以拿出积分寻求帮助，其他村民可以点击进行抢单，完成任务以后获得相应积分，这些积分可以在无人超市兑换物品。

通过随机访谈部分梅林村村民，发现千万工程实施 20 年来，梅林村的村庄环境越来越好了，据悉，梅林村着力推动环境提质和基础服务提升，让乡村人居环境得到了质的提升。打造特色村居，严格控违拆违，拆除违建 5.5 万平方米，通过驳岸修复、水体提升、水生植物提升等方式建设美丽池塘 4 个。村内通过"降高透绿"行动改造老旧围墙 256 处，打造风格别致的农居景观，建成慢行步道、景观村道、生态河岸等总长 16 公里。

在美好生活中心，村民可以享受集成式共享空间服务，党群服务、学习教育、休闲娱乐、参观接待、交流互动、医疗健康等，在一地享受综合性共享空间。

3. 梅林取得的成效

在党建示范地红色精神的引领下，梅林以千万工程重要源起地的先锋者姿态，不断更新乡村打开方式，赋能智治活力。乘改革之变，促梅林迭变，成功探索出了极具有梅林特色的数字乡村治理模式。

在乡村规划上，打造党建统领下的"三区合一"，1998 年 11 月，梅林村与村企爱迪尔集团联合，成立了村厂合一的梅林爱迪尔集团党委。在党委的领导下，依托爱迪尔集团的雄厚经济实力，梅林村高起点规划实施了以梅林村村委为中心，融"工业园区、农业园区、住宅楼区"于一体的"三区合一"新农村建设，建成了全长 1200 米、宽 30 米的梅林大道，28000 平方米的欧式厂房和村厂办公楼，72 幢农民别墅，1200 亩标准农田。

2022 年，梅林村经济富裕，规上工业亩均税收达 14.83 万元，居民人均可支配收入 60002.5 元，集体经营性收入 506.87 万元，人均股权红利 1586 元。

在未来乡村的打造上，在党建统领之下，秉承着人本化、数字化、生态化的原则，对乡村建设提出了九大场景。

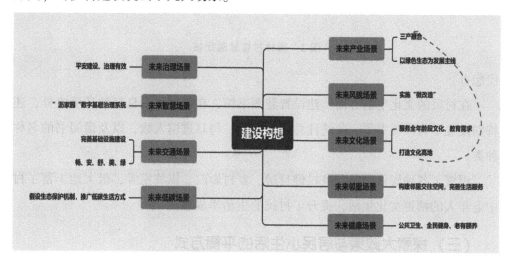

图 1　梅林村乡村建设的九大场景示意图

打造萧山区健康大脑，对村民健康进行画像，包括区域概况、区域疾病情况、性别及年龄状况，同时，对村民健康进行分级，分为绿色、黄色、红色，对红色人群给予重点关注。

为了方便广大村民看病，打造小病慢病不出村监测，村民慢病护理、健康监测、康复护理、入院办理、常规检测，都可以在梅林村医疗站完成，极大地方便了村民特别是老年人的看病需求。

在电力方面，打造梅林村双碳驾驶舱，从碳排放总量、碳排放强度、能源消费总量、能耗强度四大指标，对村中用电进行实时监控。

依据浙江省"最多跑一次"原则，创新梅林村电力驿站"一次都不跑"，网上国网 App 线上办，电力驿站就近办，客户微信群上门办，红船青年志愿者

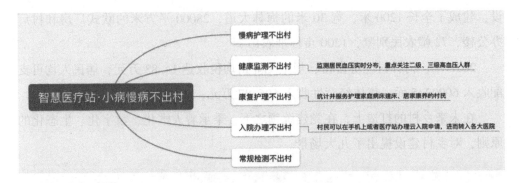

图 2　梅林村智慧医疗站

代您办。

在村民的文化生活方面，建设智慧图书馆，在提供舒适良好的环境之外，还特别设置了有声听书等，并统计总进馆人数、每日进馆人数，以及借阅书的名称种类。

设置了各种娱乐设施，乡村健身房、乡村影院、棋牌室等，极大地丰富了村中老年人的精神文化生活，提升了村民的生活幸福感。

（三）探索大政策与居民小生活的平衡方式

在乡村振兴过程中，政府建设工作与居民配合、参与意愿一直是需要多方协调和注意的问题。如果不能将居民意愿与建设工作协调起来，再好的建设蓝图也只能是空中楼阁，只有乡村居民认可和参与的乡村建设才能拥有广阔的前景。因此，小组在采访和实地考察过程中，侧重于观察村民的居住环境和生活状态，同时也采访了他们对于梅林村乡村振兴的看法。在梅林村乡村建设过程中，政策与居民生活的结合一直走在前列，部分经验也为其他地区乡村振兴工作提供了参考，梅林村建设一大优势在于能够抓住居民需求重点，创造个性化服务。

我们肯定最大程度上参考村民的意见嘛，各个方面包括垃圾分类、道路建设都会询问他们的意见。（梅林民网络员倪女士）

在完善基础设施建设的同时，梅林村也为居民打造切实符合需求的个性化服务，针对梅林村老年人口居多的情况，着重加强医疗、安全和精神娱乐相关

图3　梅林村基建民生样本示意图

建设。

> 它就相当于一个驿站。就像我跟你们讲的，我们家里都有一个自己
> 去监测数据的仪器，然后这边他们到这儿，这里也有那个医生（帮忙检
> 测），所以他很多时候不需要往外跑，他在那就能看到，你要住院的话
> 从这就可以预约，也不需要往外跑。（被采访者A）

在村内美好生活中心旁侧设立有社区卫生医疗基站，基站内引进先进的检查
设备，与数字化技术相结合，并配有先进人性化的医疗服务和登记系统，村民可
以在足不出村的情况下得到及时的医疗救助或体检服务，基站备份有各个村民的
身体检测数据，村民可以在手机上实时监测自己的身体状况，预约住院、挂号、
复查等医疗服务。

> 我们白天去那边比较少，晚上都会去美好生活中心那里，对，那边
> 只要不熄灯，晚上很多人在那里散步聊天，运动运动啥的，人肯定越来
> 越多的。政府路修得很好嘛，娱乐设施也多的。我们老年人平时也不干

嘛的,就遛遛弯儿,就开心,物质上穿的吃的反而没那么在意的。(被采访者B)

梅林村专门建设的美好生活中心周围有适合居民散步的走道,在美好生活中心内部有供居民阅读、休息的阅读室和休息室,在家庭内部更设置有智慧家居系统,帮助老年居民更加便捷、易懂地操作,方便生活。并且在全村范围内设置监控,高度保证居民安全。

梅林村还有推动夜市经济、广播戏曲等一系列便民措施,在梅林村看到的不仅是公式化的数字乡村、共富乡村建设,更是对政策和当地特色与居民意愿的积极结合,真正做到了政府建设与居民舒适相伴。

五、经验总结与反思

(一)以人民为中心,群众切实受益

建设数字乡村需要深刻把握人本思想,梅林村积分系统的应用体现激励人们通过劳动改善生活的思想,发挥人民主体的力量和主人翁精神,更加主动地参与日常治理,切实受益。同样,村干部在日常治理中也充分发挥其能动性。在调研过程中我们了解到,村民们在一开始对积分系统、"沥家园"小程序等都抱有较强烈的陌生、抗拒心理,村干部通过积极耐心的宣讲以及演示帮助村民们尽快适应。村民们生活中使用频率最高的社区智慧医疗站和梅林书房均通过数字技术实现了对村民们的健康有效监测和及时服务,教育和医疗作为城乡差异体现最明显的两部分,在梅林村的差距得到有效缩小。公共服务关系到人民群众的切身利益,是乡村建设的重要内容。数字技术与乡村教育、医疗的深度融合,有利于创新公共服务的供给方式,提升公共服务的品质,满足人民美好生活的需要。建设数字乡村需要深化信息惠民,利用互联网技术将数据转化为对群众真实有利的信息。

（二）技术服务治理，治理改善生活

梅林村紧扣"共同富裕+数字乡村+低碳发展"三个关键词提出了很多创新的理念，包括"三区合一""一统三化九场景"等，双碳驾驶舱、电力驿站、美好生活中心、"小病慢病不出村"监测平台等设施充分利用互联网技术收集信息、传递信息、反馈信息，大大减少了乡村治理与实际情况之间的不对应、错位等。同时通过平台的反馈信息能够促使管理者了解乡村治理的发展趋势和改善方向，出台对应的政策，调整治理措施，优化治理体系。基于此村民生活得到巨大改善，满足了村民们对于美好生活的向往。数字乡村建设需要深刻把握技术、治理、生活之间的双向关系，通过数字赋能推进农村现代化。

梅林经验值得学习探索，但同样存在不足之处。主要集中在三个方面：一是与群众的密切度，面临老龄化急速加剧且现阶段农村常住人口多为老年人的现实情况，需要更加贴紧他们，让数字应用能够成为他们生活的一部分。调研过程中随机抽取的十人中有三人对梅林村的数字化改革不关心也不了解。二是数字信息的虚实，数字监测平台等不应只作为对外展示的展品或是报告的素材，而应成为能够及时反馈、监测异常的有力工具，避免浪费维护这些数字平台所需的大量资金和人力。三是梅林村从 20 世纪开始就已具有较深厚的经济基础，群众经济水平较好，直至今日一直保持着较稳定的经济状况。经济基础决定上层建筑，梅林村的数字乡村建设之道必然适应其自身的经济基础，促进其发展。对于经济较落后的地区来说并不具有借鉴性，不同地区需要因地制宜，找到合适的发展路径。

总的来说，梅林村一直走在浙江省数字乡村建设前沿，深刻把握"千万工程"理念，找准发展道路，在数字乡村的建设上取得了斐然的成就，并且提供了可借鉴的思想与模板。从梅林看浙江，"千万工程"实施 20 年来，浙江坚持一张蓝图绘到底，久久为功，持续深化，造就了万千美丽乡村。从"三大革命"到全域提升农村人居环境，从美丽庭院创建到美丽乡村示范带打造，全省农村整体面貌发生深刻变化，农村人居环境明显改善，城乡基础设施加快同规同网、互联互通，最低生活保障实现市域城乡同标，基本公共服务均等化水平全国领先，取得了历史性、开拓性、引领性的巨大成就，探索出一条贯彻新发展理念，城乡融合发展与美丽中国建设齐头并进，全面推进乡村振兴的科学路径，为全国提升农村人居环境质量、推进乡村振兴提供了"浙江经验"。数字乡村建设不易，乡村振兴不易，既不能好高骛远，也不能因循守旧，要保持历史耐心，坚持稳中求进、循序渐进、持续推进。

本次研究实地走访梅林村，运用实证调研探究其数字乡村的建设路径和模式，见证了"千万工程"20年来对梅林产生的深刻影响，总结梅林经验，研究有利于增加社会对数字乡村的认知和了解，认识数字化发展的广阔前景，帮助学习梅林经验、浙江经验，为如何建设数字乡村提供了方向和范例，能够促进社会进一步关注推进数字化改革研究，提高人民生活幸福感和满足感。

参考文献

［1］黄新整．城乡一体化视角下的广西数字乡村建设问题研究［D］．南宁：广西民族大学，2020.

［2］郭鑫．乡村振兴视域下数字乡村建设研究［D］．石家庄：河北师范大学，2022.

［3］毕伶俐．数字经济助力广东民族地区乡村振兴的路径和策略研究［D］．广州：广东技术师范大学，2022.

［4］程鑫．乡村振兴背景下数字乡村评价体系构建研究［D］．绵阳：西南科技大学，2022.

［5］吴思敏．浙江省数字乡村发展综合评价研究［D］．杭州：浙江科技学院，2021.

［6］向丹丹．乡村振兴背景下乡村数字治理的困境及对策研究［D］．大庆：东北石油大学，2022.

［7］叶温馨．数字乡村建设中的基层政府角色研究［D］．杭州：杭州师范大学，2022.

［8］郭必准．乡村振兴背景下乡村数字化现状及政策建议［J］．南方农机，2023，54（17）：116-118+133.

［9］郑磊．城市数字化转型的内容、路径与方向［J］．探索与争鸣，2021（4）：147-152+180.

［10］朱锐勋．政府数字化转型与电子政务深化发展面临的挑战与对策［J］．行政管理改革，2022（2）：61-68.

［11］沈费伟，叶温馨．数字乡村建设：实现高质量乡村振兴的策略选择［J］．南京农业大学学报（社会科学版），2021，21（5）：41-53.

［12］孙萍．"乡村性"的概念重构——数字时代的淘宝村建构［J］．社会发展研究，2021，8（1）：96-110+243.

［13］．中共中央办公厅 国务院办公厅印发《数字乡村发展战略纲要》［J］．中华人民共和国国务院公报，2019（15）：25-30.

［14］钟祥铭，方兴东．数字治理的概念辨析与内涵演进［J］．未来传播，2021（5）：10-20+128.

［15］吴易雄．国内外乡村治理研究回顾与展望［J］．领导科学，2021（24）：23-27.

［16］沈费伟，刘祖云．任务型治理：一种新的政府治理方式［J］．公共管理与政策评论，2018（5）：55-64.

［17］俞可平．治理和善治引论［J］．马克思主义与现实，1999（5）：37-41.

［18］贺雪峰．乡村治理研究的三大主题［J］．社会科学战线，2005（1）：219-224.

［19］张润泽，杨华．转型期乡村治理的社会情绪基础：概念、类型及困境［J］．湖南师范大学社会科学学报，2006（4）：11-13，30.

［20］党国英．我国乡村治理改革回顾与展望［J］．社会科学战线，2008（12）：1-17.

［21］吴易雄．国内外乡村治理研究回顾与展望［J］．领导科学，2021

（24）：23-27.

[22] 武小龙. 数字乡村治理何以可能：一个总体性的分析框架 [J]. 电子政务, 2022（6）：37-48.

[23] 张丙宣, 任哲. 数字技术驱动的乡村治理 [J]. 广西师范大学学报：哲学社会科学版, 2020, 56（2）：62-72.

[24] 沈费伟, 叶温馨. 数字乡村建设：实现高质量乡村振兴的策略选择 [J]. 南京农业大学学报（社会科学版）, 2021, 21（5）：41-53.

[25] 任彧, 朱洪波. 大数据嵌入乡村治理的价值、困境与出路 [J]. 昆明理工大学学报（社会科学版）, 2019, 19（5）：74-81.

[26] 陈端. 数字治理推进国家治理现代化 [J]. 前线, 2019（9）：76-79.

[27] 魏钦恭. 数字时代的社会治理：从多元异质到协同共生 [J]. 中央民族大学学报（哲学社会科学版）, 2022, 49（2）：77-87.

[28] 郁建兴, 樊靓. 数字技术赋能社会治理及其限度——以杭州城市大脑为分析对象 [J]. 经济社会体制比较, 2022（6）：1-10.

[29] 李利文. 乡村综合整治中的数字监管：以 D 村经验为例 [J]. 电子政务, 2020（12）：13-23.

[30] 冯朝睿, 徐宏宇. 当前数字乡村建设的实践困境与突破路径 [J]. 云南师范大学学报（哲学社会科学版）, 2021, 53（5）：93-102.

[31] 沈费伟. 数字乡村的内生发展模式：实践逻辑、运作机理与优化策略 [J]. 电子政务, 2021（10）：57-67.

[32] 崔元培, 魏子鲲, 薛庆林. "十四五"时期乡村数字化治理创新逻辑与取向 [J]. 宁夏社会科学, 2022（1）：103-110.

[33] 丁波. 数字治理：数字乡村下村庄治理新模式 [J]. 西北农林科技大学学报（社会科学版）. 2022（2）：9-15.

[34] 习近平. 中国式现代化是强国建设、民族复兴的康庄大道 [J]. 求是, 2023（16）.

指导教师：王淑华

绍兴棠棣村：
乡村振兴背景下数字赋能乡村发展的探索

庄圆、陈钰欣 、伍思颖 、覃诗琪

一、调研简介

（一）调查背景

1. 政策背景

（1）国家推进乡村振兴战略，大力推进数字乡村建设

2018 年 1 月 2 日，《中共中央、国务院关于实施乡村振兴战略的意见》明确提出，要实施数字乡村战略，做好整体规划设计，加快农村地区宽带网络和第四代移动通信网络覆盖步伐，开发适应"三农"特点的信息技术、产品、应用和服务，推动远程医疗、远程教育等应用普及，弥合城乡数字鸿沟。《乡村振兴战略规划（2018—2022 年）》也提出数字乡村建设的任务内容。

2019 年 5 月，中共中央办公厅、国务院办公厅印发了《数字乡村发展战略纲要》。

2020 年，中国数字乡村建设加快推进，发布了《数字农业农村发展规划（2019—2025 年）》《2020 年数字乡村发展工作要点》，浙江等多个省份相继出台数字乡村发展政策文件，政策体系更加完善，统筹协调、整体推进的工作格局初步形成。

2023 年 5 月，财政部发布关于做好 2023 年农村综合性改革试点试验有关工作的通知，创新数字乡村发展机制。发挥新一代信息技术创新引领作用，大力推进数字乡村建设，推动数字技术与发展乡村实体经济、构建乡村治理体系加速融合，着眼解决实际问题，拓展农业农村大数据应用场景。

（2）习近平同志倡导"千万工程"，浙江省扎实推进

2003 年 6 月，在时任浙江省委书记习近平同志的倡导和主持下，以农村生产、生活、生态的"三生"环境改善为重点，浙江在全省启动"千万工程"，开启了以改善农村生态环境、提高农民生活质量为核心的村庄整治建设大行动。

20 年来，浙江省久久为功，扎实推进"千万工程"，造就了万千美丽乡村，取得了显著成效，带动浙江乡村整体人居环境领先全国。

2018 年 11 月 9 日，浙江省召开深化"千村示范、万村整治"工程（以下简称"千万工程"）建设美丽浙江推进大会，提出在新起点上全力打造"千万工程"升级版。

浙江省委表示，在新起点上全力打造"千万工程"升级版，要坚定不移建设美丽浙江，加快把浙江全省建成大花园：突出城乡融合，形成"全域秀美"的格局；加快绿色发展，进一步打通"绿水青山就是金山银山"转化通道；下足绣花功夫，追求"景致精美"的卓越；注重内外兼修，深入推进社会主义核心价值观和生态文化建设；勇立时代潮头，加强省内、省际和国际合作；全力跨越关口，高标准打好污染防治攻坚战。

2. 现实背景

自 2003 年起，在时任浙江省委书记习近平同志的亲自部署下，"千村示范、万村整治"工程在浙江拉开帷幕，棠棣村便迈上了一条以"千万工程"为依托，深入践行"两山理念"，生根开花"新时代枫桥经验"，高质量发展建强共同富裕基本单元的道路。

棠棣村从 20 世纪 90 年代一个偏僻落后的小山村，蝶变成如今以花闻名、以花为业、因花致富的新时代和美乡村。作为"春兰故乡""国兰祖地"，棠棣村以兰文化精神为原动力，大力发展以兰花为特色、绿化苗木为主的花卉产业，成

为柯桥区最具特色的花卉专业村，呈现了"四个95%"现象：95%以上的非粮食功能区的土地种植花卉苗木，95%以上有劳动能力的村民从事花卉苗木生产与经营，95%以上的村民收入来源于花卉苗木产业，95%以上的农户自主创业，成为"中国花木之乡"漓渚镇的一张名片。

为迭代村庄产业，棠棣村高效流转激活闲置的千亩土地和万平方米大棚，以科技赋能兰花种植，引入专业运营团队26人，组建"花满棠"强村公司，建设花满棠共富工坊，村里运用数字化手段，打造智能数字兰花工厂，村民可在手机App中一键控温控湿，实现对兰花的智能培育与智能管理，解放劳动力，棠棣村还运用数字技术开展电商直播，线上批量出售兰花。棠棣村以花木产业为主导，以兰文化创意研学体验为特色，年接待培训2.5万人次以上、游客14万余人次，带动花木销售额增加1000余万元，村民人均收入超12万元。

棠棣村先后获得"省级全面小康示范村""省级绿色生态村""省级兴林富民示范村""市级环境整治示范村""绍兴市文明村"等荣誉称号，成功实现了乡村振兴共建共享、共同富裕示范先行。

（二）文献综述

1. 乡村振兴相关研究

2018年中央一号文件《中共中央、国务院关于实施乡村振兴战略的意见》标志着乡村振兴战略正式出台。依据乡村振兴战略的科学内涵，不少学者从脱贫攻坚与乡村振兴的关系出发对乡村振兴战略展开深入研究。叶敬忠[①]从产业、人才、文化、生态等整理出五个维度，对脱贫攻坚和乡村振兴战略进行理论可行性和实践可行性分析。王军和曹姣[②]则进一步分析了精准脱贫与乡村振兴有机衔接的困境及关键举措。谢芬[③]从中国乡村形态及其变化趋势的角度对乡村振兴战略的科学内涵进行解读。

---

① 叶敬忠：《中国乡村振兴调研报告（2018—2019）》，社会科学文献出版社，2019，第5页。
② 王军、曹姣：《脱贫攻坚与乡村振兴有效衔接的现实困境与关键举措》，《农业经济问题》2022年第9期。
③ 谢芬：《新时代中国"三农"问题演变及破解思路》，《农村经济》2019年第6期。

何得桂与韩雪[①]从基层党建的角度提出乡村治理需在党建引领下进行属性治理。生活富裕是乡村振兴的根本。农村社会建设必须以人民为中心，实现农民的生活富裕。

2. 数字乡村建设研究

美国经济学家 Tapscott[②]在其著作《数字经济：智力互联网时代的希望与风险》中正式提出了"数字经济"概念，将电子商务作为数字经济的重要组成部分。一些学者从数字技术融合的角度来定义数字经济。

时孜腾从内在机理的角度探究数字经济驱动乡村产业振兴的实践策略，提出要精准化把握我国农村地区数字要素、农业生产、农民生活之间的内在关系与互动机制，深描数字经济驱动乡村产业振兴的内在机理，借助数字系统、农业科技、农业生产等在技术、价值、人力、资源等要素上的有机协同，持续提升数字经济赋能乡村建设的实践效能。

夏显力[③]等从经营体系、生产体系、产业体系三方面出发，建立了基于数字技术的农业高质量发展新框架；殷浩栋等[④]研究了农业农村数字化转型的影响机理与改进措施；沈费伟等[⑤]从行为、制度、资源、社会和监督五个维度出发，研究数字乡村的实践逻辑与推进策略；曾亿武等[⑥]提出数字乡村建设应坚持顶层设计、试点探索与基层创新相结合的方法论。大部分研究是围绕数字乡村建设的方法论等理论创新，尚无对数字乡村试点建设实践中的问题研究。

---

① 何得桂、韩雪：《属性治理：基层党建引领乡村振兴的有效实现路径》，《农村经济》2022 年第 5 期。

② Tapscottd, *The Digital Economy: Promise and Peril in the Age of Networked Intelligence*, New York: Mc Graw-Hill, 1996.

③ 夏显力、陈哲、张慧利、赵敏娟：《农业高质量发展：数字赋能与实现路径》，《中国农村经济》2019 年第 12 期。

④ 殷浩栋、霍鹏、汪三贵：《农业农村数字化转型：现实表征、影响机理与推进策略》，《改革》2020 年第 12 期。

⑤ 沈费伟、袁欢：《大数据时代的数字乡村治理：实践逻辑与优化策略》，《农业经济问题》2020 年第 12 期。

⑥ 曾亿武、宋逸香、林夏珍、傅昌銮：《中国数字乡村建设若干问题刍议》，《中国农村经济》2021 年第 4 期。

在新发展阶段以及共同富裕目标下，本文对数字乡村发展赋能棠棣村乡村振兴的现实情况与具体问题进行分析并研究优化路径，对全面推进数字乡村发展具有重要的实践意义。

3. 数字技术赋能乡村研究

于佳秋[1]从城乡产业融合与城乡治理融合的角度切入分析数字技术赋能乡村经济，提出城乡融合还存在生产要素单向流动、城乡数字鸡沟、公共服务不均等、城乡收入差距较大等问题。认为长兴县在数字乡村建设赋能城乡融合过程中创造出产业协同、治理融合、公共服务均等化的城乡融合新范式，能为类似县市以数字乡村建设推动城乡深度融合提供借鉴参考。

金福子、邢畅[2]从农村居民幸福感视角对数字赋能乡村进行研究，基于 CFPS2020 数据的实证分析，提出相较于数字化基础设施水平，数字化技术应用对于农村居民幸福感的提升有显著激励效应，且对青年和中年群体更为显著。推动数字技术与农业农村发展的多元应用融合，充分释放数字红利，提高农村居民幸福感。

王小兵等[3]通过梳理"互联网+"现代农业的现状和困境，提出了四条深入推进现代化农业的实施路径；张蕴萍与栾菁[4]指出数字化技术主要应用于农业生产方式、农民日常生活以及乡镇公共服务三个方面，既追求农民生活水平的提高，又不断丰富农民的精神生活，以此形成更加富裕、美丽、绿色、美好的现代化乡村；周锦[5]通过分析数字对乡村文化的赋能机制，为乡村振兴战略提供了实施的新机遇和路径。

---

① 于佳秋：《共同富裕导向下数字乡村建设赋能城乡融合的机理与策略——基于长兴县的考察》，《新疆农垦经济》2023 年第 8 期。

② 金福子、邢畅：《数字乡村建设影响农村居民幸福感吗？——基于 CFPS2020 数据的实证分析》，《河北科技大学学报（社会科学版）》2024 年第 1 期。

③ 王小兵、康春鹏、董春岩：《对"互联网+"现代农业的再认识》，《农业经济问题》2018 年第 10 期。

④ 张蕴萍、栾菁：《数字经济赋能乡村振兴：理论机制、制约因素与推进路径》，《改革》2022 年第 5 期。

⑤ 周锦：《数字文化产业赋能乡村振兴战略的机理和路径》，《农村经济》2021 年第 11 期。

综上文献观点，现有文献对于数字技术赋能乡村的落脚点大多集中在理论献策和城乡关系上，较少文献涉及数字经济整体给乡村发展带来的影响、村民的真实需求体验与供给需求矛盾等现实问题，从实证角度分析的文献更为稀少。故本文从实地调研所得出发，探究数字技术对乡村赋能的具体情况，以棠棣村为例，给出实地调研结果与相关建议。

（三）调查目的

在当今乡村振兴背景下，棠棣村依托现代科学技术极大促进了兰花种植行业的革新，也成为解决未来整个苗木行业发展的必然选择。因此，棠棣村数字乡村发展情况的调研对棠棣人经济收入情况、生活满意程度、乡村民生发展等具有重大意义。本项目组将通过实地调研、访谈、质化分析等形式进行调查，希望达到以下目的。

1. 研究棠棣村数字化建设现状

对棠棣村多层级多方面负责人以及普通村民进行采访，通过对访谈资料进行质化处理，分析当前棠棣村不同类别的居民对本村的数字化建设与赋能情况的了解程度、满意程度、相关看法等，并掌握村内主要居住群体——老年人对现有数字化服务的了解程度、使用体验、满意度、需求强度等信息。

通过实地访谈的形式，与柯桥融媒体中心、村委会、讲习所及村内强村公司相关负责人进行交流，深入了解棠棣村数字化建设的政策目标，以及村委会与讲习所的总体数字治理、数字服务与数字产业的供给类别、数量等现状。

2. 分析棠棣村数字化发展现存问题

相关资料显示我国存在乡村数字化利用率低、数字服务内容单一以及服务方式固定等问题。其中，利用率远低于需求的供需矛盾也较为突出。本报告通过分析棠棣村数字化建设现存问题，发掘供需失调的表现及原因，探究解决供需矛盾的对策，有利于解决棠棣村乡村数字服务困境。

3. 献策棠棣村数字化赋能，提高乡村数字化发展水平

目前我国乡村数字化建设处于发展阶段，在信息资源、公共投入、监管机制

等方面仍然存在一定的缺陷，从而导致乡村数字化供需失衡。通过实地调研与访谈，分析棠棣村数字赋能陷入困境的原因，从融媒体中心、村委会、强村公司以及主要居民老年人群体四个角度对推动棠棣村数字化建设提出对策建议，逐步解决乡村数字化赋能缺陷，完善数字化赋能模式，进一步提高我国乡村数字化发展水平。

（四）调查的意义

1. 推动棠棣村数字化发展供需平衡，共建美好棠棣

数字乡村以数字技术为手段，推动生产生活方式发生变革，促成农业农村转型升级。数字化建设在促进"春兰故乡"棠棣村经济增收、转型升级的同时，在老年人关怀、乡村治理与服务等多方面都进行了不同程度的赋能，使得棠棣村成为"省级全面小康示范村""绍兴市文明村"等，但棠棣村目前的数字化建设仍旧存在一定问题，在需求与供给方面尚有实际矛盾，解决棠棣村数字化发展实际问题迫在眉睫。

通过实地调研，深入研究棠棣村数字建设赋能乡村发展具体路径以及供给需求等具体情况，提供因地制宜的政策建议与实践建议，为解决棠棣村数字化赋能现存问题提供新的思路，以促进棠棣村获得更优质的数字化建设，实现棠棣村数字经济发展的持续健康，打造美好棠棣甚至"更好棠棣"。

2. 总结棠棣经验献策社会，促进社会共同富裕

数字乡村建设是巩固脱贫攻坚成果、实现乡村振兴和农业农村现代化的重要途径。数字乡村提高农业生产经营效益和农民生活质量，是全面实现共同富裕的重要突破口和着力点。因此，研究数字乡村建设对促进社会共同富裕具有重要意义。

在理论意义上，棠棣村的数字化建设路径丰富了数字乡村建设理论，为数字乡村建设赋能农村发展提供一定的分析思路和研究视角。通过系统研究，对数字乡村建设在中国的发展进程和现状进行总结，将数字建设对乡村的影响机制进行完善，为后续学者开展相关研究提供可借鉴的经验。

在现实意义上，中国政府通过几十年的努力，使得贫困问题得到了极大改

善，但在广大农村地区，低收入群体相对较多、经济发展速度相对较慢，数字化建设工作难以开展。本文是在学术界已有一定研究成果的基础上，结合乡村发展现状，基于棠棣村实地调研资料研究了数字乡村建设对棠棣村的影响效应以及在供需上的现存问题，为我国减贫事业提供一些实证依据和决策参考，为促进我国经济社会发展提供了选择方案。

（五）关键词概念界定

1. 数字乡村

数字乡村伴随着网络化、信息化和数字化在农业农村经济社会发展中的应用，以及农民现代信息技能的提高而内生的农业农村现代化发展和转型进程，既是乡村振兴的战略方向，也是建设数字中国的重要内容。数字乡村不只是数字技术的简单叠加，更需要注重农业信息化的进一步延伸。

数字乡村将数字信息化的各种业态形式与乡村发展全面结合，将高新技术普及到乡村，可以把它理解为乡村信息化现代化的一种表现形式，能够将乡村的各种形态进行数字化的表达，比如将乡村的基层组织、土地、人口、农业发展、教育情况、特色产业等各种资源要素进行数字化表达和融合，将分散的乡村信息通过互联网、数字化、信息化应用手段连接起来，带动乡村的建设发展。

学者沈费伟、叶温馨指出，数字乡村建设是在对传统乡村治理模式继承的基础上，基于数字技术和治理体系融合发展，应包括数字乡村治理、数字组织结构和数字制度规范等概念。

2. 乡村振兴五大战略

乡村振兴战略是深入贯彻实施农业供给侧改革和破解城乡二元结构，以及彻底解决三农问题的具体战略实施举措，其实施的 20 字方针是"产业兴旺、生态宜居、乡风文明、治理有效、生活富裕"，这是乡村振兴战略的总体要求，也是实施乡村振兴战略的方向。

乡村五大振兴战略分别是产业振兴战略、人才振兴战略、文化振兴战略、生态振兴战略和组织振兴战略。

（1）乡村产业振兴战略

是指在当前经济发展的背景下，为加快乡村地区的经济发展、提高农民生活水平、促进城乡一体化发展而制定的一系列政策和措施。具体而言，乡村产业振兴战略就是要找到符合农村实际的产业发展方向，完善乡村基础设施建设，提高乡村人才的素质，创新乡村社会组织形式，优化农村劳动力资源配置等手段，从而实现推动乡村经济发展、提升农民收入的目标。

（2）乡村人才振兴战略

广招英才、高效用才，拓宽乡村人才来源，为人才干事创业和实现价值提供机会条件，最大限度激发人才内在活力。培养和发展一批具备乡村发展知识、技能和实践经验的人才，以推动乡村经济、社会和文化的全面发展。这些人才应该具备跨学科的知识和技能、创新意识和创业精神，能够在乡村创新创业中发挥作用，推动乡村经济的转型升级和可持续发展。运用政策、机制、机会等多种方式，鼓励社会各类人才能够看到乡村希望、看好乡村未来、看见乡村生活，实现真正的"吸引人才到农村"。

（3）乡村文化振兴战略

文化振兴是实现乡村振兴的思想保障，以社会主义核心价值观为引领，采取符合农村、农民特点的有效方式，深化中国特色社会主义与中国梦宣传教育，大力弘扬民族精神与时代精神。

（4）乡村生态振兴战略

生态振兴是乡村振兴的重要支撑。乡村振兴，生态宜居是关键。良好生态环境是农村的最大优势和宝贵财富。要坚持人与自然和谐共生，走乡村绿色发展之路，让良好生态成为乡村振兴支撑点。

（5）乡村组织振兴战略

组织振兴是乡村振兴的保障条件，就是要培养造就一批坚强的农村基层党组织和优秀的农村基层党组织书记，建立更加有效、充满活力的乡村治理新机制。

3. 数字治理

数字治理是利用数字技术与工具，对社会、企业、政府等进行管理和决策的一种管理模式。主要依靠数据的采集、处理、分析、应用及共享，从而促使管理和决策更加高效、快捷、精准。数字治理可以涵盖多个领域，如数字政府、数字经济、数字社会等。

数字治理的目标是提高政府和企业的决策能力，提升社会服务水平，增加社会福利和经济利益。数字治理还可以帮助企业和政府更好地理解和应对社会变化，打造数字化创新生态，提高全社会的整体效率和竞争力。

4. 数字服务

数字服务的概念由时任上海国家会计学院李扣庆院长提出，李扣庆认为，数字服务是以数字化手段为客户提供便利、舒适、效率提升或健康等各种形式附加值的经济活动。数字服务具有依托数字信号流动提供、有数字痕迹、超越时空限制等特征，其和传统服务存在许多区别。

狭义的数字服务指纯数字服务，顾客能感受到的价值创造几乎都借助于数字化方式，例如云储存、在线授课、在线娱乐等。广义的数字服务是以数字技术为支持提供的服务。

5. 数字产业

数字产业是指以信息为加工对象，以数字技术为加工手段，以意识（广义的意识概念）产品为成果，以介入全社会各领域为市场，本身无明显利润但是可以提升其他产业利润的公共产业。

数字产业主要是信息通信产业，主要含义是数字技术创新与数字产品生产，代表的是数字技术的广泛融合渗透带来的新兴行业，如物联网、云计算、大数据等。数字经济是以数据资源作为关键生产要素、以现代信息网络作为重要载体、以信息通信技术的有效使用提升效率和优化经济结构的一系列经济活动，数字产业作为数字经济的其中一部分，是与传统行业区分来的新兴产业形式，注重效率的提升，不断促进数字经济快速发展。

二、调研基本情况

（一）调查对象

为多角度多层面了解棠棣村数字赋能发展现状，我们对多类别群体进行采访，其中包括柯桥区融媒体中心朱总、吴总、陈主任、棠棣村讲习所负责人李女士、棠棣村"花满棠"研学基地执行校长朱先生、棠棣村讲解员以及村民若干。

（二）调研流程

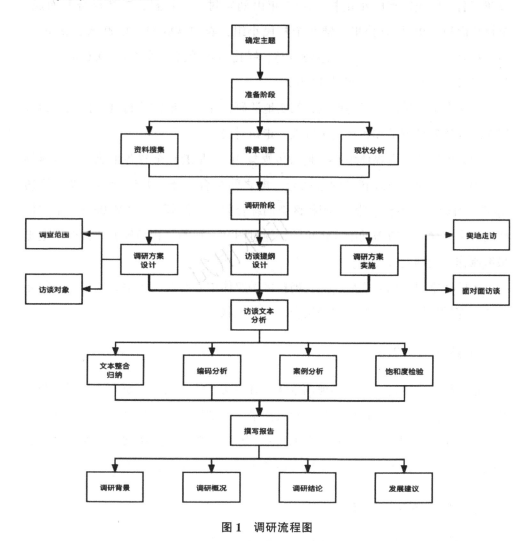

图1　调研流程图

（三）调查范围

棠棣村，是浙江省绍兴市柯桥区下辖村，位于柯桥区漓渚镇西北首，是一个以花闻名、以花致富的小山村。2003 年由刘家村、头社村、二社村合并而成，全村总面积 2.91 平方公里，辖 8 个村民小组，农户 496 户、1509 人，党员 71 名。现有耕地面积 716 亩，生态公益林、绿化苗木等经济作物林 1936 亩。据统计，2022 年村民人均收入已达 12 万元。

团队在棠棣村进行了为期两天的实地调研，深入了解棠棣村具体情况，参观展馆、采访领导班子和各产业负责人、走访村民。

绍兴市柯桥区融媒体中心（柯桥传媒集团），是浙江全省各报业集团所属县市报中，第一家有正式刊号的报社与广电之间结合、挂牌并运行的，以"笛扬 App"为核心，《柯桥日报》、柯桥区新闻综合频道、调频电台 FM106.8、中国柯桥网等全天候、全覆盖的融媒体矩阵，通过图文、视频、音频等方式，全域全媒采编制作，全网发布传播。

团队在棠棣村调研之后，前往柯桥区融媒体中心参观，了解其架构、与领导座谈，探讨融媒体与乡村振兴的结合情况与现状。

（四）研究内容

通过探访棠棣村，运用实地调查法、观察法、访谈法等调研方法，深入调研数字技术赋能棠棣村发展的成果与建设前景，并依据习近平总书记关于数字乡村发展重要论述、《数字乡村发展行动计划》等重要文件，探讨棠棣村如何将自身发展与数字化建设紧密相连，走出一条特色的"棠棣致富之路"。

（五）访谈记录分析

通过棠棣村实地走访、融媒体中心访谈，结合了随机抽样和滚雪球抽样，我们对棠棣村领导班子和各产业负责人、村民进行了半结构性深度访谈，共计 10 人，其中男性 4 名，女性 6 名；职业身份涵盖融媒体中心管理层、村委会工作人员、讲习所负责人、研学基地执行校长、棠棣村讲解员以及留守村民等。

所有访谈均通过实地线下进行，在征得被访者同意后，对所有访谈进行了全程录音。访谈结束后，团队根据录音文件将对话转录为文字，并对访谈记录进行整理归纳，共获得21477字文字稿。在与被访对象进一步核实相关信息后，研究者在对所有访谈稿进行细读的同时，通过质化研究软件Nvivo 11对访谈稿进行了分析，对被访者提及的主题线索进行了提取，并在研究团队成员反复讨论的基础上形成了主要研究结论。

（六）棠棣村基本概况

1. 政治

"漓渚满目绿无涯，棠棣无处不逢花。"棠棣村位于绍兴市柯桥区漓渚镇西北部，全村总面积2.91平方公里，农户496户、1509人，党员71名。

2003年，在时任浙江省委书记习近平同志的亲自部署下，一项名为"千村示范、万村整治"的工程，在浙江拉开帷幕。自此，棠棣村便迈上了一条以"千万工程"为依托，深入践行"两山理念"，生根开花"新时代枫桥经验"，高质量发展建强共同富裕基本单元的道路。从20世纪90年代一个偏僻落后的小山村，蝶变成了如今以花闻名、以花为业、因花致富的新时代和美乡村，成功实现了乡村振兴共建共享、共同富裕示范先行。

获评全国乡村振兴示范村、全国文明村、全国民主法治示范村等10余项国家级荣誉，2022年村民人均收入超过12万元。棠棣的老百姓也时常感叹，"生活幸福得像花儿一样"。

村庄将养兰六道与清廉棠棣建设融为一体，提炼"兰之雅、兰之德、兰之韵"，将养兰的晒根、松土、透水、通风、控温、换盆技巧与阳光政务、疏导治理、洁身自好、宣传教育、自控约束、因势利导紧密联系。

2. 经济

棠棣村党总支书记、村委会主任刘建明介绍，为迭代村庄产业，当地高效流转激活闲置的千亩土地和万平方米大棚，以科技赋能兰花种植；引入专业运营团队 26 人，组建"花满棠"强村公司，建设花满棠共富工坊，村集体经济增收 200 余万元。2022 年，该村村民人均收入达 12 万元。

在发展经济的基础上，近年来，村两委会十分重视村庄环境改造，全面实施"四大工程"，加快推进"美丽乡村"建设，累计投入 800 余万元，全面完成了村内道路硬化亮化、景观节点建设改造、景墙立面改造、环境净化绿化美化等工程。棠棣村不仅环境优美，自然风光独特，同时文化内涵不断提升，建于清乾隆年间的白石庙，成为柯桥区文保点。经修缮的庙湖，长廊环抱，石阶整洁。文化礼堂、健身广场、农家书屋、老年活动室等公共配套设施健全。2013 年，被称为"小欧洲"的棠棣村以"生态美、人文美、产业美"，成功入选首届"浙江最美村庄"。

3. 文化

"勾践种兰必择地，碧浪红香天下传"，据两千多年前的《越绝书》记载，勾践种兰于兰渚山下。受此影响，千百年来，兰渚山麓的棠棣农民祖祖辈辈以种兰养花卖花为生，起早摸黑、走南闯北。改革开放以后，棠棣人凭着独特生意经，走出了一条人人勤劳、个个创业的致富路，久而久之，便形成了"人勤春早"的棠棣精神。棠棣村以此精神，构筑了一套"村事大家管"、乡村勤治的棠棣模式。

棠棣人的勤劳和热情远近闻名，"一年里绝大部分时间都在外面做生意，大年廿八九才回家团聚，正月初三四又开始为新一年的生意忙碌起来，可以保守地说，全国地级市的花卉市场都能找到我们棠棣人。"

棠棣的"人勤春早"精神共划分为"五个勤"：

勤勉：干部勤勉任事，形成"村情民晓、村事民商、村务民办、村况民议、成效民评"的"村事大家管"村级自治模式，拓展"六步走""三告知""六延伸"工作机制，铸就了"勤治"为核心的基层治理，夯实基层组织。

勤劳：花农勤劳创业，趁改革开放春风，从手扛肩挑到处"提篮小卖"，到 20 世纪末的走南闯北打天下，再到目前网络销售，自主创业，勤劳致富，人均收入超 7.5 万元，打响了棠棣花木品牌，振兴了花木产业。

勤奋：学子、乡贤勤奋，以传承良好家风家训为己任，勤奋学习、勤奋工作，默默付出，全村共有本科以上学子150多人，乡贤参事会会员46人，三星级以上民间人才61人，识才、敬才、用才氛围浓厚，人才济济一堂。

勤快：村民勤快为尚，纯朴宽厚的棠棣人勤于本职，安居乐业。村里每年评选棠棣好榜样，党员家庭家风家训公示，干部带头倡导文明，模范引领，好家风带出社会清新风气，乡风文明，文化厚重。

勤俭：持家、持村勤俭，棠棣人俭以养德，富而思进，实施"千亩花田富业"行动，发展观光农业、体验农业及休闲农业，打造出"漓渚满目绿无涯，棠棣无处不逢花"的宜居乡村美景，生态和美。

（七）棠棣村发展历程

1. 政策导向发展

2003年，在时任浙江省委书记习近平同志的亲自部署下，一项名为"千村示范、万村整治"的工程，在浙江拉开帷幕。自此，棠棣村便迈上了一条以"千万工程"为依托，深入践行"两山理念"，生根开花"新时代枫桥经验"，高质量发展建强共同富裕基本单元的道路。

（1）从"千万工程"到美丽乡村建设

2003年，棠棣村开启了以改善村庄生态环境、提高村民生活质量为核心的村庄环境整治大行动，通过清理拆除"两堆一坑"、道路白改黑、景观节点建设、修缮近1万平方米倾倒墙改成景墙、完善垃圾收集网络系统、强弱电整理工程、生活污水处理等举措，让人居环境结出硕果，村庄面貌焕发新颜。

"千万工程"从整治环境入手，但棠棣村并不是只抓环境，而是综合运用、统筹发展。

（2）从"两山理论"到高质量发展

从2005年起，棠棣村便以"两山理论"为指引，走上了以兰花为特色、花卉苗木为主导、农文旅融合的高质量发展之路，

将闲置资源作为可持续发展的最大本钱，从"卖农产品"向"卖风景"转

变，在实践中将"绿水青山就是金山银山"化为生动的现实，实现了从一个贫穷落后的小山村到精致美丽大花园的蝶变。

"千万工程"以环境整治为起点，不断深化推进，进一步让"美丽资源"变"美丽资产"，棠棣村打开了从绿水青山到金山银山的转化通道。

（3）从"五星3A"到和美乡村建设

2008年起，棠棣村开始收集展示村民面貌的家风家训，将家风家训挂在每家每户大门口，潜移默化地将优良家风转化为淳朴民风。

2017年，绍兴以棠棣村为典型范本，在全市开展了"五星达标、3A争创"工作。此后，棠棣村被评为浙江省3A级景区村庄、全国乡村振兴示范村、中国美丽休闲乡村等，在乡村振兴征程上迈出重要步伐。2021年，棠棣村实现了"五星3A"工程的迭代升级。2022年，借势浙江省未来乡村创建契机，棠棣村又一次走上了越来越好的和美乡村之路。

（4）20年"千万工程"助力产业振兴

乡村要振兴，产业是基础。作为"春兰故乡""国兰祖地"的棠棣村，一直将产业发展作为核心来抓，依托盘活闲置资源、拓展村企合作、强化数字赋能、深化农文旅融合发展等手段，推动富民产业高质量发展，农户收益明显增长。

2021年，棠棣村携手镇域内5个花木专业村构建花香漓渚大棠棣片区党建联建，充分发挥龙头带动效应，以先带后、以强带弱，将共富效应辐射到全域，带动周边村民一同致富。

如今的棠棣村，已然形成了4个95%的惊人景象：95%以上的非粮食功能区土地种植花卉苗木，95%以上有劳动能力的村民从事花卉苗木生产与经营，95%以上的村民收入来源于花卉苗木产业，95%以上的农户自主创业。而全国各地大大小小的花卉市场也遍布着棠棣人的身影，棠棣"声音"也在花木行业拥有了"主导权"。

20年来，棠棣村始终坚持在"千万工程"引领和"两山理论"指导下发展农业、建设农村、富民增收，以因地制宜、规划先行、统筹协调为要点，从当年"脏乱穷"到现在"绿富美"，成功走出了一条生态优先、绿色发展之路。

20 年来，棠棣村始终坚持在"千万工程"引领和"两山理论"指导下，促进美丽生态、美丽经济、美好生活有机融合，成功实现产业兴旺、生态宜居、生活富裕，带动村民一同迈上共同富裕的康庄大道。

20 年来，棠棣村始终坚持在"千万工程"引领和"两山理论"指导下，与时俱进、创新举措，抓铁有痕、踏石留印，逐年推进、久久为功，为全区、全市乃至全省提供了乡村振兴工作的路径经验，也为开创乡村振兴新局面作出了独特贡献。

图 2　棠棣村委会

时至今日，回首 20 年蝶变之路，作为乡村振兴的先行者，棠棣经验完全契合习近平总书记"绿水青山就是金山银山"重要思想的指引方向。

从 20 世纪 90 年代一个偏僻落后的小山村，蝶变成了如今以花闻名、以花为业、因花致富的新时代和美乡村，成功实现了乡村振兴共建共享、共同富裕示范先行。

2. 先进人物——村支书刘建明

这个获得国家级美丽宜居示范村、全国生态文化村等荣誉的美丽乡村，20年前却是另一番景象。当时的棠棣村，杂物乱堆乱放，村民们为了种养花卉方便，把露天"农家肥"置于房前屋后，人居环境差，治理难度大。

1997 年，在外经商做花木生意的刘建明为了村庄发展，参选成为当时绍兴县最年轻的村支书。24 年来，刘建明带领村"两委"班子成员和全体村民，凭着一身拼搏精神，发挥"千年兰乡"优势，以花闻名、以花为业、以花致富，将棠棣村逐渐从贫穷落后的小山村建设成为党建统领优、特色产业强、生态环境美的全国乡村振兴示范村。该村先后获全国文明村等荣誉称号。通过发展花木经济，满足了人民群众对美好生活的向往，2020 年村民人均收入超过 10 万元。

棠棣村党总支书记刘建明坦言："起初大家环保意识不强，只顾自家方便。想要改变多年养成的生活习惯并不容易。"

发挥"头雁效应"，形成示范引领。刘建明带头拆除了自家花圃的两个粪坑，再同村干部一道挨家挨户做工作。经过系统整治，全村共清理拆除"两堆一坑"（柴堆、草堆、露天粪坑）1800 多个，村庄面貌焕然一新。

以解决老大难问题为起点，棠棣村不断拓展环境整治半径：修缮近 1 万平方米的危墙，修宽道路，整治杆线，亮起路灯，村庄生态环境不断改善，村民生活质量持续提高。

"村子美了，我们的干劲更足了。"棠棣村兰花共富工坊负责人童水标脸上挂满了笑意。

3. 所获荣誉

2011 年开始，按照"生态美、产业美、人文美"的目标，棠棣村着力开展美丽乡村建设，获得"绍兴市首批美丽乡村精品村"称号。

2013 年，棠棣村以"富裕生态的别墅村"成功入选首届"浙江最美村庄"，成为绍兴地区唯一获此殊荣的乡村。

2020 年 8 月 26 日，入选文化和旅游部第二批全国乡村旅游重点村名单。

2020 年 9 月 9 日，被农业农村部办公厅公布为 2020 年中国美丽休闲乡村。

2020 年 11 月，被评为第六届全国文明村镇。

2021 年 10 月，被命名为"2021 年全国示范性老年友好型社区"。

2022 年 1 月，入选 2017 年浙江省 3A 级景区村庄名单。

三、棠棣村数字化建设现状分析

（一）数字乡村建设中棠棣村的变化

1. 数字化点燃乡村治理新引擎

棠棣村近年来不断探索数字乡村发展新模式，在乡村治理方面主要强化自治、德治、法治能力。搭建了数字化的乡贤参事会平台，打好"乡音牌、亲情牌、文化牌"，让乡贤为村庄发展出谋划策、贡献力量。

图3　棠棣村综治中心

"我们在便民服务中心内搭建了健康小屋，也可以为村民特别是老人提供一些简单的身体检查。"村委员讲解员介绍道。

往前走，一座古色古香的建筑映入眼帘，这是棠棣乡村振兴讲习所，一群学生正在参加研学活动。"这里本是一片废弃厂房，后来成为我们共同的'精神家园'。"讲习所负责人李红敏介绍。

棠棣村通过修建文化礼堂等方式，让"人勤春早"的价值追求代代相传。

"这加强了棠棣在外乡贤与家乡的精神连接。"漓渚镇党委书记罗耀说。文化礼堂里的数字展馆也以数字化形式对外展示了棠棣村的历史与发展进程，将乡村振兴成果赋予新的呈现方式。

"我们的数字棠棣平台。由一图自治和棠棣视窗两个板块构成，棠棣视窗下呢，又有乡村党建。党建就是村联委会三助三服务的情况，三村服务，社会保障职业培训，这就很数字化。"村委会讲解员说道。

图4 棠棣村数字平台

还有大数据客流平台会实时更新客流量，外来车辆监控系统抓取进入村庄车辆的车牌号。

20年来，棠棣村深入实施"千万工程"，让朵朵兰花香，带来乡村新气象。站在新起点的棠棣村，正一步一个脚印，坚定走在迈向共同富裕的道路上。

2. 数字化推进乡村服务新征程

"千万工程"从整治环境入手，但棠棣村并不是只抓环境，而是综合运用、统筹发展，不仅为农村带来生态革命，更带来生活方式的革命。

村民告诉我们："这种（单亲）家庭很多的，老人也很多。"棠棣村现居村民大多数为年迈老人，为更好地服务村民、服务老人，棠棣村在每户有70岁及以上老人的家庭，特别是老人单独在家的家庭，开设智慧门禁数字监控并同步连接至村委数字大厅，让村委会了解老人出门情况并告知其子女。"那些监控是村委都能看得到的。如果有老人连续很久没有出门，没有在家门口那个公共区域出现过，那个报警系统（智慧门禁）会连到村委。村委就派人去家里看看什么情况。"讲习所李经理如是说。家庭内部具体情况其子女也可根据监控获得影像资料进行了解。"私人的地方，他们就是孩子自己可以看到。"

图5　棠棣村数字平台

数字化服务无处不在。走出自家房屋，走进公共村巷，走几步就能看到数字智能垃圾桶。为了更好地在村中推广数字服务，棠棣村设置了十余个智能垃圾桶，其电子显示屏会提示垃圾的分类，通过触摸屏可了解垃圾类别与所属垃圾桶。走近垃圾桶并伸手感应，垃圾桶将自动开门，便于村民处理垃圾。当村民扔完垃圾离开垃圾桶，其将自动感应人箱距离并自动关门。该智能垃圾桶的设置不仅服务了村民投放垃圾，更方便了没有掌握分类知识的老年人正确进行垃圾分类。

不仅如此，老年人的健康同样受到重视。棠棣村在便民中心、村委服务大厅设置全自动智能化检测仪，帮助老年人一键检测身高、体重、血压等身体指标数值，操作简单方便的同时便于老年人检测身体健康情况。"村委不是有一个量血压呀、量身高之类的，不有一个机器吗，是全自动的。服务大厅里面也有一个。"

图6、图7 棠棣村数字智能垃圾桶

讲习所李经理说。

棠棣村在发展经济、改造环境、全面实施"四大工程",加快推进"美丽乡村"建设的同时,也同样重视村内老年人的生活状态,拥有良好的人文关怀,利用当代数字技术更好地服务村民、服务老人。除了物质上的发展,同样重视人与情,关注精神生活的建设,只有这样,乡村才能更加坚定地、平稳地迈向共同富裕。

3. 数字化助力棠棣产业新发展

棠棣村位于浙江省绍兴市柯桥区漓渚镇西北部,是一个以花闻名、以花为业、以花致富,远近闻名的花卉特色专业村。通过建设兰花数字工厂、上千亩低效分散土地集中流转高标准整理、废弃旧厂房改造升级高效利用,棠棣村实现了优势产业对接;通过建设棠棣驿站、乡村振兴讲习所、研学大本营,棠棣村实现了创新创业携手,不断优化营商环境;通过以美丽田园带动美丽经济,以"研学+文创"催生"花满棠棣"主题场景,实现产业提档、集体增收、村民共富。

棠棣村讲解员给我们科普道:"经济方面基本上都已经在逐步走向科技,走向大众化、规模化和产业化。"

2021年,在村企联合协作下,绍兴柯桥漓渚镇棠棣股份经济合作社与浙江立尚文化传播有限公司共同入股组建了"绍兴花满棠研学文旅有限公司"。开发了棠棣村特色的研学旅游产业,包括长征精神拓展营、兰花种植课程、党建活动等。

花满棠研学文旅有限公司执行校长朱总说道："（我们开发了）长征精神拓展营，我们是根据长征故事当中，比较突出的一个节点，然后再结合棠地村本身的这个地形地貌，打造了一条迷你长征路，长度是1.5公里。我们走的过程当中都会看到各个节点，然后在这节点上面我们学习对应的历史知识。"

图8　棠棣村花满棠研学产业园

同时，棠棣村民还利用抖音、微信等平台进行宣传带货，开展农产品线上销售；充分发挥历史悠久优势，将文化、教育、旅游相结合，大力发展研学产业，最终形成创新融合发展态势。

此外，棠棣还打造了"花乡棠棣、人勤春早"花木产业场景，建立了以兰花产业为主的花木培育、展销、研学和互动体验基地，打造了融兰文化展示、兰花展销、研学互动、直播等于一体的棠棣兰花产业发展的重要项目，建立了棠棣兰花数字工厂，工厂运用兰花物联网、AI智能技术等，充满产业数字化气息。

棠棣村还根据互联网络大数据，精准定位市场，利用市场对不同种类兰花需求培育不同种类的兰花。棠棣村充分利用原有第一产业的栽培优势，汇聚花农们千百年的种植经验，运用数字互联网给不同的花卉提供不同的生长环境。工厂根据不同兰花的习性，精准有效地控制工厂内的温度、湿度与光照变化，减少人工对花卉的干预。2022年棠棣村运用数字技术培育了16.9hm^{2}室内阴生苗，

图9　棠棣村兰花数字工厂

29.3hm² 室内盆景。数字化的运营提高了兰花幼苗的存活率，与此同时，提高了兰花的品质，减少了培育成本。2022 年，与研学文旅有限公司开展合作，销售了近 800 盆兰花，实现经济增收超过 7 万元，实现了高效精准的兰花营销。

图10　棠棣村兰花数字工厂可视化数字大屏

另外，棠棣村还大力发展旅游产业。为方便游客，棠棣村设立了小程序，研学项目可以直接在平台上购买门票、预订餐饮食宿。企业还可以根据游客的需求，制订私人旅游计划，减少旅客烦恼和负担。"千亩花市"项目在融合文化与旅游的同时，借助数字平台有力地助推了棠棣产业兴旺，更好地宣传棠棣风光，弘扬棠棣特色。

（二）棠棣村数字化建设困境

1. 乡村数字化基础设施应用不充分

尽管棠棣村已经开始经营农业电子商务、电子政务等，但由于其基本公共服务资源相对缺乏且质量不高，很难留住大量数字人才。并且棠棣村地势特殊，地貌多样，居民居住比较分散且人口密度低，在其数字乡村发展中存在"乡村数字化基础设施应用不广泛不充分"的现象。

在访谈中，花满棠研学基地执行校长朱总告诉我们："你在哪个大城市的街上看到一个卖兰花的门面，那个门面的人很可能就是这个村出去的年轻人。棠棣村这个地方，95%的村民都从事花卉苗木生产与经营，也就是说这个村子里面有95%的人可能都出去了啊。"棠棣村的人口外流现象也在村民口中得到证实："这些房子之前都差的，很多人现在到外面去卖花……现在大家条件都好的，大家都在外面买房子的，好多老的小的都搬到外面去了。"人口密度的下降导致棠棣村多种多样的数字化基础设施得不到充分利用。

同时，当下村中存在大量的"数字贫困者"，这一群体大多数年纪偏大、受教育程度偏低，在面对数字化快速发展的社会时，他们手中的智能手机只是通信工具，并没有成为互联网工具。除了老年群体，村中受教育程度不高的人口占比也较多，这些受教育程度不高的群体和老年群体共同组成了"数字弱势群体"。对于这类群体来说，在乡村数字治理和相关数字设备的使用和接受过程中，都需要跨过巨大的鸿沟。数字鸿沟的存在制约了数字治理和数字产业的发展。

现阶段棠棣村村民的数字素养能力与技能水平较低，数字弱势群体基数大，即使村中有兰花数字工厂等数字产业、设置了智能垃圾桶、为独居老人安装了智慧门禁等数字治理机制，但当地村民普遍停留在知晓但并不能较好地运用的水平上："我只听说70多岁以上的单亲老人，或者两个人都是年纪大的，（村委）就给他们装了个报警系统。我本来不知道的，直到那天我们家旁边有一户家庭，村委来装的时候，他才知道报警系统坏了，（那户家庭）自己还不知道、还没发现。"

在实地走访的过程中，小组成员还对该村部分数字化基础设施进行测试，通过观察发现在 5 个智能垃圾桶中只有 1 个可以发挥完整的功能，"一次施工，常年失检"的现象同样不可忽视。

2. 治理主体数字素养不高，数字技术相关人才较为匮乏

习近平总书记在 2016 年网络安全和信息化工作座谈会上的重要讲话中指出："人才是第一资源。古往今来，人才都是富国之本、兴邦大计。"① 数字乡村治理强调多元共治、共建，治理主体在其中承担着十分重要的角色。经过实地走访和调研，我们发现棠棣村的数字乡村工作存在许多不足，如：兰花数字工厂数字显示屏相关数据未实时更新、村干部接待工作超负荷等。进而产生数字治理结构不健全、数字治理机制不完善等问题。

棠棣村的一部分政府工作人员和村干部作为最主要的治理主体和参与到治理结构中的权威机构和核心力量，因其人手不足、数字素养有限等，一方面，治理干部在推动治理结构形成的实践中难以发挥全部作用；另一方面，治理干部工作繁忙，与村民之间缺少沟通和情感交流，难以充分协调治理主体和治理客体之间的关系，进而难以整合各方力量和资源、充分发挥数字化优势、促进产业融合。

乡镇政府工作人员以及村干部等缺少相关数字素养和专业的数字技术应用能力，无法完全满足乡村数字治理现阶段的要求。乡村原生力量的综合素质低，一来使得多元主体协同治理的局面难以真正形成，二来导致乡镇政府需要不断向外寻找高素质数字人才并聘请外来人员充当乡村数字治理的核心力量。

数字乡村的发展所涉及的数字技术相较于其他行业比较高端，且涉及技术种类比较广泛。棠棣村在数字治理的发展进程中，面临精英外流、人口老龄化等问题，人才资源处于较为稀缺的状态。"年轻人嘛，都去镇上了，我们这的年轻人都是住在大镇子里卖花。"村中的年轻人更热衷于到大城市发展，这就更加导致农村人才流失。

棠棣村大部分村民对数字平台的相关操作不熟悉，对数字化及区块链技术都

---

① 《习近平总书记在网络安全和信息化工作座谈会上的讲话》，2016 年 4 月 25 日，http：//www.cac.gov.cn/2016-04/25/c_ 1118731366.htm。

不熟知，更不知道如何运用："我根本不知道（兰花数字工厂的具体操作），我根本不去的，我们老了，我们不懂什么新鲜事情的。"在这种情况下，即使政府为其配备了相应的数字设备，也很难充分利用设备完整的功能，更别说发挥其数字化优势了。

3. 数字治理机制不够完善，产业融合面临挑战

通过调研访谈和实地走访，小组成员了解到，现阶段棠棣村确实出台了有关数字乡村治理的一系列配套制度，涉及农村电商、乡村人才队伍建设、便民服务等多方面，但从整体来看，大多数的数字治理更多停留在将数字技术或数字化平台与各项治理内容初步结合的层面，可以说只是将各项内容放在了各个数字化平台上，在将数字分析和数据利用反馈于制度设计和产业融合方面，缺乏有效的机制。可以看到有些制度的设计出发点是好的，例如通过建设兰花数字工厂鼓励农村电商发展这一举措，确实在一定程度上鼓励了一些农户，但是大多数农户还是没有参与进来。"棠棣村的苗木其实大部分不从这里（兰花数字工厂）发货，更多的就是从山上直接挖啊，挖了就直接卖掉了啊。"花满棠研学基地经理说。数字治理机制没有发挥其应有的效果。

棠棣村的产业融合面临着许多挑战，一是村中剩余劳动力受教育程度参差不齐，大多居民对于信息基础设施的建设缺乏观念引导，导致其对信息产业和新兴产业的接受和使用程度不高；二是现阶段棠棣村仍是以发展农业产业为主，信息技术型企业较少，信息企业在进入该村发展的过程中会面临"破冰"的局面，更难以实现长期立足发展。

数字乡村治理不仅体现在披上大数据的外壳，更重要的是要使用好数据的分析、利用等功能，有效回应数字治理。另外，棠棣村在各部门之间协调，打破时间空间束缚，实现真正数据共享方面缺乏制度支撑，这方面的空白也需要及时填补。

4. 文化传播形式和文化传播效果与其深厚的文化底蕴不相匹配

通过在各大自媒体平台及门户网站对"棠棣"二字进行检索，我们发现棠棣村的数字化传播平台主要为网站和微信公众号，数据传播形式较为单一；且

传播平台相关内容的更新频率较低，缺乏时效性；大部分乡镇网站和传播平台上没有咨询和留言功能，还存在着对评论无回复的情况，用户和平台之间缺乏互动性。访客无法深度参与其中，获得的文化冲击力大大减弱，文化体验感大打折扣。

棠棣村数字传播应用的数据形式以图片、视频、文字、动画、电子书等为主，包含5种以上数据类型的平台很少。有的传播平台把乡村文化信息以文字、图片、地图的形式呈现出来，有的把村貌、村景夹杂在乡村简介、旅游指南中。也有一些网站将乡村非物质文化遗产、文化动态、民俗活动等简单地用文字和图片形式拼凑出来，但对这些文化资源没有追本溯源，没有对其历史文化、发展变化、文化蕴含等进行深入探究和了解。棠棣村的平台传播呈现静态、孤立、浅表化现象，这也导致用户对该村的文化信息形成浅表、断裂化的印象；乡土文化对访客产生的冲击力和文化想象不够持久，无法使访客充分体会到其内在价值和独特意义。

目前，棠棣村文化传播的主体主要是政府机构和经营公司，其传播内容多从管理者和经营者的角度出发，这种来自第三视角的数字资源缺乏来自底层视角的观察，不能有效、真实、充分地传达乡村文化深厚的历史底蕴和博大的文化内涵。

而作为乡土文化传承者的村民很少有机会深入参与到文化传播中，使得棠棣村的文化资源缺乏最基础的文化视角。

底层视角观察缺位、传播形式单一等因素使得棠棣村现有的文化传播形式和传播效果与有着深厚文化底蕴和文化内涵的乡村文化不相匹配，需要进一步开展实践层面的探索。

四、棠棣村数字化发展建议

2018年9月，中共中央、国务院印发的《乡村振兴战略规划（2018—2022年）》提出："实施数字乡村战略，加快物联网、地理信息、智能设备等现代信息技术与农村生产生活的全面深度融合，深化农业农村大数据创新应用，推广远程教育、远程医疗、金融服务进村等信息服务，建立空间化、智能化的新型农村统计信息系统。"

数字乡村建设是落实乡村振兴战略的具体行动，是推动中国式农业农村现代化的有力抓手，也是释放数字红利、催生乡村发展内生动力的重要举措。我国加快推进数字乡村建设，通过数字技术应用与服务促进农业农村数字化、城乡共同富裕、精准基层治理和乡村文化自信等途径赋能乡村振兴。

棠棣村主要从事花卉苗木生产，因为棠棣村有上千年的兰花种植基础，其产业根基好、创新能力强、发展速度快，也是浙江数字乡村建设的成功案例之一。但是棠棣村数字乡村发展仍旧存在着表面化、发展不平衡、较大数字鸿沟、发展主体数字化素养水平低等问题。

因此，本部分将结合棠棣村的发展现状，从数字治理、缩小数字鸿沟、产业融合与文化赋能四个方面提出棠棣村数字赋能乡村振兴的实现路径，为棠棣村完善数字乡村建设的实施方案、加快乡村振兴战略实施提供参考。

（一）强化治理班子水平，提升数字化治理效能

加强乡村治理是全面推进乡村振兴的重要保障。数字技术在乡村的广泛运用，不仅深刻影响着农民群众的生产生活方式，也为乡村治理现代化、数字化提供了新的路径。

村干部是乡村发展的统筹者和引领者，棠棣村需要进一步向数字化乡村迈进，首先就需要提升村干部的思想、理论和实践能力。广泛开展先进理论知识研习课程、数字化技能培训等，让村干部对数字化乡村有着更清晰、更深刻的认识，以及学习如何将理论实践化，打造既懂得乡村治理又擅长数字技术的专业人才队伍。同时，也要持续开展"讲党史，懂村史"等活动，培养治理团队的乡土情感和公共精神，坚持以维护广大村民的根本利益为己任。

另外，棠棣村数字化治理目前较为欠缺的方面在于治理团队人手不够、数字化大屏数据更新不够及时，并存在一定的形式主义现象。

数字技术打通乡村治理的"最后一公里",是建设宜居宜业和美乡村的重要手段。针对运用数字技术治理乡村,政府可以出台相应政策引进更多年轻人才,增派人手及时统计更新数据,并推出 App、小程序等方式积极引导村民参与村庄监督与治理;持续完善农村环境监测体系,选择重点和一般类监控,开展村庄环境监测;综合应用无人机、高清视频、物联网等技术手段,对农村房屋、道路、河道、特色景观等公共生活空间进行监测,为维护村容村貌提供管理依据。发挥政府和村民的主体作用,建设更加生态宜居的棠棣村。

对于形式主义现象,要制定相应管理监督政策,督促乡政府及时公布村庄治理各项措施与成果,培养村民的"主人翁心态"和集体荣誉感,鼓励村民承担起监督管理的责任。

(二) 提高村民数字化素养,缩小数字鸿沟

棠棣村的数字鸿沟不仅是村民目前的数字化素养和技能与数字化设备之间不甚匹配的使用水平,更是老人们的、城乡间的数字鸿沟。

村民是乡村的主体,数字技术赋能乡村振兴要遵循"以人为本"的核心逻辑,通过提升农民的数字素养和技能,增强内生动力与可持续发展能力。

首先,政府可以构建系统化的数字人才培训机制,加大新型农民培养培训的财政支持。积极发挥企业、高校、科研机构的作用,通过专业的数字培训平台,增强数字资源聚集,支持平台企业切实提高数字化应用技能课程的开发与普及,为培养应用技能型的乡村数字人才提供智力支持。提升村民种兰、养兰技术,培训村民使用数字化兰花培育设备的能力,让"兰花"不仅是棠棣村的金字招牌,还能成为促进产业融合并发挥数字化优势的驱动力。

其次,棠棣村与我国许多村落一样,主要是老人留守村内。因此加大对村庄的基础设施建设,引入数字化设备,为老人带来生活上的便利也尤为重要。

通过调查与访谈得知,村内引入了智能门禁系统和报警手表,但报警手表不普及,门禁系统没有专人进行日常检修,村内引进的数字化兰花种植系统老年人也不甚清楚。大部分生活在村庄内的老人与棠棣村快速发展的数字化相比,尚有

一定距离。

同时，提升村内留守老人的生活水平，还要注重他们的心理健康，建立留守老人关爱服务体系需要政府支持、社会工作介入、增强权利意识与树立生活信心等举措。因此更要加快健全棠棣村基础设施建设，建立相应的图书馆、老年人活动中心、心理诊所等基础设施，多组织老年人关怀活动，等等，减少村内老人"留守"的空虚感。

最后，城乡之间的经济收入、生活水平、教育资源等差异，也是导致棠棣青壮年大规模进入城市的原因。完善花卉苗木电商售卖平台，打通产品传播渠道，形成一套完整的数字化种植—售卖—运输链，促进当地苗木的贸易消费、投资和文化营销，让棠棣居民不用进入城市也可以提高家庭经济收入，引入高水平的教育资源、医疗系统、大型商超等，便于居民生活。通过缩小城乡间的数字鸿沟，引导外流人员就近就地就业——"离土不离乡"，返乡人员在有经济和生活保障的同时，也能够照顾家庭中的老人。

（三）因地制宜，发展数字经济，促进产业融合发展

棠棣村采用了村企合作运营模式来推进花卉苗木产业振兴，产业融合是提高棠棣村苗木产品竞争力，促进棠棣村产业创新能力、灵活性提升的重要手段。

应当充分发挥政府在构建数字乡村公共服务体系、搭建"协作共同体"利益联结机制和优化营商环境中的重要作用。政府应着力打造高效、有生命力的数字乡村发展生态。

首先，完善应用信息传播机制、资源互通机制、跨界融合机制，实现"数据服务""数据预测""数据决策"的多元整合，将分散的、碎片化的以及静态的个体重新联结成利益共同体。

其次，要尊重市场规律和市场规则，用市场化方式完善农民农村各类市场主体的利益联结机制。通过数字技术完善"龙头企业 + 合作社 + 农户"的产业发展模式，加快形成企业和农户优势互补、分工合作的产业链格局。探索推进农村资源变资产、资金变股金、农民变股东的路径，带动农户参与产业、分享收益、

增收致富。鼓励龙头企业联合农民合作社、家庭农场、农户以及从事农业技术研发、储运销售、品牌流通、综合服务等全产业链的各类主体，建立更加稳定、更加有效、更加长效的利益联结机制，建设一批农业产业化重点联合体，让农民合理分享全产业链增值收益。鼓励大型企业加大对公益性技术和服务的支持力度，以此构建新型的数字共同体，从而走向共同富裕。

再次，还可以基于市场需求，刺激特色产品的研发和企业的需求驱动发展，并支持企业改造和升级其产品。政府层面应加大作用于市场经济的激励手段，扩大政府采购规模和政府外包的范围。以兰花产业为例，发展"兰花+旅游、康养"的产业项目，可以通过政府采购的模式与企业、投资者共同推进；发展"兰花+餐饮、食品"产业与服务，可以通过政府外包的方式引进到政府机构食堂、国有企业食堂等。最重要的是要增强村落发展与特色兰花产业链的联系，持续引进相关社会力量，建立标准化基地及产业园，研发种植技术，进行品牌建设营销策划，收集和监测兰花行业市场信息，开展此类服务以扩充政府扶持产业链、调节市场的功能。

最后，应当促进一、二、三产业的融合发展，延长苗木产品的产业链。例如"横县茉莉"就是产业交叉融合发展的典型案例。其结合了当地资源、气候条件，出台数十份政策文件，规范横州市茉莉花的保护管理、产业链发展和文化传承等活动，多举措保障茉莉花产业链的建立、衔接、延伸，并将单一的产业发展与民生保障、就业稳固联系起来。横州市规划发展了"1+9"产业带集群，即以茉莉花产业为载体，与花茶、盆栽、食品、旅游、用品、餐饮、药用、体育、康养结合形成一条较为完整的全产业链集群，成为"中国茶旅融合十强示范县"。横县茉莉是非常适合棠棣村进行参考的发展案例。

（四）加强乡村文化延伸，以文旅促进乡村振兴

棠棣村拥有深厚的文化底蕴，养兰六道与人勤春早的棠棣精神是支持着棠棣村快速发展的"致富经"。此外，村庄内也有随处可见的墙绘、家训与诗句，处处充满文化氛围。

　　而棠棣村主要的文旅产业，是以"花满棠"强村公司为载体，建立的红色共富研学基地，平日会承接公司团建、党建活动，共同体验棠棣的兰文化。但兰文化在旅游层面的开发仍不够完善，存在着空洞和泛化现象。要合理利用棠棣村内涵丰富的兰文化以及各色花卉苗木资源发展旅游业和特色产业，形成特色资源保护与村庄发展良性互促。

　　一是依托历史脉络。特色资源是特色保护类村庄的发展命脉，一切发展都要建立在资源的传承保护上。"勾践种兰必择地，碧浪红香天下传。"据两千多年前的《越绝书》记载，勾践种兰于兰渚山下。受此影响，千百年来，兰渚山麓的棠棣农民祖祖辈辈以种兰养花卖花为生。棠棣村的文化旅游路径可以依托于此，尊重原居民生活习惯和传统习俗，适当合理复原越王勾践时期的历史故事，利用建筑、数字大屏、声光电表演等打造沉浸式、"穿越式"旅游体验，推进"历史文化村"的建设。要深入挖掘资源的历史价值，特色资源的开发离不开背后的文化内涵，特色村庄的宣传也离不开文化名片。挖掘资源背后的历史重点在于挖深、挖透，要基于史实，多方求证，将真实的历史发展脉络与如今的各类表象结合起来，进一步包装宣传、多元展示，实现文化和旅游的深度融合，让村庄留得住人，更留得住"心"。

　　二是开发周边特色产业。现在棠棣的开发仅停留在旅游、餐饮层面，缺乏更多样的表现形式。游客对"特色"的体验仅能在现场满足，而无法带走。对此，可以从文创产品、数字博物馆等周边产业寻求思路。文创产品的开发要注意基于史实，挖掘可具象、有标志性的故事或物品，以此赋予产品文化 IP 和文化价值；要符合市场规律，迎合市场需求，针对不同群体开发不同种类的产品，兼顾收藏、使用、装饰等多种功能，扩大受众面；要建设完整的设计、制作、售卖、运营体系，助力产业发展，创造最大化经济收益和社会影响。数字博物馆可以从花卉苗木线上展览入手，注重与互联网的结合，通过高质量摄录设备记录棠棣村特色花卉苗木，保证展示的沉浸性；可制作纯景观式展示或展示讲解类视频，以最真实、精美的植物和历史吸引游客，同时打通各网络平台宣传推介渠道，为村庄旅游产业发展集聚网络人气。

如今农文旅融合发展成为潮流，乡村文化已经能够借助科技的力量在更广泛的范围被迅速传播，如果能将乡村文化资源置于社会的大环境中，对它的价值判断和价值把握就更能找到正确的定位。对乡村文化的价值判断需要关联性思考，不仅要思考乡村文化本身，还需要将乡村文化的价值与非乡村文化的价值进行创造性的关联性思考。在乡村振兴和城乡融合发展的大背景下，乡村文化价值需要用一种城乡互联的方式来进行思考和判断，让乡村文化在乡村振兴中凝心聚力，在城乡融合发展中大放异彩。

数字乡村是一项跨部门、跨层级、跨区域的系统工程。因此，数字乡村需要多元主体共同参与，以形成协同推进数字乡村的良好格局。还需要注重发挥政府引导、社会力量参与和村民主体建设三方面的作用。在数字乡村建设中发挥各主体的专业优势和市场竞争优势，做好项目建设参与主体的分工与协作，协同推进数字乡村建设。

五、结论

本文基于"数字治理—数字服务—数字产业"的基本框架对棠棣村数字发展情况进行了简要剖析，对棠棣村现有的数字化建设进行了总结与概括。数字治理方面，棠棣村近年来不断探索数字乡村发展新模式的成果，搭建数字化的乡贤参事会平台、提供智能垃圾桶、开设数字监控，从献策建村、垃圾分类与村民管理等角度优化乡村治理。数字服务方面，棠棣村使用报警手表、建立智能垃圾桶、开设全自动智能检测仪，基于人文关怀角度切实为村民解决生活琐事，提供优质数字服务。在数字产业方面，棠棣村建设兰花数字工厂、精准定位市场；建设棠棣驿站、乡村振兴讲习所、研学大本营，创新创业携手优化营商环境；村企联合协作，进行带货销售，从生产、销售、旅游等多方面提升经济产值。

但目前棠棣村的数字化建设仍旧存在不足。根据实地调研与资料分析得出，棠棣村现有的数字化基础设施应用不充分，人口密度低下，"数字贫困者"居多；治理主体数字素养不高，数字技术相关人才较为匮乏；数字治理机制不够完善，大多数农户不参与到数字产业建设中，产业融合面临挑战；文化传播形式和文化传播效果与其深厚的文化底蕴不相匹配，宣发有待提升。

基于实地调研、访谈记录整理、文献阅读和相关资料分析，本文针对棠棣村数字化建设现存不足积极献策：棠棣村数字化发展首先要强化治理班子水平，提升数字化治理效能；其次是提高村民数字化素养和技能，缩小数字鸿沟；再次是因地制宜，发展数字经济，促进产业融合发展；最后加强乡村文化建设，以文旅促进乡村振兴。

中国的乡村数字化建设仍旧存在很多优劣值得我们展开更多实地调研，实践出真知，未来的工作中将因地制宜、具体情况具体分析，提出更多有建设性的发展对策。

参考文献

[1] 于佳秋. 共同富裕导向下数字乡村建设赋能城乡融合的机理与策略——基于长兴县的考察 [J]. 新疆农垦经济，2023（8）：23-30.

[2] 何得桂，韩雪. 属性治理：基层党建引领乡村振兴的有效实现路径 [J]. 农村经济，2022（5）：69-78.

[3] 时孜腾. 数字经济驱动乡村产业振兴的内在机理——评《数字乡村：数字经济时代的农业农村发展新范式》[J]. 国际贸易，2022（11）：98.

[4] 夏显力，陈哲，张慧利，等. 农业高质量发展：数字赋能与实现路径 [J]. 中国农村经济，2019（12）：2-15.

[5] 殷浩栋，霍鹏，汪三贵. 农业农村数字化转型：现实表征、影响机理与推进策略 [J]. 改革，2020（12）：48-56.

[6] 曾亿武，宋逸香，林夏珍，等. 中国数字乡村建设若干问题刍议 [J]. 中国农村经济，2021（4）：21-35.

[7] 金福子，邢畅. 数字乡村建设影响农村居民幸福感吗？——基于 CF-

PS2020 数据的实证分析 [J]. 河北科技大学学报（社会科学版），2024（3）：1-14.

[8] 马文君，罗向平，吕杨辉. 共同富裕目标下数字乡村赋能乡村振兴——以嘉兴为例 [J]. 中国新通信，2023，25（13）：66-67.

[9] 郭继双. 乡村振兴背景下数字技术助力农村电商品牌化发展的研究 [J]. 商场现代化，2023（16）：41-43.

[10] 金佳，胡明宝. 陕西三原：为乡村振兴增添数字动能 [N]. 农民日报，2023-08-30（3）.

[11] 万建军，胡文萍. 乡村振兴背景下数字经济驱动农村产业融合的机理与路径探析 [J]. 农业经济，2023（8）：22-24.

[12] 郭必准. 乡村振兴背景下乡村数字化现状及政策建议 [J]. 南方农机，2023，54（17）：116-118+133.

[13] 刘建明. 共富路上"花满棠棣" [J]. 农村工作通讯，2022（20）：56-57.

[14] 谢文宝，曹冲，宋浩楠，等. 数字赋能六安市乡村振兴的发展模式与实现路径 [J]. 安徽农学通报，2023，29（14）：121-125.

[15] 文天平，欧阳日辉. 习近平总书记关于数字乡村发展重要论述的形成逻辑、科学内涵与实践要求 [J]. 中国井冈山干部学院学报，2023（4）：5-21.

[16] 廉子玉. 中国乡村数字治理发展路径研究 [D]. 长春：吉林大学，2023.

[17] 李国和，曹宗平. 乡村振兴战略背景下农村留守老人关爱服务的困境与出路 [J]. 兰州学刊，2021（6）：151-160.

[18] 胡德宝，翟晨喆. 脱贫攻坚与乡村振兴有机衔接：逻辑、机制与路径 [J]. 政治经济学评论，2022，13（6）：71-85.

指导教师：张博

余杭径山村：聚焦"数字赋能"，探索新时代乡村前进之路

李佳慧、王钰琳 、王琬 、王紫璇

一、调研背景

杭州径山村是浙江省淳安县茶产业重要的生产基地，是中国著名的绿茶产区之一。同时，径山村的茶文化历史源远流长，至今保存着许多传统的制茶方式和茶具文化。然而，随着数字媒介技术的发展，各种新的媒体传播方式逐渐兴起，对传统文化的传承和发展产生了一定的影响。因此，对杭州径山村茶文化与数字媒介的调研，有助于了解数字媒介对传统文化发展的影响，也可以为茶文化传承提供新的思路和手段。

同时，随着互联网和数字媒体的发展，数字化的快速发展和数字乡村建设的深入推进，乡村传统文化与现代数字技术融合发展已成为当前乡村发展的关键之一，电商已经成为经济发展的重要方向，而茶叶作为传统农产品，其电商化也成为必然趋势。杭州径山村作为国内重要的绿茶产区之一，其茶文化和茶叶品牌已经得到了全国范围内的认可和推崇。然而，随着市场竞争加剧和消费习惯的改变，杭州径山村茶叶电商化面临着一些传统困难和新的挑战，如何借助数字媒介提升杭州径山村茶文化和茶叶品牌的知名度和竞争力，既是茶农和企业所关心的问题，也是电商行业需要解决的问题。在这样的背景下，开展杭州径山村茶文化与数字乡村的调查以及电商数字媒介的研究，对于探索传统文化与数字技术融合

发展路径,推进乡村振兴和营造良好的数字乡村文化环境,具有十分重要的意义,有助于我们更好地了解茶文化电商化现状和发展趋势,探寻茶文化电商化的新模式、新途径和新方法,为杭州径山村茶文化和茶叶产业发展提供科学发展方法,为以后的发展提供新的策略。

(一) 数字化背景

数字化概念 20 世纪 90 年代最早在美国被提出,随着 2000 年硅谷泡沫而沉寂。明确数字化转型概念最早在 2012 年左右,2015 年左右许多国外的信息技术及软件公司开始大规模使用这一概念。在我国,2020 年国家发改委提出了"数字化转型伙伴行动"倡议。

数字化是指将信息、数据和过程转化为数字形式,以便在计算机和网络系统中进行存储、处理和传输的过程和技术。它是将现实世界中的物理实体、文档、过程等通过数字技术转化为可处理和操控的数字形式的过程。

数字化的核心是信息技术的应用,包括计算机、互联网、大数据、人工智能、云计算、物联网等技术的综合运用。

据浙江省经济和信息化厅发布的消息,浙江省的云计算大数据产业在国内起步较早。全省以实施数字经济"一号工程"和国家数字经济创新发展试验区的建设为契机,推动产业数据价值化改革,并持续推进云计算大数据与各行业的融合发展,取得了明显的产业融合赋能发展成效。

根据《浙江省云计算大数据产业发展报告 (2022 年)》,浙江省的云计算大数据产业规模保持稳定增长的态势,整体发展水平位居全国第一梯队,已经形成一定的先发优势和产业集聚优势。

在数字化领域,浙江省形成了一个由 30 多家云平台服务商和 200 多家省内外云应用服务商组成的云计算产业生态系统。其中,阿里云、网易、新华三等骨干云服务商不断扩大规模、增强实力,华为、金蝶、用友等知名云计算企业也纷纷进驻浙江,使得浙江在全国范围的云计算产业布局中形成了区域性的集聚优势。

数字化对各个领域的影响深远，包括经济、教育、医疗、媒体、工业等。它可以推动经济转型和升级，提高生产效率和质量，推动创新和创业。同时，数字化也带来了新的挑战，包括数据安全和隐私保护、数字鸿沟的加剧、就业变革等。因此，政府和企业需要制定相应的政策和措施，以推动数字化的健康发展。

（二）乡村振兴背景

党的十九大报告指出，农业农村农民问题是关系国计民生的根本性问题，必须始终把解决好"三农"问题作为全党工作的重中之重。乡村振兴战略，是解决"三农"问题的重大行动。

党的十九大报告首次提出实施乡村振兴战略，党的二十大报告明确强调全面推进乡村振兴。从实施乡村振兴战略到全面推进乡村振兴，意味着党中央对"三农"发展的理论认识在深化，我国的"三农"工作也站在了新起点。2023年中央一号文件围绕提出的"坚决守牢确保粮食安全、防止规模性返贫等底线，扎实推进乡村发展、乡村建设、乡村治理等重点工作"，释放出强烈的市场信号，就是农业会更强，农村会更美，农民会更富。

在此大背景下，浙江作为改革先行示范区，起到带头表率作用。发展数字农业农村是乡村振兴的必然方向。浙江数字三农起步早、建设快。《中国乡村振兴产业融合发展报告（2022）》显示，浙江已创建10个国家级农村产业融合示范园，34个农村产业融合示范园正在建设中。

杭州径山村将乡村振兴与实际情况深度结合，以"茶"为契机，推动数字乡村建设。作为杭州第一批共富村之一，20多年来，得益于美丽乡村建设、生态环境保护，径山村通过村民共筑、村企协作、村村合作等方式，做大茶产业、做强农文旅，吸引人才，打造未来数字乡村。线上线下相结合、室内室外相融合，让集体经济不断壮大，村民幸福感日益增强。以创建未来乡村为契机，这座径山脚下的村庄，正在打造中国未来乡村样本，其发展经验值得探索和借鉴。

二、调研目的

杭州径山村以其独特的地理环境和自然资源，形成了独特的茶文化和茶叶品牌，而数字媒介的兴起，为杭州径山村茶文化和茶叶产业提供了新的发展机遇，径山村也在数字化乡村的道路上有了巨大进展。为了更好地了解、把握和发挥这些机遇，需要进行杭州径山村茶文化与电商数字媒介的调查研究，以达到如下几个目的：

了解杭州径山村茶文化的历史和特色。通过深入调查当地茶文化的历史，整理茶叶品牌的传统特色和优势，发现茶文化和茶叶品牌存在的问题与改进措施。

研究径山村在数字化乡村道路上的发展进程。在数字媒介兴起的背景下，探究径山村数字化进程以及在这条道路上遇到的问题，并寻找解决方法。

分析数字媒介兴起对杭州径山村发展的影响。了解数字媒介对传统茶业市场的破坏和变革，全面把握新经济条件下的发展趋势，为村庄在数字化领域转型发展提供支持。

探索杭州径山村茶文化的数字化传播模式和开拓电商市场的方法。寻找茶文化数字化传播的有效途径和方式，为杭州径山村早日实现转型升级、促进茶业品质提升和品牌推广提供指导和借鉴。

总之，本次调研旨在通过对杭州径山村茶文化和数字媒介的调查研究，分析数字媒介对杭州径山村的茶文化和茶叶产业的影响，制定相应的对策和战略，为推进传统茶业市场转型升级提供支撑及有效策略。

三、调研主题

探究数字媒介对乡村建设的影响以及径山村的数字化进程、茶产业的数字化发展。

四、调研内容

（一）调研地点

径山寺、径山村、径山禅茶文化交流中心。

（二）调研对象

游客、茶农、品牌公司工作人员、村书记。

（三）调研内容

根据当日行程采访不同调研对象，并体验当地特色茶文化，探究数字媒介对乡村建设的影响以及径山村的数字化进程、茶产业的数字化发展。

五、调研方法

（一）访谈法

我们将采用实地访谈的方法来探究径山茶整体的情况以及当地茶文化的建设、发展现状。

对于访谈对象的选择我们分为以下几个方面与角度：

游客：通过对游客的访谈，我们从一定程度上能了解到径山旅游宣传的成效；

茶农：我们将从数字电商传播的影响方面切入，了解电商对其茶产业的影响；

径山茶品牌公司工作人员：了解村内茶产业大致的发展概况；

村书记：通过对领导干部的访谈，我们能得知径山村发展茶产业的历史和茶产业是如何与其他相关产业相结合的，以及政府有关发展的政策。

选择访谈法的原因：

访谈法节省人力、物力、财力。访谈所用的费用一般要比普查少得多。所以，访谈法在时间和经费方面可以节省很多。访谈法仅仅花费很短的时间，就可以取得预期的效果。同时，访谈法容易被受访者所接受，受访者可以将自己知道的情况全部如实地向调查者讲出来。

访谈法还可以直接获得采访者的反应，这样不仅缩短了调研人员与受访者之间的距离感，还避免了双方因陌生而产生的尴尬局面，缩短了调研人员与受访者之间的心理距离，能够大大增加调研的客观性和真实性。

（二）实地观察法

通过在径山村实地观察，来切身感受径山村的数字化进程。

根据事先调查到的相关资料，调研人员亲自到相关地点踩点，利用相机、录像机等设备来记录。若条件允许，将对径山寺、村委会、茶产业园、被访者等进行观察。

选择实地观察法的原因：

实地观察法的最大优点是其直观性。

与直观性相联系，实地观察法的另一重要优点是其可靠性。实地观察，特别是非介入性的调查方法，主要是观察者单方面的观察活动，一般不依赖语言交流，不与被观察者进行人际交往。实地观察对本能够或不需要进行语言交流的社会现象进行调查，有利于排除语言交流或人际交往中可能发生的种种误会和干扰。实地观察，特别是参与观察，有利于直接与被观察者接触，有利于在与被观察群体的共同活动中与其建立感情、增进信任和友谊，并在此基础上深入、细致地了解被观察者在各种不同情况下的具体表现。

最后，实地观察法简便易行，适应性强，灵活性大，可随时随地进行，观察人员可多可少，观察时间可长可短，只要到达现场就能获得一定的感性认知。因此，它是一种使用最为广泛的调查方法。

（三）文献调查法

为了能深入了解影响数字化发展的背景及径山村焕然一新的政策，我们决定采用文献调查法来了解其背后的内容。

通过知网、百度等网站，来调查相关政策及背景，并与实地调查访谈的内容相结合，来总结出其中的关系。

选择文献调查法的原因：

与其他收集市场信息的方法一样，文献调查法也需要建立严密的调查计划，并对将要利用的文献进行真实性、可用性的检查，这样才能保证调查的系统性和可靠性。但作为一种独立的调查方法，又有其自身固有的优点。

第一，文献调查超越了时间、空间限制，通过对古今中外文献进行调查可以研究极其广泛的社会情况。这一优点是其他调查方法不具有的。

第二，文献调查主要是书面调查，如果搜集的文献是真实的，那么就能够获得比口头调查更准确、更可靠的信息。避免了口头调查可能出现的种种记录误差。

第三，文献调查是一种间接的、非介入性调查。它只对各种文献进行调查和研究，而不与被调查者接触，不介入被调查者的任何反应。这就避免了直接调查中经常发生的调查者与被调查者互动过程中可能产生的种种反应性误差。

第四，文献调查是一种非常方便、自由、安全的调查方法。文献调查受外界制约较少，只要找到了必要文献就可以随时随地进行研究；即使出现了错误，还可通过再次研究进行弥补，因而其安全系数较高。

第五，文献调查省时、省钱、效率高。文献调查是在前人和他人劳动成果基础上进行的调查，是获取知识的捷径。它不需要大量研究人员，不需要特殊设备，可以用比较少的人力、经费和时间，获得比其他调查方法更多的信息。因而，它是一种高效率的调查方法。

六、调研流程

（一）搜集和汇总资料

通过网上资料以及提前踩点来了解当地文化以及有关部门，为实地调研做好准备。

（二）拟定调研提纲

提前写好访谈的问题、当天的行程安排以及费用预算。

（三）实地调研和访谈

按照行程安排进行实地调研和访谈，记录访谈内容以及体验当地特色文化。

（四）撰写调研报告

整理实地调研当天得到的资料和访谈内容，并对这些资料进行分析，得到成果，撰写调研报告。

七、政策解读径山村发展现状

（一）我国乡村振兴发展现状综述

中国的乡村发展正处于快速转型和重要的历史阶段。随着城市化进程的加速和政府对乡村振兴战略的重视，乡村发展成为当今中国许多政策和发展规划的重要方向。

首先，在农业方面，中国正推动农业现代化和农业供给侧结构改革。通过引进高新技术和创新农业生产模式，近年来中国农业产量和质量都有了显著提升。

同时，农产品的标准化生产、农业机械化和农业科技推广也在不断加强，为农民增加收入提供了更多机会。

其次，在农村基础设施方面，中国政府加大了对农村基础设施建设的投入。特别是在交通、电力、通信等方面，乡村地区的基础设施不断改善，为乡村经济发展提供了更好的条件。

最后，乡村旅游、民宿经济等新兴行业也得到了快速发展。越来越多的城市居民对乡村生活和田园风光产生兴趣，乡村旅游逐渐成为经济增长的新动力。同时，农村地区也兴起了民宿经济，许多农户将农房改建为农家乐或民宿，吸引了更多城市消费者来乡村度假和体验农耕生活。

同时全国乡村振兴发展现状存在以下一些特点和趋势：

农业结构调整：随着农民就业结构的转变和农业生产方式的升级，大量农民从传统的农业生产转向农村非农产业和务工就业。农业产值的比重相对下降，服务业和制造业在乡村地区的比重逐渐增加。

农产品质量和品牌建设：随着消费升级和市场规模的扩大，乡村地区开始注重产品质量和品牌建设。农产品的标准化生产和质量监管得到加强，一些农产品也开始品牌化，提高了市场竞争力。

农村旅游和民宿经济：农村旅游和民宿经济逐渐兴起，吸引了越来越多的城市居民前往乡村休闲和体验田园生活。乡村旅游成为农民增收和乡村经济发展的新动力，也促进了农村文化和生态保护。

乡村基础设施建设：政府加大对乡村基础设施建设的投入，包括道路、供水、电力、通信等方面。乡村地区的基础设施不断改善，为乡村经济发展和居民生活提供了更好的条件。

乡村治理和社会服务：乡村治理和社会服务的改革也在不断推进。乡村综合改革试点的开展，致力于推动乡村土地、人口和资源等各个方面的改革和创新。同时，政府也加大对乡村教育、医疗、养老等社会服务的投入，提高了乡村居民的生活质量。

问题与措施：

乡村发展仍然面临一些挑战。一方面，乡村人口的流失问题依然严重，这给乡村经济发展和社会稳定带来了困难。另一方面，乡村基础设施和公共服务相对不足，与城市地区存在明显差距。此外，乡村发展还面临土地流转、农民收入和社会保障等问题。

为了解决这些问题，中国政府提出了乡村振兴战略，旨在通过一系列政策和措施推动乡村经济的转型和发展。这一战略包括土地制度改革、农村基础设施建设、农业现代化、产业转型升级、农民收入保障等方面的内容，并逐步实施各项政策，努力实现城乡一体化和农业农村现代化的目标。

（二）数字经济数字赋能建设数字乡村

数字经济是指基于信息和通信技术（ICT）的数字化转型对经济的广泛影响和改变。这种经济形态的特点是信息流动快速、数字技术广泛应用、数据为核心资源、创新驱动和高度联网。

数字经济的特征有以下几个方面：

数据驱动：数字经济以数据为核心资源，通过收集、分析和应用数据，推动各个领域的创新和价值创造。大数据、云计算、人工智能等技术的应用使数据的获取、存储、处理和分析变得更加高效和智能化。

创新驱动：数字经济强调创新和科技驱动的重要性。数字技术的不断进步和创新为经济发展带来了新的机遇和挑战，同时也促进了各行业的升级和转型。尤其是在数字技术的支持下，新兴行业和商业模式不断涌现。

高度联网：数字经济强调强大的网络基础设施和互联网的普及性。互联网的快速发展和普及，使得信息的传递和交流变得更加快捷和便利。互联网的发展也促进了跨境贸易和全球价值链的形成。

全球化竞争：数字经济打破了地域和国界的限制，使得经济活动在全球范围内更加紧密地联系在一起。全球范围内的数字企业和创新创业者之间的竞争正在日益激烈，数字经济为企业提供了更大的市场和发展机会。

社会转型和就业变革：数字经济对社会结构和就业形态产生了深远的影响。

一方面，一些传统行业面临被淘汰和转型的压力；另一方面，数字经济也创造了新的就业机会，需要具备数字技术和创新能力的人才。

数字经济的发展带来了许多机会，如推动经济增长和创新、增加就业机会、提升生活质量等；但同时也带来了一些挑战，如数据安全和隐私保护、数字鸿沟的加剧、劳动力市场的不平等等。因此，政府和企业需要制定相应的政策和措施，以促进数字经济的健康发展。

数字经济是继农业经济、工业经济之后的主要经济形态，是以数据资源为关键要素，以现代信息网络为主要载体，以信息通信技术融合应用、全要素数字化转型为重要推动力，促进公平与效率更加统一的新经济形态。

在径山村的建设过程中，也提及数字经济发展以及数字赋能对乡村建设的重要性以及必要性。

数字经济发展对乡村建设的好处是多方面的，具体表现为以下方面：

带动经济增长：数字经济的发展可以为乡村带来新的经济增长点。通过引入互联网、电子商务、电子支付等数字化工具和技术，可以促进农产品的线上销售和流通，打破传统的地理限制，扩大销售渠道和市场规模，带动农产品产业的发展，提高农民的收入和村庄经济的增长。

提供就业机会：数字经济的发展可以为乡村提供更多的就业机会。通过发展数字技术相关产业，如电子商务、软件开发、数字营销等，可以吸纳更多的年轻人和村民参与就业创业。同时，数字化工具和平台也可以为传统农业提供更高效的管理和生产方式，减少劳动力压力。

提升农业生产效率：数字技术的应用可以提升农业生产的效率和质量。农业物联网、大数据分析、智能农机等技术的运用，可以实现农田、农作物、畜禽等的精细化管理，优化资源配置，提高农业生产的产出和品质。这对乡村农民来说，不仅意味着收入的增加，也能减轻劳动强度，改善生活品质。

提供便捷服务：数字经济的发展可以为乡村居民提供更加便捷和高效的公共服务。通过数字化的政务服务平台，居民可以方便地办理各种证件、申请各类补贴和福利，提高政府服务的透明度和便捷性。同时，数字技术还可以支持在线教育、在线医疗等服务的提供，弥补乡村医疗、教育资源的不足。

促进城乡互联互通：数字经济的发展可以促进城乡之间信息的互联互通。通过智能化和数字化的基础设施建设，如网络覆盖、数字支付等，可以缩小城乡之间的信息鸿沟，提高乡村居民与城市居民的信息获取和交流能力，促进资源和文化的共享。

数字乡村的建设涵盖多个方面，径山村的未来发展举措具体可以从以下几个方面展开：

农业生产和管理：径山村通过物联网技术、传感器和智能设备，实现农产品的精准化种植、施肥、灌溉和病虫害防治等，提高农业生产效率和质量。同时，利用大数据分析和农业科技创新，为农民提供农业技术指导和智能化农业管理平台，提升径山村农民的农业知识和技能。

农产品营销和电商发展：通过电子商务平台和移动支付等技术手段，为径山村农民提供线上销售渠道，促进农产品的流通和营销。同时，利用大数据分析和智能物流，优化农产品供应链和物流配送，提高产品的时效性和可追溯性。

农村学习和教育：利用互联网和数字技术，为径山村学校和学生提供在线教育资源和学习平台，缩小城乡教育差距，提高教学质量和学生的学习机会。

农村医疗和卫生：通过远程医疗系统和电子健康档案，为径山村居民提供在线医疗咨询和健康管理服务，改善农村医疗资源不足的问题。

乡村旅游和文化保护：通过数字技术，开发数字化旅游平台和推广乡村旅游资源，提升径山村旅游的吸引力和服务水平。同时，数字技术还能用于保护和传承径山村的文化遗产，推动文化产业的发展。

数字乡村的建设对乡村建设产生了积极的影响。通过数字赋能，径山村农民能够更好地利用信息技术获取农业知识、开展线上销售、提高生产效率，同时享受更优质的教育、医疗和旅游服务，提高了生活品质。此外，数字乡村还促进了农产品的高效流通，提升了径山村的经济发展水平。数字化也让径山村的管理更加高效便捷，提高了农村治理水平和农民参与决策的能力。总的来说，数字乡村为乡村建设带来了更多的发展机遇，有助于实现农村现代化。

（三）"八八战略"指导解决干群关系不和谐问题

"八八战略"指的是中国共产党浙江省委员会在 2003 年 7 月举行的第十一届四次全体（扩大）会议上提出的面向未来发展的八项举措，即进一步发挥八个方面的优势、推进八个方面的举措。2003 年，时任浙江省委书记的习近平作出了"发挥八个方面的优势""推进八个方面的举措"的决策部署，简称"八八战略"。

这一战略主要指：

一是进一步发挥浙江的体制机制优势，大力推动以公有制为主体的多种所有制经济共同发展，不断完善社会主义市场经济体制。

二是进一步发挥浙江的区位优势，主动接轨上海、积极参与长江三角洲地区合作与交流，不断提高对内对外开放水平。

三是进一步发挥浙江的块状特色产业优势，加快先进制造业基地建设，走新型工业化道路。

四是进一步发挥浙江的城乡协调发展优势，加快推进城乡一体化。

五是进一步发挥浙江的生态优势，创建生态省，打造"绿色浙江"。

六是进一步发挥浙江的山海资源优势，大力发展海洋经济，推动欠发达地区跨越式发展，努力使海洋经济和欠发达地区的发展成为浙江经济新的增长点。

七是进一步发挥浙江的环境优势，积极推进以"五大百亿"工程为主要内容的重点建设，切实加强法治建设、信用建设和机关效能建设。

八是进一步发挥浙江的人文优势，积极推进科教兴省、人才强省，加快建设文化大省。

"八八战略"开辟了中国特色社会主义在浙江生动实践的新境界，成为引领浙江发展的总纲领。"八八战略"把从严治党、巩固和发展风清气正的良好政治生态放在重要位置，引领浙江不断推进党的建设。

"八八战略"虽是一个省域层面的战略，但主政者具有世界眼光和战略思维，具有总揽全局能力，放眼全局谋一域，把握形势谋大事。"八八战略"中的两个"八",含义各不相同。

第一个"八"所指的"八个优势",并非单纯指已经体现出来的优势,而是按照科学发展观的要求,结合实际作出的总体把握,体现了继承和创新的统一。具体而言,是将已经显现出来的优势进一步发挥好,将潜在的优势变为现实的优势,对于一些劣势,要通过努力转化为优势,或者避开劣势。

第二个"八"是指八个方面的举措,是针对进一步发挥、培育和转化优势提出的。通过实施这些举措,推动经济社会发展增创新优势、再上新台阶。

——"八八战略"蕴含的价值观,就是坚持以人民为中心的发展思想。实施"八八战略"最根本的目的就是为了让人民过上更加美好的生活。

——"八八战略"蕴含的实践观,是一切发展必须从实际出发。在实施过程中,习近平特别强调,"只有干在实处,才能走在前列","抓而不紧,等于不抓;抓而不实,等于白抓"。

——"八八战略"蕴含的辩证观,是善于把握优势、努力补齐短板。善于历史地全面地辩证地思考问题,深入挖掘优势,尽快让劣势转化为优势,把先发优势变成可持续的优势。

——"八八战略"蕴含的整体观,是全面协调可持续发展。它不是单打独斗,而是涉及经济社会各个领域,进行系统的全方位的综合思考与全面部署,是全面协调可持续发展的典范。

——"八八战略"蕴含的政绩观,是"功成不必在我",立足长远谋发展。多年来,浙江经济社会取得的成就,就是历届省委带领群众一张蓝图绘到底,锲而不舍实施"八八战略"的结果。

——"八八战略"蕴含的使命观,是秉持浙江精神,干在实处、走在前列、勇立潮头。习近平总书记对浙江工作作出重要指示:干在实处永无止境,走在前列要谋新篇,勇立潮头方显担当。这是总书记对浙江的新嘱托、新期待,是贯彻落实"八八战略"再创辉煌的新使命与新要求。

"八八战略"高度重视加强软环境建设,提出建设平安浙江、法治浙江,总结提炼"红船精神"和与时俱进的"浙江精神",切实增强文化软实力,浙江被认为是全国最具安全感的省份之一。

"八八战略"提出推进生态省和绿色浙江建设，部署"千村示范、万村整治"工程，开启环境污染整治行动，引领浙江走进生态文明新时代。

2003 年，俞荣华书记受省政府指任，前来径山村指导工作。据书记回忆，当时径山村面临着未充分开发，村组织关系混乱，经济发展缺乏动力等顽固问题。这些充分暴露出干群关系的紧张，径山村村民求变心理强烈，急需正确指导以求发展致富。

2003 年 7 月，"八八战略"被提出，其中，"进一步发挥浙江的环境优势，积极推进以'五大百亿'工程为主要内容的重点建设，切实加强法治建设、信用建设和机关效能建设"为径山村干群关系问题提供了政策指导。2023 年是浙江省决策部署"八八战略"20 周年。为此，浙江举行"八八战略"实施 20 周年系列主题新闻发布会。在第二场新闻发布会，围绕"提高社会公共服务能力，加强普惠性、基础性、兜底性民生建设"主题，向大家介绍浙江推动实现幼有所育、学有所教、老有所得、病有所医、老有所养、住有所居、弱有所扶的进展情况。

发展问题，关键在人。这 20 年间，以俞书记为代表的村干部根据径山村实际情况，开展具体改革措施。用好基层民主协商、村规民约和网络智治三个抓手，以"三赋三化"构建高效善治体系。

1. 议事协商赋能特色化

径山村以禅茶闻名，乡村治理也充分结合茶叶特色，推出径山村特有的"茶汤议事"。深化"众人的事情由众人商量"理念，把"茶汤会"引入协商过程，让煮茶分茶过程成为议事调解时的缓冲带，建立五张议事清单、五大议事平台、五种议事模式，形成"遇事喝杯茶""有事先喝茶""叙事常喝茶"的良好氛围。打造"众人议事厅"线上议事平台，村民线上反映问题，村党总支研判审核后组织开展协商并全过程把关，用适当方法破解村民疑难杂症。

2. 村规民约赋能自主化

坚持民意和问题导向，由村党总支主持三上三下制定"禅村公约"，从生态环境、村庄治理等方面梳理 15 条准则，细化制定 50 条《禅村公约考核细则》，推行村民"茶多分"积分信用银行，与实物奖励、推荐评优等相挂钩，根据村民得分情况张贴"红黑榜"，激励村民配合参与重要工作，充分调动村民的自主性，推动党组织主张有效转化为村民自觉行动。

3. 网格智治赋能高效化

将全村网格优化调整为 3 个网格、9 个微网格，由村"两委"班子成员担任网格支部书记和网格长，村民小组长、村民代表担任专兼职网格员，推动镇党员干部分团编组，进网入格担任网格指导员，实行"定格、定员、定责、定岗"清单工作法。开发"云上径山"数字微脑平台，开通"村民随手拍"等终端运用，实现问题随时上报、信息即时收集、事件限时办理，动态掌握村情民意，解决最迫切的民生诉求。

（四）从"千万工程"中汲取乡村振兴"秘诀"

2003 年，浙江在全省启动"千万工程"，以农村生产、生活、生态的"三生"环境改善为重点，开启了以改善农村生态环境、提高农民生活质量为核心的村庄整治建设大行动。习近平同志亲自部署，目标是花 5 年时间，从全省 4 万个村庄中选择 1 万个左右的行政村进行全面整治，把其中 1000 个左右的中心村建成全面小康示范村。

2023 年是"千万工程"全面实施 20 周年。浙江省连续 20 年召开"千万工程"现场推进会；全省各级财政累计投入超过 2000 亿元；九成以上村庄达到新时代美丽乡村标准，浙江成为首个通过国家生态省验收的省份，农村人居环境测评持续位居全国第一；农民收入连续 38 年领跑全国省区，农村集体经济年收入 760 亿元；培育超过 4.7 万名农创客——大学毕业后投身农业农村创业创新的乡村人才。20 年来，"千万工程"先后经历了示范引领、整体推进、深化提升、转型升级四个阶段，深刻改变了浙江农村的面貌，探索出一条加强农村人居环境整治、全面推进乡村振兴、建设美丽中国的科学路径。

为推动"千万工程"持续向纵深迈进，浙江省在目前现存问题上，要充分调用 20 年来积累的丰富经验，开展一系列行之有效的做法。

1. 维护和谐干群关系。必须坚持以人民为中心的发展思想，把实现人民对美好生活的向往作为出发点和落脚点

浙江从全省千百万农民群众的切身利益出发，坚持民有所呼、我有所应，不断改善农村生产生活条件，提高农民的生活质量和健康水平，使广大农民有更多获得感、幸福感、安全感。实践证明，只有心里真正装着农民，想农民之所想、急农民之所急、不断解决好农业农村发展最迫切、农民反映最强烈的实际问题，才能得到农民群众的真心支持和拥护，才能加快补齐农业农村这块我国现代化建设的短板。

2. 改善农村"空心化"现象。必须强化系统观念，着力推动城乡融合发展，创福利，引人才

经济社会的进步促使城市化的进程日益推进，但城市的虹吸效应导致农村人才外流严重。浙江省政府单位、企业单位有较为完备的人才政策，但在乡镇街道和偏远的农村尚未健全。如何将人才留下，留在本省、留在农村成为关键问题。实践证明，必须把农村和城市作为一个有机统一的整体系统考虑、统筹协调，充分发挥城市对农村的带动作用和农村对城市的促进作用，兼顾多方面因素，注重多目标平衡。健全人才政策，吸引大学生农创客扎根乡村，为数字乡村建设提供宝贵人才基础；用科技创新和产业升级推动乡村经济不断提高；用先进思维和管理经验激发乡村创新活力。

3. 优化党建工作成效。必须突出抓基层、强基础、固基本工作导向，健全党组织领导的基层治理体系

实践证明，群众富不富，关键看支部；支部强不强，还看"领头羊"。只有坚持以党建引领基层治理，善于发动群众、依靠群众，才能把党的政治优势、组织优势、密切联系群众的优势，不断转化为全面推进乡村振兴的工作优势。必须持续改进工作作风，把更多心思和功夫花在狠抓落实上，力戒形式主义、官僚主义，不搞"政绩工程""形象工程"，防止"新官不理旧账"。紧紧围绕党的中心任务，对标对表党中央决策部署，突出大抓基层的鲜明导向，推动各类治理资源向基层下沉，保持历史耐心，尤其要注意防止换届后容易出现的政绩冲动、盲目

蛮干、大干快上以及"换赛道""留痕迹"等倾向，选优配强基层党组织领导班子，完善党组织领导的自治、法治、德治相结合的治理体系。

（五）"一号工程"推动数智乡村"大步走"

2023 年 1 月，浙江省委召开大会系统部署三个"一号工程"。即数字经济创新提质"一号发展工程"、营商环境优化提升"一号改革工程"、"地瓜经济"提能升级"一号开放工程"，要求全省上下迅速行动起来，力求在创新、改革、开放三大领域实现突破性进展。

三个"一号工程"与乡村振兴组合发力，浙江省打出一系列组合拳，建体系、强举措、聚资源、引人才，推动数智乡村建设工作，让乡村成为创业沃土和兴业热土。

在打造乡村数字经济创新上，浙江紧扣"往高攀升、向新进军、以融提效"三大主攻方向，推动数字经济与现代农业深度融合。整合涉农资金统筹，支持设施农业、关键核心技术攻关。项目进村，就业到户，建设"共富工坊"。各地结合乡村自身特色精心打造来料加工式、定向招工式、电商直播式、农旅融合式、产业赋能式等六种模式的工坊。依托数字下乡、电商进村、电商直播式的共富工坊实现村企"双向奔赴"，让农民当主播、手机变农具、直播变农活、数据变农资。

在优化乡村营商环境上，浙江省让惠农政策触达更精准，依托数字乡村大脑，上线"惠农政策直通车"应用，实现了投资事项和招商需求智能匹配、精准直达，数据多跑腿、百姓少跑腿。浙江还在全国率先建立惠农资金全生命周期闭环智管理新模式，并首创农户信用"一幅像"通用评价规则，整省域水稻完全成本保险等制度。

在发展地瓜经济上，浙江省坚持高水平走出去闯天下与高质量引进来强浙江有机统一，推动主导产业的产业链供应链体系、内外贸综合实力、企业主体提质升级。应用于乡村经济，就是在保障农业产量及品质的前提下，打造优质品牌，让特色农产品走出去，把先进农业技术引进来。

为助推数智乡村发展建设，浙江省要将"一号工程"与乡村实际情况相结合，加快三个"一号工程"在三农领域快落地、真见效、早结果。

1. 数实融合，全力推进农业生产过程数字化、农业管理服务数字化

聚焦特色主导产业，以"延链、补链、强链"为核心，加快农业装备数字化改造，大力推广农业机器人、环境温度调控、土壤肥力和病虫害监测等智能装备应用。支持有条件的大型经营主体建设一体化数字管理平台，加快农产品生产加工、经营管理、销售服务等全产业链业务数字化转型。

2. 数商兴农，全力推进农特产品营销数字化、"三农"数字化人才引育

拓展"互联网+"农产品数字营销新路径，积极开展云展销、云洽谈等活动。深入实施千名农播培育计划，充分发挥新农人、新农匠、新乡贤和农创客创业创新优势，培育乡村振兴数字化领军人才，引进数字应用开发、智能农机应用、电商直播等紧缺人才。

3. 数字治理，全力推进乡村数字化基建工程

深入实施"三农"新基建试点，加快推广北斗卫星导航系统、遥感等新型数字化技术在农业农村领域应用。加快农业主体网络信号全覆盖速率，推进行政村以上地区 5G 基站建设和偏远山区海岛网络补盲。借鉴阿里巴巴"热土计划2022"实践经验，推动数字化从消费端的"餐桌"迈向生产端的"土地"，进一步建设好品牌化提升乡村价值、互联网化助力农文旅融合、数智化畅通产供销全链路、实训化促进乡村就业创业四条路径。

八、径山村数字化进程发展现状及问题

（一）径山村数字化进程发展现状

共同富裕是社会主义的本质要求，也是百姓的殷殷期盼。在实现共同富裕目标的过程中，乡村振兴是不可或缺的重要一环。立足于乡村振兴的大背景，在俞书记的带领下，径山村以"径山茶"为核心，利用数字赋能，促进文化创意产业、

休闲旅游产业等遍地开花，助力打造共富先行地，建设美丽乡村、数字乡村。

1. 因地制宜发展茶产业　数字赋能延长产业链

为适应数字化发展模式，径山村对于产业的发展模式进行了不同的探索。首先，联合村企，充分利用村内的各项资源，促进村企合作提高整体收入。此外，还采取了直播带货、淘宝店铺、微信小程序、微店等多种线上销售和线下销售结合的方式，扩宽产品的销售渠道。同时，还联合科研机构，围绕径山茶进行新产品研发及市场开拓，创造出了香皂、护肤品、牙膏、香薰等衍生产品。径山村还打造了"径灵子"的文创 IP，为径山村的茶文化注入新活力。

2. 基础设施全面升级　"数智"建设持续完善

改善农村基础设施建设和提高基本公共服务水平是夯实乡村振兴的基础。径山村党总支书记俞荣华介绍："作为全省第一批未来乡村建设试点村，径山村在完善服务之外，将持续升级数字乡村消费新场景。将村民的停车供需与数字驾驶舱连接，在'茶仙子'直播间进行径山茶线上宣传与销售。这样多链路的数字化平台搭建，使径山村真正实现了'吃、住、行、游、购、娱'全面智服务。"

游客们可以通过"云上禅村"滚动的信息详细了解景区的分布、整体交通导览、村内民食民宿等信息。同时，还可以通过小程序实现订车位、订餐、订民宿等。此外，径山村还通过数字化改革，迭代升级数智田园，开辟线上传播空间，引进更多农文旅项目，丰富径山村的产业发展路径。

3. 探索数字治理新模式　实施惠民利民新举措

在数字治理方面，径山村建立乡村新社区"五化十场景"等数字平台，积极探索创新数字化赋能乡村新社区治理的新模式。集成社会治安防控、旅游咨询服务、数字化精细管理等功能应用，实现党建统领、村庄规划、经营、环境、服务、治理一张图、一网通，用数字为村庄治理、产业发展、村民增收赋能。

同时，径山村推行"茶多分"积分制管理，以家庭为单位，围绕生态环境、垃圾分类、村风家风、乡村建设等十余个类别制定加减分项，村民可以用所得积分换取大米、酱油等生活用品。降低治理成本的同时，也能够真正意义上实现惠民利民。

4. 积极吸引中青年人才 注入乡村建设新活力

"功以才成，业由才广。"乡村振兴战略的全面落实必须将人才置于首要位置。解决乡村人才保障问题是农村建设现代化经济体系、农业供给侧改革背景下，破解乡村振兴效能差、速度慢的关键所在。而径山村的进一步发展，离不开"三乡人"的支撑——即"归乡人""新乡人""返乡人"。

据悉，径山村组建了村级乡贤联谊会，并与区慈善总会合作设立径山村乡贤共富慈善基金，这一基金将被用于径山村产业发展、人才培育、公益慈善、生态保护等事项。

径山村为吸引"新乡人"与"返乡人"在村内创业就业，填补村内人才空缺，与候马传媒共同组建创立了径山融创空间，以多维层次助力推进径山村乡村振兴的脚步。借助这个优质的数字化平台，径山村实现人才引进，也将传承自千年前的茶道文化弘扬发展，向大众展示数智乡村新风貌。

数字乡村建设是"数字中国"建设的重要一环，同时也是实现乡村振兴的有效手段。径山村未来还将继续通过挖掘数字化在乡村振兴中的潜力，持续加大数智乡村建设力度，不断完善数字化建设，向高效能治理、高质量发展、高水平均衡、高品质生活的乡村振兴 3.0 版本迈进。

（二）乡村数字化发展中存在的问题

1. 径山茶产业存在的问题

（1）供需矛盾

径山茶是区域性品牌，只有在限定区域内才能生产径山茶，并且每年的生产量较少。作为劳动密集型产业，茶叶的生产从种植到采摘、加工和销售都需要大量人工。有效劳动力不足，种植分散，生产、管理技术落后等原因都不利于茶叶生产效率的提高。径山茶的生产量无法满足宣传后持续上升的需求量，供需矛盾阻碍了径山茶进一步扩大市场。

（2）消费市场

传统茶企更倾向于中老年群体，青年受众群体仍是空白。中老年群体的消费品类和消费水平有限，很难取得进一步突破。径山茶的部分企业也关注到了青年消费群体，但是对于年轻群体的喜好把握仍旧不明确，推出的产品也是以茶粉类为主，青年群体的选择空间小。在青年群体中的宣传也较为局限，导致在青年群体中的知名度较低。

（3）文化注入

径山茶之禅意的"径灵子"，是余杭打造的文旅 IP 之一，曾数次火爆出圈。径山茶也在不断尝试将传统文化与径山茶相结合，但是取得的效果有限。在径山茶的销售宣传过程中，有传统文化的加持，但是在与茶叶相关的产品中，对于茶文化涉及较少。产品本身在茶文化的传递上，缺乏与消费者情感意识的连接。

不过在访谈中马经理也告诉我们："我们只不过是借助这个形象去宣传他们的产品而已，因为这个形象可能能让大家加深印象吧，相当于一个跳板。"

（4）线上销售

径山村运营着自己的"茶仙子"直播间，通过"云饮茶"，带动径山茶销售的同时，也带领网友沉浸式体验径山茶文化，这样的直播销售每一场都能有较为可观的销售额。但是径山茶线上自营店铺的销售品类是以茶叶礼盒为主，并且产品的种类较为单一，提供给消费者的选择空间不大，日常销售量较少。其线上销售额主要来源还是直播销售。径山村如何进一步发挥自己的优势，将线上销售渠道全面铺开，扩大直播销售的体量，稳定自营店的销售量也是需要进一步探索的问题。

（5）产品创新

径山茶的销售品类主要是春茶季的径山茶、碾茶到夏秋季的蒸青条茶、片茶以及全年生产的抹茶。还有一些径山茶的衍生产品，如茶香护龈牙膏、茶粉等，但销售的品类在整个茶叶市场的同质化程度较高，缺乏一定的独特性，市场竞争力较弱。马经理在访谈中也提到该类产品的线上销售情况并不是很好。

（6）人才稀缺

目前径山村电商专业人才较为短缺，缺少既懂电商又懂农业农村的复合型人才。在访谈中我们了解到，因为径山村里的相关人才较少，且接待任务较重，一个人通常要干好几份活，直播算是兼职。

"径山村里的人才还是属于一个比较稀缺的状态，但人才回流的状况还算可以，也有一些外地的人来这做生意。"径山村和很多浙江农村一样，老龄化较为严重，老龄人口占到1/4，青年人才稀缺，对于径山村的发展形成一定阻碍。在相关政策提出后，有人才回流的现象，但仍无法填补人才稀缺的问题。

（7）宣传方式

径山村有专门进行直播的场地，设备较为齐全，但直播间的使用频率不高，直播宣传也没有较为系统的内容。马经理表示，村里建设好的直播间一般是谁需要谁就在里面直播，没有固定的直播时间。固定的直播时间点和有规划的直播内容有助于径山茶以及衍生产品的宣传，但径山村的直播也只是初出茅庐，有些浅尝辄止的意味，不利于宣传。

除了直播，径山村也有其他宣传方式，如微信公众号文章、宣传视频等，但专属于径山茶叶的网站内容还在建设中，数字化建设仍在跟进，数字化进程未跟上农村基层建设。

2. 数字化建设过程中的共性问题

（1）人口老龄化与人口减少

许多农村地区面临着年轻人流失和老龄化的问题，这导致劳动力不足和人口基数减少，限制了乡村经济的发展。

（2）产业结构单一

很多农村地区的产业结构单一，主要依赖传统农业产业。这使得乡村经济容易受到市场波动和环境变化的影响，缺乏经济多元化和可持续发展。

（3）基础设施薄弱

乡村地区常常面临基础设施薄弱的问题，包括道路、交通、供水、电力等方面的不足。乡村数字化发展离不开互联网的支持，而信息时代网络升级更新迭代速度快，部分农村地区特别是偏远地区信息基础设施仍然十分薄弱，光纤网络、5G网络等信息基础设施还未实现全覆盖，无法满足云计算、物联网、VR技术、大数据、边缘计算等新技术对网络基础环境的需求。这会限制乡村发展的速度和质量。

（4）公共服务不足

乡村地区常常面临教育、医疗、文化等公共服务设施不足的问题。这使得乡村居民享受公共服务的机会受限，不利于提高生活质量和人才流动。

（5）产业升级和技术创新不足

很多农村地区缺乏先进的生产技术和创新能力，导致产业升级和创新发展困难，限制了乡村经济的竞争力和可持续发展。

（6）资金和投资不足

乡村地区的资金和投资来源有限，包括政府投资和私人企业投资。这限制了乡村振兴项目的规模和效果。

（7）人才流失和人才培养困难

由于乡村地区教育资源和职业发展机会的不足，人才流失和人才培养问题常常存在。随着数字乡村建设的逐步开展，以"乡村电商"为主的乡村数字经济也如火如荼地发展起来，但总体来说，乡村居民缺乏对数字技术和数字经济的深入认识，对数字化的理解还浮于表面，数字化发展意识还不强。此外，实施数字乡村战略，需要业务能力强的专业人才来提供技术支撑。而当前，乡村数字化管理水平与县域发展目标不匹配，一是由于乡村内部难以挖掘出专业技术人才；二是现阶段的乡村也很难吸引到专业技术人才"加盟"，难以保障数字化基本运维。这限制了乡村振兴的人力资源和创新能力。

九、思考与建议

径山村紧紧抓住了每一次发展的机遇，紧跟政策的变化，是中国乡村建设的楷模。但是在发展和探索的过程中，径山村也面临很多的困难和挑战。根据本次调研的情况，我们小组提出以下几点建议。

（一）提高茶叶利用率

茶叶的年产量有限，除了生产罐装茶叶，将一些不太美观或者质量一般的茶叶用于其他衍生产品的加工，增加茶叶的利用率。

（二）把握青年消费群体

青年消费群体的消费能力强，要进一步取得突破和进展，必须牢牢把握这一群体。对于产品而言，可以尝试与其他品牌进行联名，将径山茶以及禅茶文化的元素融入产品之中，进一步扩大知名度。

（三）充分利用文创 IP

在茶叶的包装上可以充分利用这一 IP，并且根据不同品种的茶叶，设计多种形态、不同装扮的"径灵子"。可以生产季节限定、节日限定、盲盒版本的茶叶，等等。

（四）健全人才保障机制

据了解，当地很多村民都是一人多岗。随着径山村经济发展，对于人才的需求越来越大。当地的直播间、媒体宣传平台以及村企的管理都急需人才。如何让人才回流，吸引"新乡人"，需要径山村给予一定的制度、物质保障。

（五）完善基础设施建设

据走访观察，在村内未看到物流运输点。要进一步铺开茶叶的线上销售渠道，以及增加文创产品和茶叶衍生产品的销量，当地的物流运输必须要有所保障。

参考文献

［1］冯芃菲，黄恬恬，吴芸，等.数字经济促进乡村振兴的机制研究——基于全国 135 个城市的实证分析［J］.中国商论，2023（16）：67-71.

［2］赵博轩.数字经济赋能乡村振兴：意义、困境与路径［J］.经济研究

导刊，2023（13）：17-19.

[3] 温文添. 数字经济对乡村振兴影响的实证研究 [D]. 沈阳：辽宁大学，2023.

[4] 白羲. 数字经济赋能乡村产业振兴的作用机制和影响研究 [D]. 太原：山西财经大学，2023.

[5] 吴艺. 乡村振兴战略背景下抖音"三农"短视频传播研究 [D]. 合肥：安徽财经大学，2023.

[6] 黄中群. 乡村振兴战略与农业数字经济的思考 [J]. 广东蚕业，2022，56（10）：101-103.

[7] 宋晓晴，胡智博，张亚萍，等. 数字经济助推乡村振兴方法与建议 [J]. 中小企业管理与科技，2022（19）：127-129.

[8] 王榄淇. 乡村振兴背景下农村数字经济的发展困境和对策研究 [J]. 山西农经，2022（17）：30-32.

[9] 任晓玲. 数字经济助推脱贫攻坚与乡村振兴有效衔接机制及路径 [J]. 农家参谋，2022（17）：88-90.

[10] 袁来. 数字经济背景下农村电商助力乡村振兴路径研究 [J]. 黑龙江粮食，2022（7）：55-57.

[11] 高佳圆. 浙江农村文旅产业品牌化建设研究——以凤凰坞村为例 [J]. 农村经济与科技，2022，33（12）：95-98.

[12] 郭鑫. 乡村振兴视域下数字乡村建设研究 [D]. 石家庄：河北师范大学，2022.

[13] 许卫国. "乡贤网路"或是数字经济时代乡村振兴新思路 [J]. 中国信息化，2022（4）：38-40.

[14] 王萧萧. 径山茶宴：一脉茶香传千年 [J]. 中国食品工业，2022（5）：79-81.

[15] 陈荣高. 杭州径山：一方茶叶富一方人 [J]. 浙江林业，2021（10）：42-43.

［16］吴思敏．浙江省数字乡村发展综合评价研究［D］．杭州：浙江科技学院，2021.

［17］石锦秀．乡村振兴背景下浙江农村电商创业环境提升策略研究［J］．柳州职业技术学院学报，2021，21（2）：6-9.

［18］程漱兰．中国农村发展：理论与实践［M］．北京：中国人民大学出版社．1999.

［19］张乐天．告别理想——人民公社制度研究［M］．上海：东方出版社，1998.

［20］中共中央文献研究室编．十二大以来重要文献选编（上）［M］．北京：人民出版社，1986.

［21］徐小青．中国农村公共服务［M］．北京：中国发展出版社．2002.

［22］Tong Weiming, Lo Kevin. Back to the Countryside：Rural Development and the Spatial Patterns of Population Migration in Zhejiang, China［J］. Agriculture, 2021，11（8）.

指导教师：郭璇

安吉余村：数字智能技术服务乡村发展

张晨曦、刘开莹、林芳菲、邵骏威

一、调研背景及意义

（一）调研背景

1. 安吉县余村

安吉县是习近平总书记"绿水青山就是金山银山"重要理念的诞生地、美丽乡村的发祥地、生态文明建设的先行地，是浙江县域践行"两山"理念综合改革创新试验区，也是部省共建乡村振兴示范县。安吉县坚持以"绿水青山就是金山银山"理念为指引，大力实施乡村振兴战略，为安吉县农业农村现代化持续走在全省乃至全国前列奠定了坚实基础。

20 世纪八九十年代，安吉县余村靠着优质的矿石资源成为当地"首富村"，但也付出了惨重的代价：矿山的过度开采导致山体损坏，满目疮痍。直到 2005 年，湖州在全国率先开展绿色矿山建设，从此这个名不见经传的小山村开始蝶变。十余年来，余村关闭矿山，修复生态，大力发展乡村旅游，将生态资源优势转化为经济发展优势。现在，余村变成了智能化的美丽绿色乡村，走进余村就能看到层层叠叠的绿，溪水潺潺流淌，绿水青山成了余村的代名词。

2. 安吉县融媒体中心

余村位于安吉县，安吉县的发展理念同余村类似，在践行"两山"理念方

图1　绿水青山就是金山银山

面也有许多优秀的经验值得参考，所以此行我们特地去了安吉县融媒体中心。

在讲解人的带领下，我们了解到安吉县融媒体中心秉持"融合、创新、跨越、共生"理念，践行"新闻+政务服务商务"融媒定位，充分发挥了媒体在新闻舆论引导、基层社会治理、百姓生活服务等方面的作用。安吉融媒体中心通过新闻融合参与社会管理，创建了"爱安吉"App。在App中建立了生活服务与管理板块，加入工会福利，根据消费杠杆发放消费券促进安吉本地的消费，还能让安吉百姓在消费的同时在App内了解新推送的本地新闻。同时，安吉融媒体中心还建立了许多大数据检测系统，通过部分数据资源在"爱安吉"的共享，实现村村看、村村通、村村享，大大方便了居民的生活出行。安吉融媒体中心坚持创新理念，不断对新闻进行创新进化，第一时间选题报道，让新闻成为生产力，为当地创收。

安吉融媒体中心的媒体融合发展持续走在全省乃至全国前列。2022年，中心总营收达到4.87亿元。

（二）调研的现实意义

由于"两山"理念的不断发展成熟，余村作为"两山"理念的践行先锋有着很强的重要性，近年来受到持续的关注，可以看到很多专家都在关注着余村的情况。

媒体对余村进行了报道,如浙江新闻,介绍了余村的发展模式从"农业村"变"旅游村",发展效益从"经济效益"变"综合效益",发展机制从"先行先富"到"共美共富",发展主体从"传统农民"变"新型村民";又如新华网报道余村"招揽"来大量青年,让乡村"活"起来,发展的路子越走越宽。

学术研究也很关注余村发展情况,王鹏飞、俞沐希认为,充分挖掘余村地域文化资源,促进产业升级以及多种产业融合发展,抓住主要消费群体,讲好安吉余村故事,是当下构建安吉余村文化品牌的关键。尹怀斌认为余村的成功,转变发展观念是最重要的实践条件;产业结构向生态经济转型、全面推进绿色发展是唯一正确的实践路径;提升发展能力和质量是未来发展的方向,余村未来应该利用好有限的村域,优选项目提升发展优势,也要注重生态民生建设,让每一家农户获得应有的实惠。赵四东等人利用杠杆原理,建构出基于"两山"理论的乡村振兴发展机理框架。余村有先进的"两山"发展经验,值得推广到其他乡村,帮助大家解决生产发展的问题。

因此我们前往余村进行实地调研,在对余村进行深入研究后,我们发现余村走出了一条新路,成为"两山"理念践行的典范。余村在生态保护、乡村新兴产业、引进青年人才、发展当地的"两山"文化、数字游民社区组织治理等方面都取得了优异的成果,在"两山"理念指导下,余村不再炸山采矿,改为发展生态旅游,将生态效益更好地转化为经济效益和社会效益。

二、调研过程

(一)调研前期

首先组织好调研成员;之后全组成员进行讨论分析,依据互联网公开信息进行调查,最终选择适合调研的目的地实地参观;通过网络检索、交流探讨等渠道初步了解当地实际情况并制定相应的调研方案,准备好进行实地考察;联系当地负责人，表明调研问题并向目的地负责人征求意见，在符合调研规范的情况下对余村多个景点、村委会等进行了考察。

（二）调研中期

我们团队在导师的带领下参观了安吉县融媒体中心。根据座谈会内容以及负责人的讲解，我们了解到：安吉实现了数字化治理，县域一张图、乡镇一张图、村社一张图，实现三级模式全覆盖，建成大数据协调、公共应急指挥、社会综合治理指挥三大中心，打造基层社会治理的"最强大脑"，以数字乡村和未来社区建设为主抓手，打造"1+3+N"整体智治模式，拉动旅游业发展。其中令我们印象最深刻的是遍布景区的智能监控，其对安吉景区实现实时线上监控。安吉县融媒体中心还整合全县数字资产资源，实现了建设研发、安全运维、数字经营一体化新样式，实现了基层治理现代化。

图 2　安吉文体旅游局数字驾驶舱

立足新闻主业，同时自行研发流程全面、服务广泛、接地气、好用实用的县级融媒体平台，实现新闻生产"统一策划、一次采集、多种生成、多元传播"，有效提升了新闻生产力、传播力。安吉县融媒体中心的经验是把服务做新、做精、做细、做全。安吉县融媒体中心采用"无主题不宣传""非精品少创作""项目抓效益"等模式来改变认知和行动准则。

全力做好广播、电视、报纸、安吉发布微信公众号、最安吉抖音号、爱安吉新闻客户端等包括传统媒体和新媒体在内的各个平台，对不同平台用户实行差异化新闻推送和服务，不仅提供新闻、政务、党建信息，还提供智慧社区、互动、社交、直播等多元化服务，满足县域用户不同需求并且提高服务的影响力。

图 3 "爱安吉" App 展示

安吉余村作为"两山"理论的发源地，其文化大礼堂主要展示了余村从以矿为生到痛定思痛关闭矿山、保护环境、发展绿色经济的历程。走过一面面照片墙，观看了习近平总书记"两山"理论的视频，我们深刻领会到新时代乡村治理的"余村经验"，切实感受到生态经济发展带来的重要转变，切身感悟到"两山"理念在余村的生动实践。

为了研究安吉余村在数字乡村方面的发展成果，我们先后参观了余村的全球合伙人共创空间、国漫茶咖、青年图书馆和数字游民公社。作为"绿水青山就是金山银山"理念诞生地，从"卖石头"到"卖风景"，享受到生态红利的余村深知，要实现高质量发展，转型升级是必答题。为此，2022 年 7 月，安吉余村创新性推出"余村全球合伙人计划"，诚邀全球英才共建宜居宜业、共创共建的青年发展型乡村。50 余个"全球合伙人"项目入驻，1100 多名大学生来到余村及周边村庄工作生活。在调研过程中，全球合伙人共创空间虽配套设施齐全，但只有零星几个人，较为冷清。

图4 余村文化大礼堂内

图5 余村全球合伙人共创空间

由余村全球合伙人陈喆正主理的余村首创乡村国漫茶咖内承载了许多童年记忆的经典国漫IP，咖啡与茶的香气沁人心脾。他与上海美术电影厂携手，将经典的国漫IP带回家乡，把中国动画的东方之美与余村绿水青山的自然之美融合，实现美美与共。我们在这里看到了一整墙黑猫警长、孙悟空、葫芦娃等国产漫画人物的手办以及文创产品，还品尝了安吉白茶，楼上就是青年图书馆，既有适合儿童的画本，也有各类小说、散文、文史书籍和百科全书。在绿水青山间，这家国漫茶咖年轻而时尚。截至目前，当地全球合伙人已涵盖了研学教育、文化创意、农林产业、数字经济等类型，上千名大学生来到余村及周边村庄工作生活，新经济、新业态在余村蓬勃兴起。

图6 余村国漫主题茶咖

我们参观时，安吉数字游民公社"DN余村"还在紧锣密鼓的准备当中，但仍可以看出其装修风格偏向简约休闲，配套设施还在完善当中，但食堂、便利店、火锅店等在公社对面，既方便又快捷。我们也去食堂吃了午饭，菜色种类繁多，色香味俱全。在这里大家可以相聚在一起，进行创意的碰撞，产生化学反应。在余村青年与乡村双向奔赴；在这里，凡有所爱，皆是青年，"青年"一词被重新定义。

（三）调研后期

总结现有资料，发现问题并研究探讨。

1. 安吉县融媒体中心

安吉融媒体中心所搭建的多媒体便民服务平台——"爱安吉"内含消费维权、农林产权交易、数字乡村等9项政务服务应用，为安吉县群众提供精准政务信息查询服务；上线安吉美食、智慧医疗、云工益等20余个生活服务应用，基本覆盖群众的日常出行、娱乐、旅游、饮食等服务需求，其中"安吉美食"应用，累计聚集全县708家优质商户资源，实行用户点评和动态上架制，确保上架商户服务质量最优、群众口碑最佳，让消费者直观了解商户各方面信息。"爱安吉"通过安吉融媒体中心所搭建的多媒体实时数据收集平台的实时数据监控，能够做到日常生活便民服务的实时化、效率化、精简化，有效解决了大量日常服务App冗余的问题。

与此同时，"爱安吉"App也存在着有待改善的地方。在App中处处为群众开辟了能够发声的平台，但是对于他们日常生活中所遇到的困难和疑惑，在"爱安吉"上发布之后似乎不能得到快速有效的回复，在这一方面我们认为有悖便民的初衷。

2. 安吉余村文旅发展现状

(1) 对本地的文化资源进行多样的开发利用

余村通过不断进行生态资源、文化资源、乡村旅游休闲项目等方面的开发，提升了村民居住的幸福感，吸引城市居民前来乡村观光旅游，更为村民提供了新的就业方向。这使余村本地的资源得到充分利用，推动了余村新业态兴旺发展，并帮助解决了余村因为放弃开山炸石而产生的就业岗位减少的问题。

余村青年将曾经的水泥厂转型利用起来，改建成了图书馆。陈喆租下地下一层，开设了一个以国漫主题为特色的文创店，引入上海美术电影制片厂的知名IP来将这个图书馆打造得更有趣，同时还售卖安吉特色白茶，体现了余村多种产业的发展。

余村村民还通过开设作坊、手工艺坊、特色小店等来经营自己的闲置房，他们也注重打造具有本土特色的产业。另外，还有一些村民以余村故事为主题，在自家的体验馆中提供"展示+体验+销售"的服务。可以感受到余村人明白如何更好地挖掘和利用自身独特的文化资源，吸引更多游客前来体验和消费余村的特色产品。

(2) 对原本单一的乡村旅游产品进行创新开发

余村人通过坚定开展植树护林、复绿矿山、修复水库等环境保护行动，大力修复原本被破坏的生态环境，在方方面面恢复余村的青山绿水，环境变得更宜人了。随着环境的改善，乡村旅游业也迎来了蓬勃发展的机遇。

在社会现代化进程不断加深的背景下，越来越多人开始向往离开城市、走入乡村的生活方式。以"远离城市走入乡村"为理念的"农家乐"旅游成为热门。

余村将休闲产业从原本单一的自然观光逐步发展成河道漂流、户外拓展、民宿农家乐、果蔬采摘等多种新项目,吸引了更多游客体验参观。

(3)多项产业的融合发展

余村目前正在进行"旅游+"的多项产业融合业态发展的模式探索。

为了吸引青年,天荒坪镇整合利用 10 万平方米闲置资源,打造出青年专属的创业空间"青年理想集结地"。目前,这里已经入驻了 18 家企业,引进 620 余名青年。

"千万工程"实施 20 年,为余村打下了很好的基础,越来越多的年轻人选择在大自然中办公,而不是拘泥于高楼大厦的格子间中。共创空间、青年图书馆等,以及当地结合旅游业态,如绿道、咖啡馆、文旅驿站等打造的"大自然的工位",让年轻人不仅是到乡村旅游、生活,更可以来创业、办公,实现了左手事业、右手生活的理想状态。

3. 余村继续发展可能面临的问题和挑战

(1)同质化竞争问题

余村作为第一批"两山"实践创新基地,成功实现了绿水青山和金山银山的完美蝶变,成为全国美丽乡村建设者和"两山"理论实践者学习的重要示范地。每年都有党员、政府领导、企业等社会各个层面的学习实践者来到余村参观交流。根据我们的观察数据推测,来余村旅游的游客中相当大一部分是团体组织来学习取经的。然而,为了进一步发展乡村旅游产业,余村还需要探索新的方法去努力吸引其他类型的游客群体,如儿童游客、娱乐目的的游客等。

近年来浙江省内外各地都在积极推进乡村振兴战略,许多地方在美丽乡村建设上投入力度更大,并且也取得了优秀成果。安吉县是第一批"两山"理念的实践先锋,需要进一步努力提升自己的吸引力,保持在与其他乡村景点竞争中的领先地位。"两山"理念旅游景点相比安吉余村本地的其他旅游景点更有竞争力和影响力,如果能够进一步深化"两山"理念旅游景点和安吉余村本土旅游景点之间的合作交互,就能够进一步构造安吉余村绿色旅游的大联动,丰富游客的体验。

同质化也是余村未来发展可能会遇到的一个问题。"余村全球合伙人"计划应时而生，这个计划就是安吉结合产业发展实际，围绕研学教育、乡村旅游、文化创意、农林产业、数字经济、绿色金融、零碳科技、健康医疗 8 个类型，向全球发出的一份共建未来乡村样本的"英雄帖"。这一想法是极好的，而且发展方向也很全面，但在具体落实的过程中难免有些不均衡。在余村的竞争模式上能够发现一些问题，例如：余村对本地的文化资源挖掘力度不够；乡村农产品品牌体系化不足，本地产品品牌有待进一步发展；文化产业多依赖于安吉新闻集团的宣传，营销模式较为单一等。假的东西是不行的，只有踏踏实实的真落实才能做到乘势而为、乘胜前进。

（2）新兴产业建设问题

我们在调研过程中看到，不论是全球合伙人共创空间还是数字游民公社中都只有零星几个人，可能还处于前期准备阶段，缺少宣传中那种让人眼前一亮的感觉。因为数字游民的自由建立在稳定的收入基础上，如果收入不够稳定，就可能会遭遇一些生活困境。数字游民需要具备自律和计划能力，能够制订合理的工作计划和生活计划，以保持工作和生活的平衡。所以在数字游民和全球合伙人等青年产业的发展过程中还有许多问题亟须解决。

三、结论与展望

（一）实践得出的结论

通过对安吉余村文旅发展的调研分析，可以看出其在乡村振兴中取得了显著成果。然而，仍面临着同质化竞争、新兴产业建设等问题。未来余村可以进一步加强创新能力，提高乡村旅游产品的独特性和差异化；并继续注重生态环境保护，坚持余村资源可持续性发展；加大基础设施建设投入，提升游客的体验。同时，其他地区也可以借鉴安吉余村的经验和启示，推动乡村文旅发展。

（二）本次调研的缺陷和遗憾

小组调研时在安吉融媒体中心被动接收了很多信息，没有在调研前收集好相关资料，导致在融媒体中心调研时被大量信息冲击，缺少了独立性思考，没有问题意识。在余村时虽然参观了文化礼堂、国漫图书馆和游民公社等代表性地点，但由于没有足够的时间和资源采访当地村民，没有了解他们的看法，无法更进一步去了解智能技术如何帮助村民生活便捷，数字科技如何帮助管理、丰富旅游体验、便利村民生活。如"爱安吉"App里的实时监控可以帮助景区管理，而与此同时我们发现公路上的监控却是已经被拆掉的，由于没有进行采访，所以不清楚是不是由于村民对隐私比较敏感所以拆掉了。而且我们发现，2015年时余村就有了智能垃圾分类终端，但根据它的落灰程度推断其荒废已久。我们6月去DN余村调研，那时它还正在建设中，无法了解到更多的游民情况，根据网络上数字游民的居住体验来看两极分化：因为DN余村数字游民社区目前还处于内测阶段，不像安吉DNA游民社区那样成熟。DN余村的硬件设施要高于安吉DNA，但由于正在施工，房间里总是有些挥散不去的油漆味，而且网络不通畅经常掉线，会议室数量不充足总是有开不完的组织活动会议，工作者无法找到一个安静、网络流畅的房间。也有的工作者认为活动丰富有趣，房租价格便宜，身处大自然中加班也乐意。除此之外，遗憾的是我们没有去余村游客综合服务中心。跳出余村才能发展余村，所以余村游客中心建在村外，除了游客中心本身的功能性值得重视，游客中心的建筑理念也很值得深思。它从外观上来看像一座连绵起伏的小山，造型别致又消解于环境。

（三）另外一些值得关注的问题

从2005年时任浙江省委书记习近平入村调研，首次提出"绿水青山就是金山银山"理念，到2023年，18年的时间对于一个呱呱坠地的孩童成长为一个德行兼备的青年算是漫长，但对于一个亟待转型却茫然不知前路的乡村来说是短暂的。由俭入奢易，由奢返俭难。让一个利用采矿石而富裕起来的贫穷村关停水泥厂和矿山是极其困难的，这意味着一年几百万元的村集体收入一下没了，蒸蒸日上的生活难以维系。然而如果不关停，生态问题如何解决？健康问题如何解决？要钱还是要命？要命。留得青山在，不愁没柴烧。村民的不理解，村集体收入的骤减，老底总有吃空的一天去哪里找钱对村生态修修补补？压力全都落在了村干部的身上。村干部在乡村振兴的道路上起着导航一样的作用，帮助村民们规划路线，一起奔向致富之路。此外，村民自己也要有力争上游的意识，不能做扶不起的阿斗。余村发展如此迅猛，不只是村干部的领导，还是村民们自己努力争取的结果，贷款自建"山庄"，发传单登广告。在发展的道路上，只有人和信念是不行的，还要掌握真理和规律，余村之所以能有如今的成就，就是因为所有人都秉承着"绿水青山就是金山银山"这一真理。路从来都不是笔直的，时代的浪潮推着人们经历一个又一个十字路口，所有看似绝路的背后都是一条生路，跳出余村才能发展余村，把余村游客中心建在村外，"1+1+4"——以余村为核心，天荒坪镇镇区及周边山河、银坑、马吉、横路四村统筹发展。

余村数字游民社区每个人都能加入，但不是每个人都能留下。数字游民是流动的，不是每个人都能留下来，也不是每个人都能帮助余村迸发出新的生机。尽管数字游民社区不会对数字游民进行筛选，但是由于每个人的价值观不同，如果大家不朝着同一个方向使劲的话，也很难做出成果。另外，进入余村的人才愿不愿意为建设余村贡献力量？如何让大家自愿为余村发电？靠热爱让大家都做自己喜欢的事情，就会有动力，有兴趣才会不应付。

数字游民公社的落地是为了填平信息不对称的沟壑，让政府和民间可以更好地沟通，创造更多的就业机会，也让创造就业机会的人获得更多的经济效益，创造双赢的局面。

参考文献

［1］王鹏飞，俞沐希．地方文化资源开发与品牌建设研究——以浙江省安吉县余村为例［J］．广东蚕业，2023，57（2）：87-89.

［2］尹怀斌．从"余村现象"看"两山"重要思想及其实践［J］．自然辩证法研究，2017，33（7）：65-69.

［3］赵四东，赵胜波，王辛宇．基于"两山"理论的乡村振兴发展机理研究——杠杆原理视角的余村观察［C］//中国城市规划学会，杭州市人民政府．共享与品质——2018中国城市规划年会论文集（18乡村规划）．北京：中国建筑工业出版社，2018：173-183.

［4］谢天一．乡村振兴战略视野下乡村文化繁荣的路径研究——以余村文化礼堂建设为例［J］．新闻研究导刊，2019，10（7）：211-212.

［5］．安吉余村："两山论"诞生地的美丽蝶变［J］．浙江林业，2021（7）：14-15.

［6］严碧华．余村：用绿水青山搭起共富大舞台［J］．民生周刊，2023（9）：6-11.

［7］郑君．浅析"爱安吉"融媒体移动新闻客户端如何增强黏性［J］．中国有线电视，2021（8）：813-816.

［8］刘炳胜，韩宁，马历，等．共同富裕视角下生态城市可持续发展路径研究——以浙江省湖州市为例［J］．生态经济，2023，39（5）：123-131+162.

指导教师：邵成圆

宁波古林镇：梦里水乡的数字发展之路

杨文新、应丹勇、程心竹、杨钫钫

一、引言

乡村、乡镇和街道，再到县市区，是一个由"点"到"线"再到"面"的概念联结。中国的乡村社会具有多样性、民族性、历史文化性等多重属性，同时肩负国家粮食安全责任，是生态文明最后的堡垒。解决三农问题，实现乡村振兴，绝对不是生活在城市里的专家查查资料、写写论文就能解决的。乡村不是市场经济竞争的赛马场，乡村一定是国家粮食安全的压舱石；乡村一定是生态文明建设的堡垒；乡村一定是民族文化传承的基地；乡村一定是乡土文化的发扬传播地；乡村一定是中华民族的根与魂。乡村建设不仅仅是基础建设，还包括数字化建设、自然资源的整合与利用等，是一个立体综合工程。

数字乡村是伴随网络化、信息化和数字化在农业农村经济社会发展中的应用，以及农民现代信息技能的提高而内生的农业农村现代化发展和转型进程。它既是乡村振兴的战略方向，也是建设数字中国的重要内容。

《中共中央 国务院关于实施乡村振兴战略的意见》提出实施乡村振兴战略的目标任务，即：到 2020 年，乡村振兴取得重要进展，制度框架和政策体系基本形成；到 2035 年，乡村振兴取得决定性进展，农业农村现代化基本实现；到 2050 年，乡村全面振兴，农业强、农村美、农民富全面实现。2019 年 5 月，中共中央办公厅、国务院办公厅印发了《数字乡村发展战略纲要》。纲要指出，到

2020 年，数字乡村建设取得初步进展，"互联网+政务服务"加快向乡村延伸，网络扶贫行动向纵深发展，信息化在美丽宜居乡村建设中的作用更加显著；到 2035 年，数字乡村建设取得长足进展，城乡"数字鸿沟"大幅缩小，农民数字化素养显著提升，农业农村现代化基本实现，城乡基本公共服务均等化基本实现，乡村治理体系和治理能力现代化基本实现，生态宜居的美丽乡村基本实现；到 21 世纪中叶，全面建成数字乡村，助力乡村全面振兴，全面实现农业强、农村美、农民富。

2003 年 7 月，中共浙江省委举行第十一届四次全体（扩大）会议，时任浙江省委书记习近平作工作报告，提出浙江面向未来发展的系统方案：即进一步发挥"八个方面的优势"，推进"八个方面的举措"，简称"八八战略"。"八八战略"目前已经成为浙江对外的重要示范窗口之一，也是全国各省市自治区建设的模范对标之一。

如今，正值"八八战略"提出 20 周年，为深入了解乡村建设，我们前往浙江省宁波市海曙区古林镇的茂新村、蟹蛟村、仲一村进行实地调查，发现并总结各自建设特点，调研具有包括数字化建设在内的与众不同的特色，发现其在建设过程中的亮点，梳理成绩，总结经验，同时，也了解并指出在建设过程中遇到的难题和挑战，提出针对性建议，以期在乡村建设这一重要任务中贡献出一份力量。

二、调研方法

在对古林镇乡村建设情况的调研中，本文主要采用了质化研究方法，通过去古林镇进行实地调查，对村干部、村民、外来务工人员进行访谈等方式，以获取不同层面的观点和经验。

（一）访谈

访谈在乡村调研中具有重要作用。它可以提供深入、个性化和丰富的数据，让我们更好地了解乡村居民的观点和经验，通过与乡村居民进行面对面的交流，让我们能够更好地了解他们的需求、问题和期望。与村民直接接触和互动，可以获得新农村建设的详细信息。这种深入了解可以为制定针对性的政策和项目提供有力支持。这种亲身经历可以提供更加真实、全面的数据和信息，为乡村发展提供有价值的洞察和建议。

（二）实地调研

实地调研同样也是质化研究方法中重要的一部分，通过近距离在农村进行实地考察，我们能很清楚地感受到如今农村的变化以及新农村建设的成效。实地调研使我们能够亲身接触并感知乡村的实际情况。通过直接观察和体验，我们充分了解了古林镇的地理环境、自然资源、基础设施。实地调研也让我们能够更加深入了解乡村的特色和文化资源。观察和体验当地的传统习俗、文化活动等，有助于了解乡村的文化遗产和独特之处。这对于乡村旅游、文化保护和地方发展具有重要意义。

1. 方法具有科学性

实地考察法根据实地资料，采集分析和综合分析等数字技术来深入分析研究，以便获取客观而准确的考察资料，增强认识水平，深入认识研究对象。实践中通过实地考察法，可以完善和补充大量可能遗漏的数据，并有效地消除受到量化分析的局限性，有助于更好地了解和把握研究对象。

实地考察法可以更好地提高研究工作的科学性。通过实地考察，可以直观、深入地看到研究对象的特征，及时掌握不同地区之间的差异状况，更有效地掌握研究对象的客观状况，进行深入挖掘，从而使研究成果更加准确、可靠。

实地考察法在客观资料的获取、科学研究的进行以及整体应用方面发挥了重要作用，是一种科学的研究方法。

会议调查法简便易行，通过邀请若干调查对象以座谈会形式来搜集资料，分析和研究社会问题，工作效率高，可以较快地了解到比较详细、可靠的社会信息，节省人力和时间。

对于宁波古林镇的乡村建设成果，我们走访宁波海曙区融媒体中心、与中心负责人进行对话访谈、跟随导游参观宁波家风馆、与馆长和基层党员干部进行深入交流、体验走访当地特色"俩老头·仲席文创茶咖馆"并乘坐当地新开发的活动游船。在确定的范围内进行实地考察，事先搜集大量资料，并辅以走访的音像视频证据以统计分析，具有较高科学性。

2. 结果具有可靠性

实地考察法中，调查者在实地通过观察获得了直接的、生动的感性认识和真实可靠的第一手资料，因此结果具有可靠性。

在去实地考察之前，我们事先在网上搜集了关于古林镇蟊蛟片区的相关资料。我们前期将乡村调查的重点放在古林镇的茂新村，后来在老师的建议下将调研对象扩大到整个片区。在文献调研中，我们发现古林镇的蟊蛟片区大部分都是农田，以水稻与蔺草种植为主，被称为草席之乡。而这几个村子虽然相邻甚近，但是它们有各自的发展优势和发展方向。以茂新村为例子，位置处于古林镇西郊，多农田而少房地，村内很难通过出租厂房的方式来获取收入。因此茂新村决定走农业旅游的发展道路。他们最开始依托的是中国御史之乡的名号，后来又建设了宁波家风馆与太空农场，吸引了许多人慕名前来。其他村子也有各自的文化背景与特色。在去实地调研之前，我们基于网上查到的资料构想了我们想要了解的问题：

（1）当地的经济收入情况怎么样；

（2）当地村民的人员构成结构以及主要的产业是什么；

（3）当地农村的数字化建设如何；

（4）"八八战略"的影响是怎样在以茂新村为主的村落开发中体现的；

（5）在经历了疫情后，他们又将如何面对未来的发展。

三、调研内容

实地调研的第一站我们就来到了茂新村，茂新村位于宁波市海曙区古林镇西郊，西侧比邻于鄞江镇沿山村，东南与古林镇蜃蛟村和三星村相连接，北与龙三村相连接。全村区域面积 1.6 平方公里，茂新村本村户口 1700 多人，常住人口 3500 多户。主要是由茂林、张马、吴庄三个自然村合并形成。全村现有可耕地面积 2149 亩。现全村共有企业 12 家，其中规模企业 1 家。

在茂新村，我们首先实地参观了宁波家风馆。宁波家风馆（清廉家风馆）是一处异地迁建的明清古建，坐落于海曙区古林镇茂新村御史大道 1 号，建筑面积约为 1200 平方米，分为上下两层，整体四方规整，左右对称，如古来强调的中规中矩的家风一样。全馆设前厅、家风习语厅、圣人家风厅、伟人家风厅、族人家风厅、名人家风厅、烈士家风厅、母亲家风厅、百姓家风厅九个主厅和一个户外院落、四个互动休闲区域。家风馆集家风家训展示、家庭家教家风宣讲、家风培育与体验、家教指导和培训、家风廉洁教育为一体，首次以宁波四明大地全域视角，展示甬城、甬上、甬人的好家风好家训。

在家风馆对面就是林氏祠堂，也就是明代的御史林祖述、林栋隆父子的宅邸。据考证，林氏家族自宋朝开始就在此定居，耕读传家、明辨是非、清廉忠良的家风代代相传，家族中一共出过 13 名官员，其中 8 名都是御史，均以奉公廉洁而闻名。而在现在的进一步考证中，这个数字可能变成 13 位进士 10 位御史。

紧接着，我们便去茂新村最为著名的太空农场。太空农场，顾名思义就是种植太空作物的农场。在一大片水稻田中，划出一部分放置太空模型和太空种植的大棚。不过据村里的干部介绍，这些太空作物的主要用途仍然是育种和研究，并没有公开种植或出售。在太空农场旁边，停着一辆黄色的双层火车。那是村子里引进的退役火车，被改造成了火车餐馆。随后我们就在宁波家风馆一楼的会议室里对茂新村的林书记和虞馆长等人进行了访谈。

中午，我们前往了离茂新村不远的仲一村，参观了一家位于乡村田野间的仲席文创茶咖馆。这家茶咖馆的店主是一对年轻的夫妻，马玲玲和她的丈夫都是 85 后。马玲玲是一名学设计的女性，之前在外工作多年，2022 年底和丈夫一起回到村里创业成为青年创业者。这家茶咖馆是古林镇蜃蛟省级现代农业园的一个重要项目，也是村里双创园的一部分。根据古林镇的规划布局，近年来，仲一村开始涉足文旅产业。而在村里正好有省级的"非遗"项目——黄古林草席编织工艺的传承基地。马玲玲利用这一独特优势，在她的茶咖馆内开设了非遗草席馆，定期举办蔺草编织体验和研学活动，让来访的人们亲身感受并学习到黄古林草席编织技艺，并由当地的编织技艺传承人亲自指导。

下午，我们从水路考察了蜃蛟片区的各个村子。这是一个由古林镇成立运营，蜃蛟片区七村一渔共同打造的"舟游古林"水上游线，穿过了西洋港河、照天港河、蜃蛟街河、茂新御史河等七条河道，将七个村落和一个渔业社串联在一条航道上。而且古林水系沿途古寨建筑、文保遗迹较多，当地将这些古建筑、古桥、古庙进行修葺，保留了原汁原味。沿着这条航道，就能感受到古林水系中浓厚的历史氛围与文化底蕴。在船上，我们与本地的船夫进行了深入的交流。下船后，我们也对正在收割蔺草的农民们进行了访谈。在这场实地考察与访谈相结合的调研中，我们结束了行程。

四、调研结果与分析

在实地调研中，我们从文化支撑、自然资源支撑和数字技术支撑这三个方面出发，对以茂新村为主的古林水系相邻村落进行观察，了解其在新农村建设中的成果。

（一）文化支撑

从文化的角度来说，古林镇历史悠久，文化资源丰富。但其中最著名的还是茂新村的御史中丞第。根据鄞州区文管办的谢国旗老师介绍，这座现存的建筑是在 2009 年的"三普"调查中发现的。当时，在一片破旧的乡村厂房中，谢老师偶然发现了这座老房子，它的屋脊展现出明显的明代建筑特征。随后，他进行调查并翻阅了大量的历史资料进行考证，最终确认这座建筑曾经是两代御史林祖述和林栋隆父子的宅地。2013 年 4 月 22 日，一名工人在清理正厅前檐下西山墙体表面的石灰层时，意外发现了一处墙体彩绘壁画。这块壁画分内外两层，里层是宋朝的壁画，而外层是明朝的，这一发现也极大提高了这栋房子的历史价值。

在访谈中，谢老师还向我们透露了茂新村是怎样开发"御史中丞第"这个IP以及怎样打出"中国御史之乡"这块招牌的。在这中间，茂新村的林忆聂书记出了很大的力气。2009年，在外经营针织厂的林忆聂被村民请回来担任村支书。他是土生土长的茂新村人，也是村民眼里的"能人""肯为家乡出力的人"，大家对他充满期待，盼着他能带领茂新村实现快速发展。有趣的是，当我们问起他当年为什么会放弃自己的产业回到茂新村时，我们听到的是一个让在场所有人都忍俊不禁的答案。他说当年其实并不是自己想来的，但村里之前的那些老干部根本没有咨询他的意见，就把他强行拉进了村委。但是当他真的当上了村书记后，他便全身心地将自己投入在这项工作中了。村子里的其他人都说这个书记是实干派，从来不坐办公室，专心做基层的工作。茂新家风馆的虞馆长也向我们透露说，自从为村里干事后，林书记连自己家里的产业都不管了，全部交给自己的家人打理，全身心地投入村子的建设。最近村里要举办美丽乡村现场会，林书记更是忙得不可开交，为了节省时间，昨晚甚至一宿没睡。

为了将自己村的文化优势发挥出来，林书记可谓绞尽脑汁。这座房子原来被用作祠堂，放了林氏家族的牌位，还被厂房围绕。但这样一来，这样好的一个旅游热点就没法组织参观了。因此村里不停地给村民做思想工作，说服他们改建祠堂，搬迁牌位和厂房。不仅如此，当年这栋古宅刚被发掘出来时吸引了当时的中纪委宣传部长参观，提出中国御史之乡这个概念，大家都觉得这个称呼很好，但是怕这个名号过于招摇，引来争议。后来林书记专门去了一趟中纪委，得到了亲口认证，才放心地使用这个名号。

作为旅游景点，只有一个招牌项目肯定是不够的。宁波家风馆，则是茂新村的第二个招牌。我们进行采访的这栋老屋子并不是"土生土长"的，而是在机缘巧合下，听闻宁波市妇联正在寻求一个地方建宁波家风馆，又适逢这栋原来在宁波北仑区的明清古宅要拆迁。林书记便想到为何不把这建筑搬到茂新村来，然后在茂新村建一个宁波家风馆呢？实干派的林书记雷厉风行，将这么一件看似不可思议的事情变成了现实。自2020年底开馆以来，已累计吸引了50余万党员干部、亲子家庭、游客等前来参观学习，成为供市民、家庭、学校师生瞻仰先烈，开展爱国主义教育的场所。

而在古林镇的仲一村，也有属于他们的文化名片。仲一村地处古林镇中部，盛产闻名中外、历史悠久的黄古林白麻筋草席，草席编织技艺被评为省非物质文化遗产。仲一村同时有一个非常响亮的口号"仲草走天下，一席创世界"。仲一村里最引人注意的，就是那家"俩老头·仲席文创茶咖馆"，"俩老头"，在宁波话里就是两夫妻的意思，这也就说明了这家店主的身份。这家茶咖馆将当代年轻人喜欢的茶咖文化与非遗特色相结合，用年轻人更易接受的方式，了解传承千年的草编技艺。虽然地处乡村，也不妨碍有许多人慕名前来，也有公司、家庭会选择来这里进行团建。在茶咖馆内，有一间面积超过百平方米的房间，上方悬挂着一块醒目的牌匾，上面写着"仲一草编共富工坊"。这个工坊是由夫妻俩和仲一村党总支共同创建的草编研学基地，吸引了 20 多名本地草编技艺者的加入。6月正好是蔺草收割的季节，路两旁停着许多收蔺草的车辆。由于蔺草的收割难度较大，机器很难完成，因此田里都是人工收割。我们也与收割蔺草的工人们攀谈，他们告诉我们收割蔺草的工人大都是云贵川人，趁着这边蔺草要人工收割过来打零工。现在本地的村民几乎都不干这些活儿了。这些成片的蔺草基本都是送到其他地方的加工厂去加工成草席、草帽等产品。

在我们看来，茂新村和仲一村的成功，最重要的原因之一就是他们巧妙且充分地利用了自身的文化资源，走上了一条文化旅游的路线。以文化主题为内容，更多地认识了解旅游观光背后的深层次文化内涵，发掘背后深藏的历史人文要素的旅游受到了越来越多人的喜爱。文化旅游可以提供丰富的文化体验，使游客有机会深入了解目的地的文化，提供了更为丰富和深刻的旅游体验。也能够促进跨文化互动，有助于促进跨文化理解和尊重，提供了教育性的机会。除此之外，文旅对文化遗产保护和文化传承也起到了不小的作用。而且文化旅游通常更注重可持续性，强调在旅游发展中保护环境和文化。这有助于减少对自然资源的负面影响，支持可持续旅游，这对其他乡村的发展无疑有着很好的借鉴作用。

（二）自然资源支撑

茂新村有着广阔的土地和美丽的风景，开发这些自然资源也是大有可为，因此火车餐馆、太空农场等产业相继诞生。据虞馆长介绍，这些都是林书记在天南海北的村子学习经验后想到的。火车餐馆更是斥巨资从上海铁路局买来退役的双层火车。其中 2020 年运行的"中国茂新国际太空农业体验中心"项目将航天高科技与现代农业技术相结合，同时借助文创思维，植入太空农业、航天文化等元素，促进茂新村创新型农业的发展，走上以旅兴农的康庄大道。里面有 1∶1 的航天空间站模型，可模拟体验航天飞机入轨、点火发射、运行、回归的全过程；有种植太空培育种子的温室大棚，已经种下了香蕉、茄子等太空育种的水果蔬菜，但是目前主要还处于研究性的种植阶段，没有进行推广和售卖。这些新奇的玩意又狠狠地为茂新村带动了一波人气。让越来越多的大朋友和小朋友来到茂新村游玩。

古林镇中的仲一村是著名的草席之乡，"十天三市黄古林，花席双草白麻筋"，在过去仲一村曾家家户户种植蔺草、编草席，但是现在全村只有三四户人家还在做草席，能够用传统方法织席的人越来越少，且年龄已长。镇上总共种植能够制作草席的蔺草面积不足百亩，草席作为古林镇独特的农产品，是这个地方历史文化传承沉淀的重要标志，因此保护和挖掘地域特色农产品价值的意义重大，如果草席农产品得不到保护和合理开发，那么草席制作工艺将会失传，传统席草品种也将会濒临灭绝。要想实现对草席农产品的保护和合理开发，技术和人才产业是关键，我们在仲一村实地调查的茶咖馆就很好地将文旅和地域特色农产品保护开发结合起来，茶咖馆的运营者马玲玲在馆内开设非遗草席馆，定期举办蔺草编织体验和研学活动，让来访的人们亲身感受并学习到"黄古林草席编织技艺"，并由当地的编织技艺传承人亲自指导。在这个文旅活动的交互中，草席文化得以弘扬，草席农产品也会得到部分游客的青睐，销量和价格会得以提升，草席编织技艺者也会将更多的技艺尽可能地传承下去。仅靠技艺者的传承力量远远不够，要想做好草席农产品品牌的管理、种质资源的保护、产品的研发、传承人的培育等内容，推动地理标志农产品与旅游、教育、文化、健康养老等产业有机结合，形成一二三产融合发展，这些都需要稳定而持久的资金投入，需要有专人进行组织和管理，更需要政府的支持。

在"八八战略"指引下，浙江持续推进省内的水利建设，利用其生态优势系统打造美丽河湖，焕新江南水乡美景。海曙区全区水域面积约 35.22 平方公里，水域面积率 5.91%，平原河流 364 条，总长度 771 公里，其中市级河道 6 条、区级以上的河道 14 条。自 2018 年开始，海曙以"安全流畅，生态健康，文化融入，管护高效，人水和谐"为目标，打造局域美丽河湖示范片，对古林镇、洞桥镇等的多条河流进行集中打造。其中，海曙区投入 2800 万元，分两期对海曙区古林镇蜃蛟片区河道进行整治，共整治河道中心线 5.12 公里、岸线 10.8 公里，其中蜃蛟片通过美丽河湖片区创建市级验收。古林镇水资源丰富，水系发达，因此也被称为"梦里水乡"，古林镇人民的幸福感与水依依相关。在实地调研过程中，我们小组乘坐当地村民驾驶的小船沿着"舟游古林"水上游线考察蜃蛟片区的各个村子，在考察过程中，我们看到了途经的河道水体通畅，沿岸坡道防护建设完善，河道沿岸的植被覆盖率高，绿色景观令人心旷神怡。我们还了解到后续当地还会根据河道沿线原生植物特色，打造接近自然、符合当地生态条件的绿化景观，并将地方文化融入其中，如沿河打造蔺草文化小公园、小广场，将蔺草收割、白麻筋草编的非遗技艺通过公园、步道的布景进行展示，融入文旅特色。

（三）数字技术支撑

目前，茂新村已完成农科旅特色型中心村建设，我们可以看到在家风馆旁边，还有一条"智慧步道"，可以通过物联网、大数据、人工智能等技术检测村民的运动状况。茂新村积极推动智慧医疗、社区文化和智慧教育、智慧旅游、智慧救助、智慧养老、智慧托育等多个跨场景应用落地，着力打造未来农村、智慧农村。

不仅如此，海曙区融媒体中心对于数字乡村的发展也发挥了巨大作用。"海曙"作为海曙区融媒体中心主办推出的海曙区智能城市移动应用平台，以"新闻资讯+实用政务+民生服务"三大功能板块为主，致力于打造海曙区唯一的最权威、最快捷的区域性移动新闻门户服务平台。在现有基础上增加政务服务、直播等功能，将主页区分成每日一景、清廉海曙、民情收集、积分兑换等小板块。通过"海曙"，市民可以比微信、微博、抖音等社交平台更快速了解到当地新闻，如美食节、咖啡节、太空农场的最新发展等资讯，小区里、村落里发生的大事小事也可同样上传至客户端，作为新闻的第一目击证人出场。海曙区工作人员还会定期定点进行农产品直播带货，在实地调研期间，海曙区就堆满了成箱的橘子作为近期的带货主产品，物美价廉的橘子深受广大民众的喜爱，农民们也因此多了一条致富的道路，不再局限于卖给散户、水果店、水果公司，通过官方平台，农民的权益能得到更多的保障。海曙区融媒体中心新媒体部主阵地在微信、抖音、客户端、视频号。客户端的研发是市里负责，主要以福利、专题为主。微信公众号——海曙发布以服务为主。坚持"新闻+政务+服务"，注重内容生产，也在积极探索对外传播，在推特等国外平台也有涉及。

五、讨论与局限

（一）关于海曙融媒体中心

海曙区融媒体中心的新媒体部门拥有一支以90后为主的年轻团队，他们具备多方面的能力，特别是在"写、拍、剪"领域有出色的表现。这个团队主要活跃在微信、抖音、客户端和视频号等多个平台上，以传播各类信息为主要任务。目前，新媒体部门拥有12名记者和7名编辑，为了提供更多福利和专题内容，他们在客户端上的报道得到市里负责研发部门的支持，尤其以福利和专题报道为主要内容。此外，他们还维护着微信公众号——海曙发布，以服务百姓为宗旨，提供及时的信息和服务。

海曙区融媒体中心在服务群众方面发挥着重要作用。海曙区的教育资源紧张，为了更好地满足百姓的教育需求，海曙区融媒体中心在探索打造一个全能、有效且深入人心的平台。这可能包括提供在线教育资源、举办教育活动和倡导教育相关的内容，以便广大居民能够更好地获取教育信息和资源。

尽管在新媒体领域已经取得了一定成绩，但海曙融媒体中心的客户端在政务衔接上仍然存在一些不足。在如今人口流动大、群众需求多的时代，单独的客户端平台无疑会造成群众的使用接受程度较低。因此，如何能够为海曙区的百姓提供更直接的便捷服务成为当前需要解决的难题。这可能需要进一步改进客户端的功能和用户体验，以更好地满足百姓需求。

此外，设备和技术方面也存在不足之处。在数字化时代，高质量的设备和技术支持对于新媒体的运营至关重要。因此，团队可能需要不断升级设备，并培训成员以提高他们在技术方面的能力，以确保能够提供最优质的新闻和服务。

总之，海曙区融媒体中心在新媒体领域已经取得了一些进展，但仍然需要应对一些挑战，包括政务衔接、教育资源和技术设备方面的问题。通过不断改进和创新，可以更好地为百姓提供信息和服务，推动新媒体的发展。

（二）调研局限性

实地调查法包括现场观察法和询问法两种。

现场观察法是调查人员凭借自己的眼睛或借助摄像器材，调查现场，直接记录正在发生的市场行为或状况的一种有效的收集资料的办法。其特点是被调查者是在不知晓的情况下接受调查的。而我们进行过访谈的对象大多是事先安排好的，可能存在预先准备过的情况，对象也以干部为主、村民较少，不能完全排除被调查者之间的社会心理因素影响，调查结论往往难以全面反映真实的客观情况。且受时间条件的限制，很难做深入细致的交谈，调查的结论和质量在很大程度上受调查者自身因素影响。

由于时间有限，去的地方也仅限茂新村和仲一村两个村落，其他村落为游船时一笔带过，并未进行走访，观察到的往往是事物的表面现象或外部联系，带有一定的偶然性，且受调查者主观因素影响较大，不能进行大样本观察。访谈问题未事先准备充分，多为访谈过程中随机提出，事后无法补充提问，调查存在不充分的情况。

（三）进一步研究建议

对已参观访问过的地点进行资料整理，深入了解，发现尚不明晰的问题，对了解还不够清楚的方面进行二次材料收集，对未实地探究过的地点根据现有资料进行充分研究，从现有资料中提取想获得的内容。如果有二次实地调研的机会，可以对非领导干部级别的人进行简单访谈，如企业主、村民、外地工人。对于古林镇现有的问题，如产业不完善等，进行归纳总结并提出合理建议，根据社会发展趋势适时修改方案，对于古林镇的成绩、优点进行提取总结，找到他们如何因地制宜、发扬自身优点的原因，学习先进经验，并在其他村落进行模拟发展。对国内现有产业的不足进行观察，并根据其他尚未发展的村落特点进行安排分配；将实践的结果与信息反馈给相关部门，使这次实践真正发挥应有的作用，同样也有助于他们制定有效的发展战略，进一步拉动经济的发展。

六、结论

时值"八八战略"20周年，我们可以清楚地看到乡村已经发生了翻天覆地的变化，此次我们聚焦梦里水乡古林镇，把其作为当代乡村建设的一个"点"，旨在以点带面，深入了解数字化乡村建设中的经验和挑战。

（一）因地制宜，走乡村特色发展道路

古林镇的乡村是城市里面的农村，它的可发展点是不同于大山里的乡村的，一方水土养一方人，大部分乡村都有着丰富的土地资源并以此发展农副产品，古林镇除了土地资源，还拥有丰富的自然资源和深厚的文化底蕴，从茂新村的"御史馆"到蜃蛟村的"园林式村庄"，再到仲一村的"俩老头·仲席文创茶咖馆"，这里的乡村农业结合文旅项目，发展创新型现代文创农业，把"靠天赏饭"的

传统农业变成"由我做主"的文旅农业。

本次我们通过实地考察和面对面访谈，看到了乡村建设应该是不同于城镇建设的，各个地区的乡村建设方向也是不同的，我们应该着力挖掘乡村发展特色，迸发出不一样的乡村活力。

（二）保护环境，人与自然应和谐共生

如今的古林镇蠹蛟村已成为宁波市绿化造林园林式村庄，但游船的船夫告诉我们，这里的河原来都是臭水沟，根本没有办法搞游船。后来经过五水共治和"两山"理论的实践，把这里的环境搞好了，也就有人愿意来玩了。游客多了也就吸引来了一大批投资，这里的游船几乎都是由投资的企业命名赞助的。

经济发展固然重要，但"绿水青山才是金山银山"，乡村的数字化建设也必须以保护环境为前提。

（三）吸引人才，人才是发展第一资源

如今茂新村的御史文化馆已经走进了无数人的心里，殊不知，此前其只是被当作村里的普通祠堂。根据鄞州区文管办的谢国旗老师介绍，这座现存的建筑是在 2009 年的"三普"调查中发现的。很难想象如果不是谢老师的发现与坚持，如今后人可能根本不会看到并了解到这座房子背后所蕴含的价值。进入新时代，习近平总书记强调"人才是第一资源"，并且将人才资源的重要性提高到和"科技是第一生产力""创新是第一动力"同样的战略高度，因此乡村数字化建设离不开人才资源。

（四）敢于创新，促进乡村数字化建设

走进古林镇，最先引人注意的是村子里的智慧步道，还有学校里的智慧课堂教育等，除此之外，茂新村正别出心裁打造国际太空农业体验中心，田间有草莓和西瓜大棚，周边建有一个占地 4500 平方米的巨大温室大棚，还矗立着航天飞机模型，一段 300 米长的火车枕木轨道醒目"躺在"其间。

茂新村党总支书记林忆聂由于一次偶然机会，被中华航天博物馆推广的太空农业文化所吸引，太空农业是航天高科技与现代农业技术相结合的新兴领域，如果将这一新兴农业与茂新村的传统农业结合，同时借助文创思维，植入太空农业、航天文化等元素，能促进茂新村创新型农业的发展，也能通过农旅结合带动村庄发展。由此可见，乡村的数字化建设离不开创新，敢于创新、敢于挑战，才能更好地发展乡村数字化。

我们小组的调研结果正说明了打造智慧乡村、发展数字农业是一个正确的发展方向，发掘乡村特色，依据特色对农业发展进行转型，转型后的农业发展能够为村民提供就业岗位、增加村民收入、促进乡村民生建设，乡村能有更多预算投入智慧乡村和数字农业发展，由此不断进行良性循环，推动农村经济可持续发展，对于乡村振兴具有重大意义。但同时也面临着许多挑战：这些拥有丰富自然资源和深厚文化底蕴的村庄能够做些什么吸引更年轻的受众群体的注意力来打造新的创收点；乡村振兴过程中采取哪些措施能够吸引青年人回流、引进人才；如何让游客从城市到乡村交通更加便捷，等等。数字农业是农业现代化的阶段之一，是迈向农业强国的必经之路，虽然我国数字化建设取得了显著成效，但是仍然有一些问题存在，乡村数字化建设仍有不足：在技术方面，缺乏核心技术研发，还有技术应用条件不足；在人才方面，缺乏数字化人才，创新能力不足；在设备方面，农村农业生产基地信号的盲点较多，网络信号基础设施薄弱。从总体上看，乡村数字化建设仍处于起步阶段，表面工作比较多，未深入实质，实用性可能不强。

参考文献

[1] 中共中央 国务院关于实施乡村振兴战略的意见 [N]. 人民日报，2018-02-05（1）.

[2]《走遍海曙》组委会. 走遍海曙 [M]. 宁波：宁波出版社，2021.

指导教师：刘茂华

富阳黄公望村：
文旅融合背景下旅游地 IP 形象打造

王鹤潼、王思语 、吴王博 、陈悦嘉琦 、李栢仪

一、项目背景资料

（一）项目基本概况

文旅融合 IP 是指在文化和旅游相融合的背景下，文旅企业和产品拥有的独特品牌形象。精神价值和文化内涵是文旅 IP 建设的灵魂。本次小组成员调研了以黄公望的《富春山居图》闻名的黄公望村，旨在探究在《富春山居图》的环绕下，黄公望村是如何形成文旅发展的新格局。

同时，在数字化的时代背景下，黄公望村的数字乡村建设走在浙江农村的前沿位置。数字乡村建设是加快实现城乡融合发展的关键举措，通过数字乡村建设，有助于促进城乡要素配置合理化，发挥市场的资源配置决定性作用，最终缩小城乡经济社会发展差距。本文将对数字乡村建设深入研究，以探究其如何助力于文旅融合背景下旅游地 IP 形象的打造。

（二）黄公望村基本情况介绍

1. 地理位置

黄公望村，是浙江省杭州市富阳区东洲街道下辖村，位于浙江省杭州市富阳

区，是 2007 年将原有的华墅村、白鹤村、株林坞村、横山村四村合并而成，称为"黄公望村"。

2. 特色

黄公望村位于富阳区城东 7 公里处，东接杭州，南傍富春江，西毗国际高尔夫球场，北靠黄公望森林公园，市一级公路江滨东大道贯穿村南，地理位置十分优越，是富阳最宝贵、最核心的资源所在，是整个富阳"山水城市、运动城市"得以具体化、生动化最为优势的物质载体和最为优良的环境之一。黄公望村现有农户 746 户，总人口 2458 人，村区域面积 9.53 平方公里，现有党员 136 名，村民小组 16 个，村民代表 41 人，全村耕地面积 863.1 亩，山林 7640 亩，森林覆盖率 85%，茶园、桔园面积 980 亩，2009 年农业生产总值 2942 万元，村经济总收入达 63904 万元，人均收入 13949 元。

3. 黄公望村的历史文化背景和传统文化

600 多年前的一日，当黄公望行游至此，绝佳的山水闯入了老人的眼底心中，他被此地秀美景色所打动，就此停留，绘就了《富春山居图》，由此这里便与元代大画家黄公望结下了不解之缘，人们为了纪念他，便以他的名字为村子命名为"黄公望村"。

（三）公望文化 IP 打造的理论基础和现实需求

1. IP 理念和概念的引入

IP 的提出在"互联网+"背景下具有符合时代发展的意义，我们可以通过反观 2016 年 IP 过热现象，透过看似繁荣的 IP 热看清文化创意产业的发展本质，从而正确把握其发展规律，使得 IP 为文化产业发展发挥其有利作用。IP 的建立是一个情感代入的过程，提升用户忠诚度是其最终目的。IP 最核心的两个点——数据和内容，是相互依存和影响的，制作已然成为一个优质 IP 成功运行的关键，营销仅仅是 IP 运作一个重要的点。优质 IP 相当于好的故事和角色，它也是能成功发展的基础。

2. 公望文化元素的挖掘和提取

从传统文化自身来讲，其丰富的内涵往往是经过上百年乃至上千年沉淀而来的，如果不能怀着敬畏之心进行内容的生产制作，仅仅以流量和关注度作为衡量标准，那么必然会导致产品低质化等问题出现。引流和宣传固然重要，但仅依靠这些并不能留住真正的受众，IP 产业的长久发展，依靠的是能够经受时间淘洗的内容和足够精良的制作，只有打造优质内容产品，才能赢得受众美誉度，实现长久的发展。需要更好地总结经验，以新文创作为文化产业发展新思维，推动数字文化产业向更多经济领域、更多文化资源拓展，进一步提升产业增速。进一步健全版权保护机制，同时通过政策扶持和引导，让更多有技术能力和资质的企事业单位参与到传统文化资源的 IP 挖掘和培育事业中。

3. 公望文化 IP 打造对当地乡村经济和文化发展的促进作用和现实需求

优秀 IP 打造赋能乡村振兴，既能发展经济，也能打造品牌。坚持公望文化 IP 品牌化思路，强调把文化资源转化为优势企业、特色品牌，在品牌创新中赋能经济发展，在传承文化中孕育品牌。在培育企业方面，乡村文化开发的短板是市场主体发育滞后，要支持培育和引进骨干文化企业，扶持乡村小微文化企业和工作室、个体创作者等发展，鼓励多元行业企业和社会资本通过投资乡村文化产业，形成文化产业赋能乡村振兴的企业矩阵。在打造品牌方面，要着力解决小、散、乱问题，避免低水平同质化建设，要着眼于形成一批具有市场竞争力的特色文化产业品牌，建成一批特色鲜明、优势突出的文化产业特色乡镇、特色村落，推出一批具有国际影响力的文化产业赋能乡村振兴典型范例。未来一段时间，品牌建设重点是鼓励各地加强"中国民间文化艺术之乡"建设，塑造"一乡一品""一乡一艺""一乡一景"特色品牌，形成具有区域影响力的乡村文化名片，充分开发民间文化艺术研学游、体验游等产品和线路，培育形成具有民族、地域特色的传统工艺产品和品牌。

随着经济的不断发展，消费者的购买力也在不断提高。同时伴随着互联网的普及与高速发展，人们获取信息的渠道也变得越来越多且便捷起来：一方面他们能够通过多种途径快速了解各种产品信息以及相关资料；另一方面他们也能够在网络社交平台中分享自己的游玩体验或出游攻略等。因此对于很多旅游地而言，想要在激烈的市场竞争中占据一席之地，就要做到以客户为中心，充分挖掘用户的潜在需求，为其提供合适的服务来满足其个性化的消费偏好及习惯。这就需要有针对性地对目标群体进行当地旅游 IP 的塑造。

二、"公望" 文旅 IP 的塑造过程

（一）彰显公望 IP 总体特征

1. 可识别性

随着市场竞争的日益激烈，公望 IP 形象的作用显得更加重要。公望 IP 是指为强化品牌的个性，突出产品的特征，选择具有代表公望地区形象的人物、动物或者植物进行抽象化的卡通塑造，作为当地的品牌 IP 形象。公望 IP 形象设计能够代表公望的独特文化形象，并与商业相结合，能够传播公望的品牌形象，赢得大众消费者的喜爱和认可。例如，公望 IP 可以选择当地著名的山水画家黄公望作为形象，并将其形象进行卡通化处理，使之成为公望地区的代表性形象。

2. 可转化性

借助创意和丰富多样的内容，公望 IP 可以形成传播动力。在当下审美需求多样化的情况下，公望 IP 需要具备新颖独特的创意元素，以吸引受众的注意力，并促使其进行转化行为。例如，公望 IP 可以与其他领域进行跨界合作，与当地文化、旅游、艺术等相关产业进行合作，推出各种有创意的产品和服务，进一步激发用户的兴趣，并促使其成为公望 IP 的忠实粉丝。

3. 正能量

公望 IP 需要具备积极向上的正能量。IP 的能量场源于情感内核，而公望 IP 的能量场越大，它对消费者的影响力就越大。公望 IP 可以以英雄人物为设计主角，弘扬正能量，通过奉献和帮助他人的故事情节来打造正能量场景。这种类型的 IP 常常涉及正派与恶势力的对抗，最终正能量场的正势力战胜了负能量场的恶势力。公望 IP 以黄公望村为背景，可以打造具有正能量的英雄式人物 IP，这种类型 IP 最为流行和常用。

4. 个性化

公望 IP 需要具备独特、个性化的特点。一个独特、个性化的 IP 可以帮助建立公望品牌形象，并使其与其他竞争对手区分开来。通过赋予公望 IP 独特的特点和价值观，可以增强消费者对该 IP 的认同感和忠诚度。个性化的公望 IP 可以与用户建立更紧密的联系，并引发情感共鸣。通过打造具有吸引力和个性的角色或形象，可以吸引消费者的注意并与他们建立更深层次的情感联结。这种情感共鸣有助于建立长期的用户忠诚度。一个成功的个性化公望 IP 不仅可以为品牌带来商业价值，还可以在市场上实现差异化竞争。通过打造独特而受欢迎的公望 IP，品牌可以在激烈的竞争环境中脱颖而出，并为消费者提供与众不同的产品或服务体验。

（二）打造独特文旅 IP 内核

1. 内容层

内容层是文化 IP 的创作和制作层。它是整个文化 IP 产业链的基础，影响着后续层次的存在和发展。在内容层，原始的文化 IP 得到创建、编排、润色等工序，以便最终呈现给受众。

（1）两岸文化交流中心："圆缘园"项目一期（傅陆学艺馆）

"圆缘园"，蕴含"以画为缘、期盼团圆、共建家园，两岸共绘共享现代版富春山居图"的深意。

通过采访"圆缘园"的当地工作人员，我们了解"圆缘园"的同时，也了解到一些现阶段存在的内容层问题。目前，"圆缘园"吸引了中国台湾著名艺术家傅申和陆蓉之夫妇定居，建设傅陆学艺馆，并导入由陆蓉之、蔡志忠、蔡美月、高意静、方文山等台湾名人授权的"元宇宙"体验馆、"湾湾漫画吧"、"蔡美月"婚纱馆、"珍爱时刻"花艺、"爷爷泡的茶"茶馆等成熟文创产业，同时吸引汇聚台湾青年人才共同参与、孵化建设。

对于"圆缘园"项目，可以将其定位为展示中华传统文化、推广两岸文化交流与合作的平台。侧重于弘扬传统艺术、传统技艺和优秀的文化遗产。那么在

图 1　圆缘园

IP 打造上可以注重以下六点：

①傅陆学艺馆故事塑造

以傅申先生和陆蓉之女士为核心，通过展示他们的传奇爱情故事、文化贡献以及两岸交流的重要角色，打造鲜明的故事性，吸引观众的注意。

②互动体验设计

在展示区域中增加互动性的体验设计，例如提供与传统艺术家合作创作的机会，让观众亲身感受传统技艺的魅力。

③多媒体展示

利用现代科技手段，结合影像、声音、灯光等元素，打造身临其境的参观体验。可以运用虚拟现实（VR）、增强现实（AR）等技术，让观众参与到互动的虚拟体验中。

④主题活动策划

围绕傅陆学艺馆的 IP 主题，定期举办各类文化交流、艺术表演、传统技艺展示等活动。如举办文化论坛、名家讲座、音乐会、戏剧表演等，吸引更多的人群参与。

⑤周边产品开发

基于"圆缘园"项目的特色，开发相关的纪念品、文创产品和书籍等，以促进品牌的延伸和商业价值的提升。

⑥建立合作网络

与两岸文化机构、传媒机构、旅游机构等建立紧密的合作关系，共同推广"圆缘园"项目，提升影响力和知名度。

（2）公望美术馆

富春山馆在 2013 年开始建设，2017 年底完工，由普利兹克奖获得者王澍以《富春山居图》为背景和主题设计，结合城市山水环境，用写意的方式将建筑以主山、次山、远山的方式布局，形成可望、可行、可游、可居的意象和想象，并通过提炼富阳乡土建筑语言，展示富春山水文化和地域文化内涵，成为建筑版的《富春山居图》。

从"中国画里乡村"IP 的成形过程可以看出，这一 IP 是源于宏村独特旅游资源而生的原创型 IP，依托于中国传统文化和艺术形式，主要受众为熟悉和热爱中国传统文化的人群。

从 IP 的现状来看，当前黄公望村对 IP 的开发程度并不高，仅停留于对外形象宣传和旅游产品推广层面，盈利模式也仅限于景区相关门票与传统线路产品的销售，在 IP 维护如内涵故事挖掘、衍生产品开发和专利申请等方面尚未推出有效措施，长此以往，势必会影响 IP 的社会影响力和商业价值，甚至可能会失去 IP 的持有能力。

考虑到目前文旅 IP 仍是国内旅游界的新鲜事物，仅有个例形成了较为成熟的商业模式，如故宫 IP，大部分传统型旅游目的地尚未对文旅 IP 充分重视，在文化与旅游产业深度融合的大趋势下，文旅 IP 开发可以作为推动旅游产业升级的有效途径，对于亟待转型的传统型旅游目的地来说有着较强的现实意义。综上，黄公望村作为国内传统型旅游目的地，其 IP 的形成机制和持有状态具有相

图 2　公望美术馆

当的典型性，以其为案例进行研究具有一定的普适意义。

（3）黄公望村文化礼堂

竹编《富春山居图》实景地亮相，东洲街道鸡笼山赤松自然村非遗手工艺人戴海泉告诉我们，这幅画总长 11.3 米，宽 37 厘米，材料取自天然粉丝竹，经过防腐、防火、防霉、防蛀处理，可以保存上百年。"用了约 10 万根竹篾，每根只有 0.01 毫米那么细。"戴海泉就是这幅竹编《富春山居图》的创作者。作为富阳区竹窗帘技艺非遗传承人，戴海泉从事竹工艺已有 52 年，"我生长在《富春山居图》的原创地和实景地，编就这幅图是我多年的心愿。"他的心愿与心血，正是富阳人"富春山居"情结的生动写照，成就这幅传世名画的富阳山水，滋养一代又一代的富阳人将《富春山居图》带来的文化基因传承下去。

未来乡村文化场景建设需要加强居民的参与和互动，坚持以人为本，以人文关怀为核心，致力于建设共同富裕的未来乡村。通过各种方式激发乡村认同感，促进乡村和谐发展。以村民为中心，关注村民的需求和利益，积极推动共享发展，使村民共享发展成果，提高村民的幸福感和获得感。围绕"15 分钟品质文化生活圈"建设,整合各方资源,构建以村文化礼堂为支点、以文艺微空间为节点的公共文化服务网。村文化礼堂要在传统的展览、演出、学习、创作等基础服务项目之外,增加旅游、传承、生态等"礼堂+"服务,为乡村建设提供人文滋养。同时,要加强乡村治理,提高乡村管理水平,为未来乡村的发展提供良好的社会环境。通过构建公共文化服务网络,满足乡村居民的文化生活需求,丰富他们的精神生活。此外,还可以开设文化讲座、举办文化交流等活动,促进社区居民之间的交流与互动。

2. 变现层

变现层是文化 IP 的经济实现层,通过各种营销、发行方式实现资金盈利,是文化 IP 价值实现的重要手段和渠道。

(1)黄公望村积极践行"绿水青山就是金山银山"的发展理念

立足本地实际,通过产业提升、旅游拓展、文化挖掘、村庄整治、庭院美化等手段,完善生态保护长效机制,还原出整洁有序、山清水秀、蓝天白云的富春山水美景,全力打造生态优良、功能完善、文化彰显、风情浓郁,具有"中国风、国际范"的特色风情旅游未来乡村。随着公望文化影响力的提升,推进 18 家农家乐、58 家民宿产业集群化发展,实现 AAAA 级景区黄公望隐居地游客人数翻倍,民宿、农家乐产业年营业额突破 2 亿元。2021 年黄公望村集体经营性收入超过 600 万元,村民年人均可支配收入达 68000 余元,创利税 800 余万元,累计解决 300 多人就业,开拓了创业致富新途径。

黄公望村坚持以文化引领,深入挖掘黄公望及其《富春山居图》的丰富内涵,成功塑造了公望品牌,使其在众多乡村中形成了特色鲜明的品牌形象。在深挖文化内涵的基础上,进一步做大"公望"文化 IP,依托村内房前屋后、低丘缓坡生长着的 2000 多棵柿树,黄公望村推出了乡村特色节庆品牌"金秋火柿节"。每年国庆期间,精彩纷呈的活动与村内火红的柿子树相得益彰,为村里聚集了不少人气。以此为蓝本,将境内 200 余亩茶园打造成"公望绿茶"和"公望食宿"等品牌。每年接待中外游客超过 30 万人次,营业额超 2 亿元。以村文化礼堂为中心构建 15 分钟文化圈,串联纪念馆、隐居地等文化服务体验点,丰富了公望文化体验感。

（2）质孙服：旅游文创周边、体验项目

这是一种黄公望村从未涉及的项目，但质孙服，又称只孙、济逊，汉语译作一色衣、一色服，明朝称曳撒、一撒。"质孙"是蒙古语"华丽"的音译。质孙服的形制是上衣连下裳，衣式较紧窄且下裳亦较短，在腰间作无数的襞积，并在其衣的肩背间贯以大珠。

质孙服原为军服（戎服），便于骑射，后转为元朝内廷大宴时的官服，勋戚大臣、近侍获得赏赐即可穿着，乐工、卫士亦可穿着。天子质孙冬服十一等，夏服十五等，其他百官的质孙服则夏服有十四款定色、冬服分九等定色。明朝时期，内臣、外廷都有穿着，并且和原本的汉服特点进行融合，开创了其他形式。这是很宝贵的一份文化记忆，也可以以此为契机打造 IP。

3. 延伸层

延伸层是文化 IP 的衍生和推广层，通过搭建文化 IP 相应的产业链，进一步提升品牌价值、打造文化 IP 生态圈。

（1）黄公望村以文化 IP 为核心

黄公望村构建了以文化为主体的产业体系，通过搭建相应的产业链，进一步提升公望 IP 的品牌价值，打造文化 IP 生态圈。黄公望村依托于其独特的自然文化与人文景观，通过构建文化产业线和特色场景，实现了文化定位的拓宽、文化资源的保护以及产业配套的落实。其中，白鹤街·庙山茶径游园区、庙山坞·国际艺术街区、公望路·飨食游宴街区三条特色文化产业线的建设，以及九大场景的新增，都为黄公望村的文化 IP 打造贡献了重要力量。此外，黄公望村还将黄公望的文化内涵融入村级事务管理服务中，通过数字化手段实现村庄的智慧化发展，进一步提升了公望 IP 的影响力和效益。

（2）黄公望村在村级事务管理中传承公望文化内涵

黄公望村实现了全区统建的"1+9+X"未来乡村数字架构体的建设。通过建设景村融合的"富春山居公望智理"平台，利用开心农场、公望书屋、文化礼堂等资源，打造对口未来的教育乡村角，让孩子们在村里也能享受高端教育资

图3 黄公望村全貌包含各大文化街区

源,进一步提升了公望 IP 的影响与效益。黄公望村还注重民主和法治,通过建设村级室内民法典主题馆、法治文化公园等设施,营造了尊重法律、学法守法用法的氛围,为公望 IP 的打造提供了坚实的法治保障。

图4 黄公望村公望文化礼堂

（3）黄公望主题两岸文创设计大赛作为公望 IP 打造的重要活动

通过以赛为媒、以赛为桥，促进了公望文化的传承和交流合作。历届大赛以创意为载体，推动了材质的跨界融合和生活审美的具体化，设计出符合现代雅致生活需求的文创衍生品。这些衍生品的设计不仅展示了黄公望山水意境和东方美学的文化内涵，也展现了两岸青年的创新意识和实践能力。通过大赛的举办，进一步提升了黄公望 IP 的知名度和影响力，使其在文创领域取得了可观的成果。

图 5　第五届黄公望主题两岸文创设计大赛活动现场

综上所述，黄公望村通过建设文化产业线、智慧化发展以及举办文创设计大赛等方式，成功打造了公望 IP，并获得了显著的影响与效益。这些举措不仅提升了公望 IP 的品牌价值，也推动了当地经济的发展和文化资源的保护。黄公望村以公望 IP 为核心，构建了以文化为主体的产业体系，为公望 IP 的打造营造了良好的环境和基础。未来，黄公望村将继续举办文创设计大赛等活动，不断弘扬公望文化，提升公望 IP 的影响力，让东方之美得以走向世界，为世界带来东方之美的独特体验。

4. 支撑层

支撑层是文化 IP 产业链中的关键支持层，包括技术、人才、金融等方面。黄公望村的数字化建设是为了支撑公望 IP 打造的目标。通过依托富春智联，村庄建立了数字指挥中心，将大数据、云计算和智能管理等技术应用于乡村治理、生产管理、公共服务和生态监测等方面。这一举措提升了基层社会治理效能，促进了乡村全面发展。

（1）数字乡村

黄公望村正在努力进行数字化建设，依托富春智联，打造了黄公望村数字指挥中心，为村民提供数字智慧生活。该指挥中心集成了乡村治理、生产管理、公共服务和生态监测等功能模块，将大数据、云计算、智能管理广泛运用其中，大大提升了基层社会治理效能。黄公望村正着力构建数字生活体验，奋力打造一个呈现未来元素、彰显江南韵味的乡村新社区。

图 6　黄公望村"智慧书屋"

数字化改革不仅提高了乡村的管理效率和服务质量，还丰富了乡村的文化生活，提高了村民的满意度和幸福感。数字化工具和技术成为推动未来乡村发展的重要手段，它们赋能于乡村的发展与建设。通过互联网、人工智能、云计算和大数据等技术，基于数字化思维和认知，实现了乡村科技与文化交融的沉浸式体验。数字化工具不仅用于保护和传承乡村文化，还通过数字化赋能，推动乡村新文化业态的发展，形成新文化产业集聚，带动乡村可持续发展，并进一步推动乡村文化 IP 的深化、转化、物化和数字化。

（2）党建支撑

近年来，富阳以习近平新时代中国特色社会主义思想为指引，从党的百年奋斗历史经验中汲取智慧和力量，从群众身边一点一滴的小事做起，从百姓看得见摸得着的实事做起，以"双线联动"推动走好新时代党的群众路线，进一步密切了党群干群关系，夯实了我们党的执政基础，也为新时代坚持和加强党的全面领导提供了生动鲜活的基层实践案例。

党建工作在公望 IP 打造中起着重要的支撑作用。富阳区以习近平新时代中国特色社会主义思想为指引，从党的百年奋斗历史经验中汲取智慧和力量，通过实事推动党群干群关系的密切，夯实党的执政基础，促进党的全面领导的坚持和加强。党建工作的重点在于抓好党员队伍，发挥党员的先锋模范作用。富阳区将继续深化党建工作的实践创新、理论创新和制度创新，树立先锋模范意识，激励广大党员在八小时外亮身份、树形象、作表率，为有效推进管党治党作出更大贡献。

（3）硬件文化基建设施日益完善

可行、可望、可游、可比赛的富阳银湖体育中心，从山水意境出发，无论是布局、建筑，还是景观，都展现出浓郁的"中国风"。场馆充分利用三面环山、一面临水的山水优势，将建筑隐匿在大自然中。回环曲折的廊道、绵延向上的台阶、弧线优美的坡地，每一处都富有江南水乡风格，也难怪在 2023 年的亚运"十大场馆"评选中，收获文化底蕴奖。

硬件文化基建设施也是公望 IP 打造的重要组成部分之一。富阳区体育中心

图 7　富阳银湖体育中心

体育馆是一个充满中国风格的建筑，以《富春山居图》为设计灵感，充分展现了浓郁的文化底蕴。该体育馆利用山水优势，将建筑与大自然融为一体，营造出与富春山水相呼应的景观空间。射击综合馆以其独特的设计和深度融入《富春山居图》元素而备受瞩目。这些文化基建设施不仅提供了体育训练和比赛场所，还丰富了人们的生活，展示了地方文化的魅力。

　　总体来说，黄公望村的数字化建设、党建支撑和硬件文化基建设施都是为了支撑公望 IP 的打造。通过数字化手段和技术的运用，乡村发展得到提升，文化生活得到丰富，乡村新文化业态逐步形成。同时，党建工作的推进为公望 IP 提供了坚实的政治保障和社会基础。硬件文化基建设施则为公望 IP 的打造提供了具体的场所和平台，展现了地方文化的独特魅力。这些举措共同推动了公望 IP 的建设，为村庄的发展和社会进步作出了积极的贡献。

三、公望 IP 现存问题

（一）缺乏景区 IP 与游客间黏度

在调研的过程中，我们发现黄公望村的景区 IP 如果与其他景区相比缺乏独特性和个性化，游客在选择旅行目的地时可能没有足够的理由选择黄公望村。同时，黄公望村的景区 IP 可能未能充分传达给游客，导致他们对黄公望村景区的了解和兴趣不够，景区管理者可通过各种渠道，如旅游网站、社交媒体、官方网站等，积极宣传黄公望村的特色和亮点，提升景区 IP 的曝光度和知名度。再者，黄公望村可能缺乏与游客之间的互动和参与体验，使游客只是简单地观光而没有更深入的参与感。最后，黄公望村的景区 IP 若长时间不进行创新和更新，就难以吸引游客的持续关注和兴趣。

（二）缺乏 IP 形象

黄公望村的景点服务与其他旅游景区相似，缺乏独特的特色和个性化的元素，这使得黄公望村在游客心目中无法建立起独特的形象，难以吸引他们的关注和兴趣。同时，黄公望村的品牌形象和定位没有进行充分的塑造和传播，需要强调景区的核心价值和独特魅力，激发游客的好奇心和探索欲望。

（三）缺乏细节支撑

调研过程中，我们发现在黄公望村 IP 建设过程中，其 IP 形象的视觉设计过于简单，缺乏独特性，没有充分利用黄公望村的特色和特点进行设计。缺乏黄公望的画作、风景等相关视觉元素，使得 IP 形象无法通过视觉传达出丰富的细节和情感。同时，在黄公望村的 IP 建设过程中，缺乏针对游客的详细体验规划和设计，缺乏与黄公望及其艺术相关的互动项目、活动和体验，无法提供给游客深度了解和参与的机会，从而导致形象缺乏细节和深度的支撑。黄公望村内部的导览解说服务相对匮乏，人手不足，无法向游客传递关于黄公望的细节和历史背景，缺乏深入的解说和故事分享，使得游客无法深入了解和感受黄公望的文化内涵。最后，黄公望村缺乏细节支撑的产品开发，在 IP 建设中，可能缺乏与黄公望相关的细节丰富的纪念品、文创产品等。这些产品没有充分利用黄公望的画作、名言等，缺乏对细节的表现，无法为 IP 形象提供充分的细节支撑。

四、公望 IP 的优化建议

（一）构建社群分享形式

1. 构建线上社群平台

建立一个专门用于黄公望村 IP 分享和互动的线上社群平台，如微信群、微博超话、论坛等。在社群平台上，游客和喜欢黄公望村的人们可以自由交流，分享游览心得，发表意见和建议。

2. 提供素材和内容支持

为社群提供丰富的黄公望村 IP 相关素材和内容，如高清图片、历史资料、艺术解读、学术研究等。这些素材可以激发社群成员的兴趣，促使他们更积极地参与讨论和分享。

3. 主持话题讨论

定期在社群平台上组织主题讨论活动，选择与黄公望村 IP 相关的话题，引导社群成员共同探讨。可以邀请专业人士、学者或艺术家作为嘉宾，与社群成员分享他们的研究成果和见解。

4. 征集用户贡献

鼓励社群成员积极参与黄公望村 IP 建设，征集用户的创意、作品和故事。例如，可以举办与黄公望村 IP 相关的摄影比赛、文创设计征集等活动，将优秀作品展示在社群中，并给予相应的奖励和认可。

5. 开展线下活动

定期组织与黄公望村 IP 相关的线下活动，如艺术讲座、画展观摩、手工体验等。这些活动可以增进社群成员之间的交流与分享，增强他们对黄公望村的 IP 认同感和归属感。

6. 建立合作伙伴关系

与其他相关机构、社群或品牌建立合作伙伴关系，共同举办黄公望村 IP 推广活动。通过跨界合作，扩大社群的影响力和参与度，吸引更多人加入黄公望村 IP 的社群分享。

（二）设计 IP 形象

1. IP 定位

黄公望村首先须明确自身的核心定位和独特性。可以从黄公望村的艺术风格、村庄历史文化背景、自然景观等方面入手，确定黄公望村 IP 形象的主题和定位。

2. 视觉设计

从黄公望的画作、村庄建筑、自然风景等元素中汲取灵感，设计独特且富有辨识度的视觉形象。可以运用黄公望常用的笔墨、山水元素、自然色彩等进行创意设计，打造符合村庄特点的图标、标志、海报等视觉元素。

3. 故事叙述

运用黄公望画作和历史故事，将黄公望村 IP 形象与深厚的文化背景相结合，通过讲述黄公望的艺术创作过程、生平经历、对自然的感悟等故事，将黄公望村 IP 形象赋予更多的内涵和情感渗透。

4. 互动体验

设计与黄公望相关的互动项目和活动，使游客能够更深入地了解和参与到 IP 形象中。例如，开设书画培训班、举办山水写生活动、安排导览解说等，让游客能够亲身体验黄公望的艺术世界。

5. 文化创意产品

设计与黄公望村 IP 相关的文创产品，如笔记本、明信片、手绘纪念品等。这些产品可以以黄公望的画作或者村庄特色为主题，通过精心设计和选材，传递出 IP 形象的独特价值和美感。

6. 数字化推广

利用互联网和社交媒体平台进行黄公望村 IP 形象的数字化推广。通过精心策划的内容营销、社群互动、线上互动等方式，扩大黄公望村 IP 的影响力，增加与目标受众的互动和参与度。

7. 参与合作

与相关机构、艺术家、学者等建立合作伙伴关系，共同推动黄公望村 IP 形象的发展和推广。可以合作举办艺术展览、学术研讨会、艺术家驻村计划等，共同打造一个有影响力的黄公望村 IP 品牌。

（三）实现旅游体验价值共创

1. 多元参与

鼓励游客、居民和相关利益者共同参与黄公望村 IP 打造。通过开展座谈会、工作坊等形式，邀请不同群体的人士提供建议，让他们参与到黄公望村 IP 形象的策划、设计和营销中。

2. 合作伙伴关系

黄公望村可与当地的旅游企业、文化机构、艺术家等建立合作伙伴关系，共同打造丰富多样的旅游产品和服务。通过合作，提供更多选择和协同效应，为游客提供更好的旅游体验。

3. 反馈和改进机制

建立反馈机制，收集游客的意见和建议，并及时做出回应和改进。通过与游客的互动和反馈，不断优化旅游体验和 IP 形象，实现更好的共创效果。

（四）加强基础服务建设

1. 交通便利性

改善黄公望村的交通配套设施。提供方便快捷的公共交通工具，如巴士、观光车等，以解决游客进出黄公望村的问题。此外，优化道路交通，确保道路通畅，方便游客和居民出行。

2. 公共设施建设

增加公共设施，如卫生间、休息区、遮阳棚等。这些设施可以提供给游客舒适的休息环境，并满足他们的基本需求。

3. 游客服务中心

设置游客服务中心，提供信息咨询、导览解说、投诉处理等服务。游客可以在中心了解到关于黄公望村的各种信息，并得到专业的指导和帮助。

4. 安全设施

加强安全设施建设，包括设置安全警示标识、消防器材、紧急医疗设备等。同时，加强安全巡逻和管理，确保游客和居民的人身和财产安全。

5. 环境保护与整治

加强对黄公望村的环境保护和整治。营造良好的生态环境，建设绿化带和景观区，保护自然资源和文化遗产，为游客提供清新、宜人的旅游环境。

6. 通信网络建设

改善通信网络覆盖，提供稳定快速的网络服务。这样可以满足游客在村庄内的通信需求，同时也方便游客与外界保持联系。

7. 培训和提升服务人员素质

对从事村庄服务行业的员工进行培训，提高他们的专业素养和服务水平。确保他们能够为游客提供优质、热情的服务，增加游客的满意度和体验感。

8. 可持续发展考虑

在基础设施建设过程中，注重可持续发展的原则。采用节能环保的设计和技术，减少资源消耗和环境污染。同时，要充分考虑未来的需求和发展，做好规划和预留。

（五）增强场景氛围感

1. 主题装饰和布置

在黄公望村的核心区域设置主题装饰和布置。例如，在村庄的入口处、街道沿线、景点周围等地方，布置与黄公望村 IP 形象相关的元素，如艺术品展示、文化遗产展览、艺术装置等，营造出浓厚的文化氛围。

2. 艺术表演和演出

定期举办艺术表演和演出活动，如戏剧、音乐会、舞蹈等。这些表演可以在户外场地或特定的剧场进行，为游客带来精彩的视听体验，并将黄公望村的艺术氛围展现得淋漓尽致。

3. 互动体验活动

设计与黄公望村 IP 相关的互动体验活动。例如，开展传统文化体验活动，如书画、剪纸、民俗游戏等，让游客能够亲身参与其中，感受到真实的文化氛围。

4. 音乐和声音设计

利用音乐和声音来营造场景氛围。在重要的场所设置音乐播放设备，播放与黄公望村 IP 相关的音乐，如传统音乐、自然声音等，让游客在欣赏景点的同时，感受到与之相匹配的声音氛围。

5. 灯光和照明设计

合理运用灯光和照明设计，营造出不同的场景效果。通过合适的照明布局和灯光色彩搭配，突出特定景点或建筑物的亮点，增强其视觉吸引力和情感共鸣。

6. 建筑风格和材料选择

在村庄建筑的设计和改造中，考虑与黄公望村 IP 形象相符的风格和材料。例如，采用传统的建筑样式、仿古材料等，使建筑与 IP 相呼应，营造出浓郁的历史和文化氛围。

7. IP 角色扮演和互动

雇用专业演员扮演与黄公望村 IP 形象相关的角色，与游客进行互动。他们可以身着传统服装，在村庄内漫游，与游客交流、合影，为游客提供独特的体验和互动机会。

8. 故事讲解和传承

通过故事讲解和传承，将黄公望村的历史、文化、艺术等内涵传递给游客。

讲解员可以为游客讲解黄公望的故事，让他们更好地了解和感受到黄公望村的独特魅力。

五、结语

通过对黄公望村 IP 打造的调研，我们深入了解了该村庄的历史、文化和艺术资源，并提出了一系列增强场景氛围感的建议。黄公望村作为一个具有丰富内涵的地方，有着巨大的发展潜力，可以通过 IP 建设吸引更多的游客。

在实施这些建议的过程中可能会遇到一些挑战和困难，例如，需要投入大量的资源和人力，进行场景布置和装饰；需要有专业的艺术表演和演出团队，以确保高质量的演出；需要与当地居民和相关机构合作，进行 IP 形象的传承和推广，等等。因此，在实施过程中需要充分考虑到资源、预算、时间和管理等方面的因素。

尽管具有挑战性，但黄公望村 IP 打造的潜力是巨大的。通过 IP 建设，可以为黄公望村带来更多的关注度和知名度，促进村庄的旅游业发展并提升经济效益。同时，也将让游客能够享受到更加丰富多样的旅行体验，感受到黄公望村独特的历史和文化魅力。

本文通过探讨 IP 打造的概念和实践，旨在揭示其对个人或企业在特定领域中的竞争优势的重要性。研究发现，在当今竞争激烈的市场环境中，拥有一个独特而有吸引力的 IP 可以帮助个人或企业脱颖而出，并在目标市场中建立起独一无二的品牌形象。

本文首先明确了 IP 的概念，并强调了其与传统品牌形象的区别。IP 不仅仅是一个标识或商标，它更多地涉及对个人或企业核心价值观和特点的表达和传递。通过精心设计和有效传播，IP 可以成为地域或企业的核心竞争力所在。其次，本文揭示了 IP 打造的关键要素和步骤。变现层、延伸层、支撑层被认为是成功打造 IP 的重要步骤。此外，还强调了与目标市场的深入了解和与关键利益相关者的合作对于 IP 打造的重要性。

最后，本文通过案例分析和实地调研提供了实证支持。通过研究发现，拥有一个明确、独特且一致的 IP 对地域发展或企业在目标市场中取得成功至关重要。这不仅可以吸引消费者和合作伙伴的注意，还可以为个人或企业带来更多商机和市场份额。

指导教师：邵凌玮

临安洪村：乡村振兴战略的数字化运用

张璐、陈芃丹、韩佳烨、胡飞扬、吴钰彤

一、实践目的

本次实践的目的是深入了解洪村数字乡村建设的现状和主要问题，并为其进一步发展提供有价值的建议和支持。团队通过实地走访和调查，全面了解洪村的发展现状、项目运营模式以及村民和游客的反馈意见。洪村在近年来取得了成功的发展，并在数字化领域也积极探索和应用。调研结果将用于提出针对洪村数字化发展的具体措施和建议，推动洪村乡村经济健康发展。同时，我们致力于发现洪村未来的发展方向，特别是在数字化领域的拓展，为洪村的可持续发展提供参考和建议。

二、实践情况及社会调查过程介绍

在实践过程中，我们首先进行了文献调查，系统收集了与乡村数字治理、数字化技术在乡村的应用等相关的学术研究、政策文件和案例资料。通过文献调查，我们了解到数字治理在乡村中的潜力和优势，也了解到数字化技术在提升乡村管理效率、改善居民生活质量方面的成功案例。

接下来，我们进行了实地观察，深入临安洪村，实地了解数字化治理的情况。通过实地观察，我们对数字化治理在洪村的实际效果和运行情况有了直观的了解。

除了文献调查和实地观察，我们还进行了深度访谈，与洪村的相关负责人和居民、游客进行了交流。

首先我们与临安洪村村书记蒋贤福进行了沟通，了解了洪村数字治理的整体情况。为了更全面地了解居民对数字化治理的感受和反馈，我们与洪村知名景点风笑岭营地负责人陈立、网红店来隐咖啡负责人任银、村民家宴厨娘李其英以及其他居民、游客进行了交流。通过与他们的对话，我们了解到居民们对数字化治理表示支持，他们认为数字化技术在提升村庄管理、提高生活质量方面发挥了积极作用。此外，我们还与几位乡村运营师进行了访谈，从技术角度探讨数字化治理的可行性和发展前景并且提出一些建议。

通过文献调查、实地观察和深度访谈，我们对临安洪村数字治理的实践情况有了较为全面的了解。

三、实践内容

（一）文献搜集与研究

本次实践调研以临安洪村围绕"八八战略 美丽乡村"进行的乡村建设为典例，聚焦美丽乡村所带来的美丽经济，探索洪村目前发展规划的经验优势与当下面临的新困境。本组实践团队基于线上、线下双重实践模式，首先通过文献调查法，对临安洪村美丽乡村建设的基本情况进行了前期的线上调研。

1. 中共浙江省委第十一届四次全体会议提出"八八战略"

2003 年 7 月，在中国共产党浙江省委员会举行的第十一届四次全体（扩大）会议上，时任浙江省委书记习近平作出了"发挥八个方面的优势""推进八个方面的举措"的决策部署，简称"八八战略"。八八战略的提出对浙江的影响很大，新农村建设席卷全省，而洪村也是在这样的浪潮下开始找准定位，起步前行。

2. 党的十九大报告提出"乡村振兴战略"

乡村振兴战略是习近平同志于 2017 年 10 月 18 日在党的十九大报告中提出的战略。乡村振兴，必须坚持党的领导、坚持土地集体所有制、坚持共同富裕三大原则。在这一过程中，运营商要发挥主要作用，村集体要承担主体作用，乡镇（街道）要做好主导作用。

通过查阅洪村基本信息资料了解到，洪村属于临安区的青山湖街道。近年来，青山湖街道在利用乡村运营壮大集体经济、实现共同富裕的探索实践中，较好地发挥了乡镇（街道）的主导作用，从而不断推动临安洪村实现乡村振兴。除乡镇（街道）的主导作用外，运营商和村集体也同样承担着主要和主体作用。"加强领导，实施规划"，是建设社会主义新农村的具体要求，正是在这样的要求下，青山湖街道洪村通过径山阳坡示范型村落景区项目建设，新建了露营基地、创意农园、咖啡馆、民宿等业态，不仅美化了村庄环境，更带动了村集体经济可持续发展。

3. 临安洪村乡村运营策略——"洪村四部曲"

在临安洪村的发展规划中，"洪村四部曲"发挥了重要指导作用，即推进农村集体所有制的发挥，将特殊的集体经济体制转型为普通的市场经济体制。

这四部曲中，"一廊三圈十八景"项目的推进落地，可以看到临安洪村整治改造和村落景区的建设力度；"乡村运营师"的引入，使其独立公开对外招商引资，让"有思路、谋出路"的发展策略为村庄运营注入新力量，运营团队出智慧、村集体出资源、村民们出力，三方资源都被调动起来；认识到不壮大集体经济就不能实现共同富裕，村股份经济合作社向"强村公司"进行充分授权，将村民的成员权本位向股权本位转变，实现了公司化运转。

4. 乡村运营师

浙江是中国美丽乡村首创地。"千村示范、万村整治"工程经过 20 年的扎实推进，深刻改变了乡村面貌。然而美丽乡村如何实现美丽经济，让乡村繁荣兴旺起来，是浙江各地正在破解的问题。村集体经济不足，乡村产业单一、"空心化"等问题依然制约着美丽乡村发展美丽经济。

2017 年临安区政府决定由政府搭台，引入乡村运营师，为村里发展出谋划策、运营产业。运营团队出智慧、村集体出资源、村民们出力，三方资源都被调动起来，激发了村庄的内在活力。专门为乡村和运营师之间牵线搭桥是通过"相亲大会"进行的，"招亲通告"在临安乡村运营公众号上一发布，吸引多家公司跟临安 18 个村的负责人面对面互相介绍，表达合作意愿。

例如，高虹镇新乡贤代表娄敏，是投资型的运营商，不仅投入运营人才、运营经验，还投入建设资金、推广资金，真正体现了"两进两回"，把根深深地扎在景区所在的村子里。

通过初步的线上调研，本组成员对洪村的发展现状和已有的规划建设有了初步了解，根据阶梯调研法，本组成员也进一步整合相关资料，希望能在实地调查与深度采访当中，探知洪村在发展规划中的优势经验，以及其目前所处困境与难点痛点。

首先，需要通过实地走访，了解洪村在地理位置、自然资源、人口结构、产业组成等方面的发展现状，从而剖析洪村当下发展策略的合理性和优势所在。并且在走访中提炼洪村近年产业发展的典型案例，联系相关负责人以进行进一步的采访调研。

其次，根据各个走访地点的产业特色与发展路线，进行采访问题的设置，以期在采访中了解洪村的发展历程以及未来该产业的发展方向。该部分的调研落点主要集中于洪村目前的整体发展战略、乡村运营师如何发挥作用，洪村目前已经取得成就的项目可供参考的经验，在数字化浪潮裹挟下洪村如何应对。

最后，本组成员需要对整体调研进行汇总整合，总结洪村如何在"八八战略"的引导下找到结合当地优势进行的产业转型，把美丽乡村转化成美丽经济。同时，就洪村的发展情况放至整个浙江省进行思考，以此分析洪村发展对于浙江省其他农村的可参考经验，以及对洪村进一步发展的建议。

（二）实地走访

在临安洪村，本组进行了实地观察法、深度访谈等形式的调研，先后对洪村村书记蒋贤福、洪村知名景点风笑岭营地负责人陈立、网红店来隐咖啡负责人任银、村民家宴厨娘李其英以及游客们进行了采访。

我们通过当地的公示栏以及相关资料了解到，临安洪村由原洪村、曹前村、湖山村三个自然村合并而成，北靠余杭径山寺，南临青山湖科技城，有着独特的地理优势。

"建强班子，摸清底子，找准位子，出好点子，迈好步子"是洪村村书记蒋贤福在接受本组访谈时围绕的核心观点。蒋贤福表示，洪村开始改变是在2021年，乡村运营师团队入驻洪村，盘活了许多乡村闲置资源，这是整个临安区域的大项目，截至2022年12月，共有19个市场化运营团队进驻临安24个村落开展运营，累计实现旅游收入7.1亿元，村民收入增加2820万元，运营商"以商招商"，落地业态、产品193个，洪村现在已经开设有咖啡馆、露营基地、养生馆、创意农园等项目，乡村经济在两年时间里翻了两番。

在和来隐咖啡、风笑岭营地的负责人交流时，本组发现他们愿意留在洪村，成为推动洪村发展的一员。风笑岭营地负责人陈立在接受采访时表示，他于2020年下乡考察洪村，在和运营师交谈中确定下来在洪村发展。其中，在洪村发展的稳定性是他留下的因素之一，陈立认为洪村这种合作模式，如乡村集体经济入股、乡村政府帮助完成基建配套是他所认可的，自己也在洪村的运营与发展中见证了营地越来越火的过程。

除却如火如荼发展的项目共筑经济翻番盛况，洪村还致力于将洪村的发展成就真切落实到每家每户，遍布洪村的家宴厨娘就是一大佐证。曾经的赋闲农妇，现如今的家宴厨娘李其英就表示，"以前外出打工也挣不了多少钱还累身子，现在在家做厨娘，有客户下单就去买菜烧饭，干的活少了赚的没少，是实打实的好项目。"

而接受采访的两位游客分别是浙江水利水电和浙江财经大学的教授，他们表示，初遇洪村是一个巧合，在准备前往他处旅游时翻过山发现了这个风水宝地，面对正在建设中的洪村，两位游客选择了驻足。之后，他们又多次来到洪村，对这里的发展做出评估和建议，他们最欣赏的就是洪村的空气与水资源，同时也对洪村的发展展开了详述。他们认为,单是目前这些项目,洪村是无法长久留住人的,比如给儿童游玩的设施就不具备,可以利用当地的水资源建设水上乐园等,以此吸引更多年龄段的游客。

基于洪村的现状与发展方向,村书记蒋贤福和乡村运营师老白都提到了"未来乡村"的概念,将洪村的未来发展建设引向数字化领域。目前正在计划实施的是和浙江大学联合设计的"青径山居"项目,即汇总村内闲置资源的综合平台,通过该项目,投资人能及时、全面地了解洪村闲置资产,更加方便招商引资。

在整个洪村的实地调研中,本组进一步理解了蒋贤福书记所说的"五子"理论,横畈古镇的前身与当地丰富的地产资源是打造文旅产业的好底子,南科北禅、高端路线是找准的位子,运营师团队和各项目负责人是不断建强的班子,各个落地项目和所获得的成就,村民不断提高的生活幸福度是出好点子、迈好步子的具象化表现。未来,洪村将有更贴合自身调性和更适应现代社会发展的数字化举措,用更现代、更有效率的办法带领洪村走向下一个高度。

(三)浙江省背景下的洪村思考

为推进调研内容的深入,在考察中进行全面的学习总结,我组成员在前期资料和实地考察的基础上,通过现场观摩、研讨交流等形式,重点对当地乡村产业融合发展、美丽乡村建设等工作进行深入调研汇总,开阔视野、开拓思路,以学习乡村建设的有益经验做法,并提出有关工作建议。

在考察过程中,我们亲身体会到,浙江临安积极探索的"村庄经营"模式,真正为洪村农民农村的共同富裕指明了方向。正如洪村村书记蒋贤福所说"美丽乡村转化为美丽经济,真正实现的很少",只有找对方向、找对路子,才能实现乡村振兴,从而实现共同富裕。

洪村坐落于径山阳坡,林地、耕地为主的土地原先是洪村发展的一大阻碍,而"因地制宜"的策略使洪村成功"生态振兴拓共富",将生态优势转化为发展优势,探索农文旅融合发展的新机遇,推动"美丽乡村"向"美丽经济"转化。

洪村又有着悠久、丰富的历史文化资源,这也就促使洪村走上"文化振兴助共富"之路，"一田生三金"的共富模式使得种植产业及时转型，让老百姓有了"三种赚钱身份"。巧借先贤助力使得历史与人文特色相结合，又在很大程度上提升了洪村特色农副产品的附加值。

另外，据相关数据了解到，洪村近年来的老年人口占比在不断提升，村里的年轻人倾向于外出寻找机遇，洪村出现了老龄化、空心化现象，这随之带来的是洪村发展过程中人才的稀缺。面对如此困局，洪村先是对闲置荒地进行盘活，打造精致露营地为村集体增收。"来隐咖啡""创意农园""乡创邻里中心"的不断建设，吸纳更多本村有志青年返乡创业的同时，也通过提升村民幸福度应对人口变化趋势，实现"产业振兴奔共富"。

从外出学习考察的情况和洪村建设美丽乡村工作的探索和实践来看，推进美丽乡村建设是一个全面的、综合的、统领农村发展全局的系统工程，必须严格以"八八战略"为指导，紧密结合洪村的生态资源与人文特色，系统设计、协同推进。而美丽乡村的建设，关键是产业支撑，洪村当下的数字化治理发展依旧受阻，而在新时代新机遇下更需紧跟时代步伐，加快产业与数字化相融合，推进农业农村数字化，推动"三农"数字应用场景在农村推广使用，提升数字技术应用、软件应用等数字化能力，才能促进产业提质增效，这也将是洪村未来的发展方向。

临安经营村庄的理念和引入市场主体发展村落景区的探索，是推动"两进两回"的有益尝试，实现从美丽乡村向美丽经济、从零碎化向整村化、从单打一向组合拳、从短平快向可持续的一系列转变，这是乡村振兴共同富裕的题中应有之义，也是当前共同富裕大场景和产业振兴迭代升级下的重大课题和现实需求，对全省具有普遍的启示和借鉴意义。

四、实践总结及体会

在本次实践调研中，我们以临安洪村为研究对象，深入了解了其围绕"八八战略 美丽乡村"进行的乡村建设。通过实地考察和深入了解，我们对美丽乡村带来的美丽经济以及洪村发展规划的经验优势与当前所面临的新困境有了更深刻的认识。

（一）调研分析

1. 成功经验

洪村在美丽乡村建设方面取得了显著的成果。其成功的经验可以归结为以下几点：

合理利用资源：洪村充分利用自身的自然和文化资源，打造了一系列颇具特色的文化旅游产品，如"一廊三圈十八景"，吸引了大量游客前来观光和旅游。

创新发展模式：洪村通过引入"乡村运营师"，创新了发展模式。通过公司化运作，调动各方资源，形成了"三方资源整合，集体经济转型"的发展模式。

激发村民参与积极性：通过组织村民参与旅游开发，洪村不仅增加了村民的收入来源，还提高了他们的生活水平。同时，村民也成为村庄文化的传承者和守护者。

2. 面临困境

然而，洪村的发展也面临着一些新困境，主要包括：

人才短缺：由于年轻人才外流严重，洪村缺乏有活力的年轻人才，这对于村庄未来的发展非常不利。

文化资源保护和传承不足：尽管洪村的文化资源丰富，但缺乏有效的保护和传承机制。这可能导致一些独特的乡村文化逐渐消失。

资金不足：尽管洪村的旅游产业取得了一定成果，但仍然面临着资金不足的难题。这需要寻求更多的资金来源和合作伙伴。

（二）建议和展望

针对洪村的成功经验和面临的问题，我们提出以下建议。

1. 引进和培养人才

为了解决人才短缺问题，洪村可以积极引进和培养人才。通过出台优惠政策，吸引年轻人才返乡创业，并为他们提供良好的发展平台。此外，还可以加强与高校、研究机构的合作，开展人才培养和交流合作项目。

2. 强化文化资源保护和传承

洪村应该加强对文化资源的保护和传承。通过制定相应的保护政策，保护传统建筑、景观等文化资源不受到破坏。同时，可以借助现代技术手段，将乡村文化传承下去。比如，可以建立数字化博物馆，将村庄的历史、文化和传统技艺进行记录和整理。

3. 多渠道筹措资金

为了解决资金不足的问题，洪村可以采取多种方式筹措资金。比如，可以争取政府的相关扶持政策，如旅游发展专项资金、美丽乡村建设资金等。同时，可以通过与企业合作，引入社会资本参与村庄建设和发展。此外，还可以借助互联网众筹平台等途径，吸引更多人关注和支持洪村的发展。

指导教师：李涛

萧山横一村：古村向未来，乡村蝶变实现共富

王楚葳、谢颜嫔、蔡惠如、黄谊真

一、引言

（一）发展历史与背景介绍

在过去几十年里，杭州市通过城市规划和城镇化建设，不断推动城市向郊区扩展。这种城市化进程使得农村地区逐渐融入城市的发展格局，而横一村作为其中的一个典型例子，也面临着相应的挑战和机遇。

横一村作为杭州市一个典型的农村村庄，具有悠久的历史和独特的地理环境。随着城市化进程的推进和经济社会变革的加速，横一村也发展为数字乡村，在发展成数字乡村的过程中面临着诸多挑战和机遇。为了更好地了解横一村的发展现状和问题，我们调研小组采用了多种方法，包括实地考察、个别访谈等，以获取数字乡村全面的信息和真实的声音。

在本次调研中，我们重点关注了横一村的经济发展、农业发展、基础设施建设、社会事务、数字化建设等方面的情况。通过与村民和相关部门的广泛交流，我们对横一村的优势和问题有了更为清晰的认识，并收集了大量的数据和实证资料。

横一村结合农文旅研学等元素，是少数发展数字化、治理、农业、水利良好的现代化农村，位于杭州市萧山区临浦镇最南端，由横一、大坞坑、梅里三个自

然村合并而成，曾先后荣获浙江省美丽乡村特色精品村、杭州市非物质文化遗产旅游景区（民俗文化村）等荣誉称号。该村历史悠久，人文底蕴深厚，山水林田湖等自然资源丰富，生态环境优美，尤以梅里方顶柿出名。主打实践"城乡共融 城乡共富"的概念进行数字化农村发展。

总体而言，横一村作为一个典型的农村村庄，面临着城市化进程和经济社会变革在发展成为数字化农村的过程时带来的机遇和挑战。通过合理规划、科学发展，横一村有望实现数字化可持续发展，提升村民生活质量，为城市化进程贡献力量。

（二）研究目的与意义

近年来全国各地正在积极探索符合当地农情和本地特色的数字乡村建设模式，横一村作为数字乡村的先行者，致力于建设数字化社区，以打造共同富裕的农村基本单元为目标，高标准建设以"绿色+农文旅"为特色的未来乡村。此次研究不仅有助于提高我们的研究能力和综合素质，还可以为农村地区的可持续发展和社会进步提供有益的见解和支持，将我们的学术努力转化为社会变革的力量，为社会乡村建设、共同富裕尽一份微薄之力。

二、横一村现状分析

（一）人口与社会结构

1. 社会结构

横一村 2005 年由横一自然村、大坞坑自然村、梅里自然村合并而成。东至浦南村、南至浦阳镇桃北新村、西至横二村、北至横二村，包洪线穿境而过。

2. 人口结构

全村有耕地 1450 亩，山地 1253 亩，旱地 125 亩。住户 676 户，外来务工人员 150 多人。村民小组 28 个，村民代表 44 位。正式党员 83 名，预备党员 1 名。60 岁以上老人 330 名。区域面积 3.72 平方公里。党组织建设为党委，下设网格化支部四个。2020年，村集体经济收入326万元，农民人均纯收入3.7万元。近年来，横一村围绕强村富民的目标，积极推动村庄经济建设。

（二）本地资源与公共服务

近年来，横一村按照"萧山未来大地"的品牌定位，借助山水林田湖等丰富自然资源，以做好"稻子、柿子、院子"的理念，同步推进规划建设与运营前置，统筹考虑品牌定位和形象标识，全方位推进农文旅产业融合，实现乡村"山水林田湖"的价值再造和生态、生产、生活"三生"融合，让老百姓在家门口创业致富，共享未来乡村建设成果。

1. 软硬件建设情况

村里连年投入巨资兴办公益事业。村内道路已基本硬化，部分池塘已砌石护岸，村内绿化面积不断扩大。2005年，投入62万元新建梅里桥，大大方便了梅里自然村村民的进出。2007年，紧抓创建区级整治村的契机，陆续投资新建了智慧超市1个、老年活动室2个、健身广场2个、篮球场2个、书房1个，书都是由妇女基金会捐赠的；抖音直播间，书记利用新媒体宣传和销售横一村的特产；建设气象站和日轨，为村民提供农村生产和农村建设的数据。

拓宽道路1000余米，新增绿化面积2000余平方米，路灯100余盏，流动垃圾箱80余个。拓宽重建横一桥一座。修建了生态污水处理池2座，对部分村民的生活污水进行统一收集处理。横一村基本已符合了一个现代化新农村的标准。

2. 公共服务

（1）中国移动支持建设

数字跑道的建设很先进，可以记录村民的心率和速率等数据。

（2）荷趣蓬莲池

荷趣蓬莲池展现了横一村的四项非物质文化遗产之一的"荷灯节"的风采，还有林间漫步道的惬意和田园风光。

（3）hi鸭部落

网红咖啡屋为村里带来流量，带红乡村，老百姓看见人气、看见收益，有了信心也跟着一起创业，形成创客生态循环。

（4）吉柿·青昼茶院

茶院是以茶柿共生为特色打造的茶主题空间。实现了从"筑巢引凤"到"共鸣共唱"的共富模式。

（5）共享法庭

进法庭之前可以先在线上调解，实现法庭数字化。

（6）hi 稻星球大本营

这是横一村的研学中心，为各地学生来横一村进行研学提供便利，也能进行横一村的文化传播，提倡现代化农村发展。

（三）数字化发展现状

1. 临云智"1+5+N"架构体系

横一村数字乡村建设遵循浙江省数字化改革"1-5-2"工作体系，结合杭州数字乡村样板镇村建设指南要求，以区镇村三级一体化与镇整体智治品牌"临云智"为依托，围绕"绿色+农文旅"主题，构建形成了具有横一特色的数字乡村探索模式。

2. 数智赋能整体智治

（1）智治行政

考评激励，搭建职能评价、村民评价和网络评价等多轨融合算法，通过自动同步考评结果及过程发至村干部，科学引导村干部因地制宜开展工作，提升工作效率。

（2）智守平安

全国首创治理场景你钉我办，打通干群交流最后一公里，联动四平台，事件上报处理一钉直达。

（3）智慧矛盾

矛盾纠纷高效解决，领导接访一键预约。

3. 数智赋能特色农旅

（1）云上横一

随时随地，畅游横一山水。

（2）嗨玩秘籍

高德地图横一一键游，景区游览服务一览无余。

（3）嗨拍日志

Vlog 视频打卡，喜结"一柿粮缘"。

（4）如意跑道

数字跑道，引领健康新生活。它是萧山的"数字跑道"，沿途设置了智能采集杆，具有跑步排名、智能视频捕捉 Vlog 等功能，手机记录跑道，还可以跑出一条如意图形。

（5）如意小院

居家创业，打造共同富裕最小单元。

4. 数智赋能生产生活

（1）临里驿

党群服务中心融合菜鸟驿站，业态引流打造村庄党建新模式。

（2）平安驿

平安村社驾驶舱，数智赋能村庄平安建设。

5. 智慧生态农业

"中国人的饭碗任何时候都要牢牢端在自己手上。"萧山未来大地区块实施科技强农、机械强农"双强行动"，应用机械化、数字化等"智慧元素"种上"智慧田"，助力农业增效、农民增收走上"致富路"。如采用机械化育秧、耕种、收割；采用无人机播种、除虫、施肥；建设智能节水灌溉系统；推广生态农业，实施农产品质量安全可追溯体系制度，运用绿色生态防控新技术，建设农田生态拦截沟，重构稻田生态系统，促进经济发展和生态保护双赢。

三、未来乡村共富理念与实践

（一）数字赋能美丽乡村建设

打造未来乡村，优美的环境是基础。在推进美丽乡村建设过程中，横一村大力推进村口景观提升、道路改造、公厕新建、桥梁美化、弱电"上改下"等工程，村庄整体面貌焕然一新。

横一村还实施了"百庭百院"工程，把围墙降下来，让庭院美起来，从庭院开始激发村民创造美、享受美、维护美的热情。

此外，数字化改造也成为横一村美丽乡村建设的重要一环。2023 年以来，横一村 5G 基站建设和 5G 网络覆盖加速推进，在完善的网络基础上，新增视频监控、水质监测、烟感及雾感设备近百套，实现整村感知设备重要节点全覆盖，以及村庄、农田柿林、河道的事件自动化感知和数字化治理。

（二）盘活闲置资源推动居民增收

建设未来乡村，不仅要让乡村美起来，还要让村民富起来。2023 年，横一村被列入浙江省深化"千万工程"建设新时代美丽乡村现场会备选点，村庄引入中国美院的设计师团队、区供销联社的建筑施工团队、阿里巴巴的软件工程师团队、众安文旅的品牌策划团队……在创意的不断碰撞中，村庄开启了全面蝶变。

走在横一村，刚刚收割完的稻田旁，"茅草鸭棚"十分引人注目，难以想象这其实是一家咖啡厅。据介绍，原先这是村里养鸭子的地方，常年脏乱差。在美丽乡村建设时，本打算拆除复耕，但为保留村庄记忆，横一村对这里进行了创意设计和精心改造，既乡土又时尚。村里面貌一新之后，创业者来这开起了鸭棚咖啡馆，游客在这里一边欣赏美景，一边喝着咖啡，还可以与小鸭子亲密接触。开业以来，"茅草鸭棚"人气爆棚，节假日期间甚至"一座难求"。

（三）"小柿子"带来"大人气"

沿着洁净如新的村道蜿蜒而上，两旁果林片片，柿子色泽金黄，这就是横一村赫赫有名的梅里方顶柿。这片千余棵柿子树组成的百年古柿林，是浙江省现存规模较大的古柿树群落。

以前，柿子成熟后，村民往往直接摘下来卖掉。这两年，情况改变了。

2018年10月，横一村试水举办了首届梅里方顶柿丰收节，吸引了游客3000多人次，一天销出柿子约10000斤，"美丽经济"的效应显现出来。2023年开始，村里号召大家把柿子留在树上，从单纯的卖柿子，逐渐开始"卖风景、卖文化、卖体验"。一个个金果子不仅点缀了美丽乡村，也成为村民们创收致富的"金钥匙"。

随着横一村名气提升，村里的小店越开越多，络绎不绝的游客带来了无限商机，不少村民选择回乡创业。有村民说："以前农闲时我们出远门打工，现在我们在家门口就能赚钱。村子火了，我们腰包也鼓起来了！"

四、实现共富的具体措施与成就

（一）柿子树

横一村有1300多棵柿子树，100岁以上的近千棵，横一村最终决定把柿子树包装成大IP。创意变成产业，从卖柿子的角度出发去宣传风景。萧山本土企业众安文旅成了推手，建乡村综合体，搭建露营基地，在小红书不断推送和种草，举办露天音乐会、相亲会、研学，各式各样的活动都利用起来，体现了最大的商业价值。

杭州互联网发达，阿里云也下沉到横一村，家家户户安装视频安防、水质环境监测等物联网设备，通过阿里云的物联网平台统一管理。高德地图也有一键生成游玩视频攻略，方便游客自驾游、找厕所和停车场，也让村民的民宿生意越来越好。

但全国各地的考察团到这里，并不想只看个网红景点。他们想知道，搞乡村振兴，乡村不能"空心化"，年轻人愿不愿意回到村里来？有没有工作机会？村里的环境和公共服务能和城里比吗？

（二）基础建设更新实现共富

横一村花了6000万元做基建，包括自建粪污处理设施。在横一村，崭新的柏油路、标示牌，环境整洁，不用垃圾桶和保洁人员，他们推行垃圾分类，村里设立了垃圾收集点，村民将垃圾分类，定时定点送到收集点，这项措施已经坚持了两年，"污水革命""垃圾革命""厕所革命"之后，横一村搞起"围墙革命"，引导村民把围墙降下来，庭院透绿。

在柿子树下餐厅和鸭棚咖啡工作的都是本村村民，可以就近上班，工作干净舒适，周边环境好，不用加班。现在，来鸭棚咖啡喝一杯的不光游客，村里年轻人下了班吃了晚饭，也会来这里喝杯咖啡，消磨时光。

共同富裕不光是收入提高，它为农村带来的更是一场生活方式的革命。横一村展现的是一种新型的生活样本——居住环境好，有就业机会，工作强度低，生活氛围轻松，有田园，更有科技，这就是"未来乡村"的魅力。在互联网分享美好生活方式，让社区能够有特色吸引广大民众关注，带来流量或前来观光消费。

五、结论与建议

（一）结论

横一村的改变始于2018年。彼时浙江实施"千万工程"处于转型升级阶段，美丽乡村建设从一处美向全域美、一时美向持久美、外在美向内在美、环境美向生活美转型，全力打造美丽乡村升级版。

在 2018 年之前，横一村是欠发达村，集体创收只有三四十万元。几位萧山欠发达村的村干部聚在一起，许了一个很小的愿望：到 2019 年底，每个村的可分配收入都达到 70 万元以上。

横一村数字化发展未来乡村属于一个非常成功的案例，我们可以从此次调研中看见它成功的原因与条件，甚至发现其中还可以更精进的不足之处，这些结果将能帮助中国乡村发展，具有重要意义。

（二）建议

1. 创业和创新支持

提供创业支持和创新基金，鼓励年轻人和创业家在数字乡村创办企业和项目。这可以帮助吸引创新人才，推动经济发展。

2. 产业多样化

鼓励发展多元化产业，包括数字经济、农业科技、生态旅游等，以创造更多就业机会和吸引不同背景的人才。

3. 社区参与和文化建设

培养社区精神，鼓励居民参与决策和社区建设。同时，推动本土文化和传统文化的传承，增强对乡村生活的吸引力。

4. 宣传和推广

制定宣传计划，向年轻人展示数字乡村的机会和潜力，以吸引更多人前来定居。

5. 交通便利性

提供便捷的交通选择，以便居民可以容易地前往城市或其他地方工作和娱乐，同时保持乡村的宁静和环境质量。

6. 电商发展

政府提供帮助或相关政策以支持村内电商平台的建设和发展，帮助农产品进入市场，提高农民收入。

7. 社区参与和反馈

鼓励农村社区居民参与数字化项目的决策过程，并提供反馈机制，确保项目符合实际需求。

参考文献

［1］何霞玲，"赶个健身集"受村民欢迎［J］. 杭州，2022（2）：41.

［2］"青山绿水梦"中农村环境与经济共生性研究——以"杭州市萧山区临浦镇横一村"为例［C］//王煜烽，陈鑫."决策论坛——公共政策的创新与分析学术研讨会"论文集（下），2016：193.

［3］沈高镇，河横"一村一品"经验登上国际论坛［C］//刘文荣.姜堰年鉴，2009.

指导教师：曹月娟